JN095929

やわらかアカデミズム
〈わかる〉シリーズ

よくわかる
肢体不自由教育
第2版

安藤隆男/藤田継道
[編著]

ミネルヴァ書房

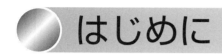

はじめに

　2012（平成24）年7月に中央教育審議会初等中等教育分科会特別支援教育の在り方に関する特別委員会がとりまとめた「共生社会の形成に向けたインクルーシブ教育システムの構築のための特別支援教育の推進（報告）」では，インクルーシブ教育システム構築のために，特別支援教育の充実を期す必要があるとされました。特別支援学校は，小・中学校における通常の学級，通級による指導，特別支援学級とともに，連続性のある「多様な学びの場」の一つとして位置づけられ，地域における特別支援教育のセンター的機能を担うとされました。特別支援学校が，長年にわたり個のニーズに応じた教育実践を積み上げ，専門性を培ってきたことに着目するものです。特別支援学校は実践知の深化とその成果の地域への普及に努めることが求められたといえます。

　特別支援教育への転換後，肢体不自由教育では，当該領域のみを置く特別支援学校は減少し，知的障害教育領域等との併置校が増加しています。その結果，肢体不自由教育領域を設置する特別支援学校は，制度転換前に比べてその数を大きく増やしています。その一方，肢体不自由特別支援学級および通級指導教室の設置は全国的には限定的で，かつ地域の偏在が指摘できます。肢体不自由がある児童生徒の多くは，通常の学級に在籍していると推察されるのです。このことは，地域における肢体不自由教育の実践知の積み上げが困難な状況にあることを示唆するものであり，特別支援学校における成果の蓄積と，センター的機能による地域への普及を期待することとなります。特別支援学校における肢体不自由教育に関わる専門性の育成と継承は，喫緊の課題となっています。

　このようなインクルーシブ教育システム下における肢体不自由教育の現状と課題を受けて，2015年4月に本書『よくわかる肢体不自由教育』は，教育学分野のみならず，医学，心理学，社会福祉学等，多岐にわたる視点から内容を構成し刊行しました。肢体不自由教育に関わる専門的な書籍が限られる中で，本書は教員養成や現職研修等の場において，肢体不自由教育の入門書として広く採用され，短期間で版を重ねることができました。

　この間，特別支援学校学習指導要領等の告示，肢体不自由教育関連施策および研究の成果が示されたことから，本書はこのたび［第2版］として改訂することとなりました。社会の要請に的確に応え，肢体不自由教育に携わる上で必要な知識等を提供することを企図し，これまでの構成を踏襲しつつも，今日的な課題である授業や授業研究の項目を新たに追加しています。本書を手にする先生方や教師を目指す学生の皆さんの，肢体不自由教育に対する確かな理解を促し，実践を展望する一助となることを切に期待しています。

　2023年3月　　　　　　　　　　　　　執筆者を代表して　　安藤隆男

もくじ

■よくわかる肢体不自由教育 第2版

Ⅷ　教員の専門性と研修

第4部　肢体不自由者と地域

Ⅸ　肢体不自由者の医療・福祉・雇用

Ⅹ　肢体不自由者の権利と社会生活

第 **1** 部

肢体不自由の理解

肢体不自由の定義

「肢体不自由」とは

○肢体不自由とは

　肢体不自由とは,「身体の動きに関する器官が,病気やけがで損なわれ,歩行や筆記などの日常生活動作が困難な状態」をいいます[1]。身体の動きに関する器官には,骨,関節,筋肉,神経があります。

　ここで肢体不自由の理解をもう少し深めてみましょう。たとえば,身体の動きの器官である足首を捻挫して,日常生活動作である歩行が困難になった場合は,肢体不自由とみなすでしょうか。おそらく誰も肢体不自由とはみなさないでしょう。このように,肢体不自由とは運動機能が一時的ではなく,永続的に妨げられた状態をさすものと理解できるのです。

　さらに肢体不自由のうち,神経疾患である脳性まひ等の存在が注目できます[2]。何らかの原因で脳に病変,損傷が生じる脳性まひは,運動機能の障害のみならず,視覚,聴覚,言語の障害や知覚・認知などの障害が随伴します。これらは学習上又は生活上の困難さにつながるので,肢体不自由の理解の上で,運動の障害のほかに,これらの障害特性をふまえることが必要となります。

○「肢体不自由」の用語

　今日では,「肢体不自由」は社会に広く流布し,誰でも使用する用語となっています。この用語は,昭和のはじめに高木憲次によって提唱されました。それ以前は,俗に身体不具とか,片輪と呼ばれていました[3]。東京帝国大学の整形外科教授であった高木は,彼らに対する偏見や処遇に対して疑問を呈し,肢体不自由の用語を案出したのです[4]。「クリュッペルトハ『四肢及ビ軀幹ノ主トシテ運動機構ニ著シキ持続的障碍アルノミニシテ,其智能ハ健全ナルモノ』デアル。従ッテ,『整形外科的治療ヲ充分施シ,且ツ之ヲ適当ニ教導スル時ハ,生産的ニ国家社会ニ尽スコトノ出来ルモノ』デアル」とする高木の説からは[5],肢体不自由者に対する治療と教育(療育)を求める思想が看取できます。

○医学における肢体不自由の定義

　1950(昭和25)年,日本整形外科学会は,高木が提案した定義「肢体の機能に不自由なところがあり,そのままでは将来生業を営む上に支障をきたすおそれのあるものを,肢体不自由児とする(但し著しき知能低下者を除く)」を採択しました。

▷1　文部科学省(2022).障害のある子供の教育支援の手引〜子供たち一人一人の教育的ニーズを踏まえた学びの充実に向けて〜　ジアース教育新社

▷2　⇨Ⅰ-6 参照。

▷3　これらの呼称は,差別的であるとみなされ,今日では公的に使用することはない。本書では歴史的用語として使用している。

▷4　ドイツ語のKrüppelで,高木は肢体不自由の名称を想定している。

▷5　日本肢体不自由児協会(1967).高木憲次──人と業績　資料編　日本肢体不自由児協会

② 学校教育における肢体不自由の定義の成立と改正

1947（昭和22）年3月に制定された学校教育法の第71条（特殊教育の目的）では、「盲学校，聾学校又は養護学校は，夫々盲者，聾者又は精神薄弱，身体不自由その他心身に故障のある者に対して，幼稚園，小学校，中学校又は高等学校に準ずる教育を施し，併せてその欠陥を補うために，必要な知識技能を授けることも目的とする」として，肢体不自由ではなく「身体不自由」を用いていました。また，特殊学級を規定した同法第75条では，対象の障害として，「その他の不具者」としています。このように，戦後の学校教育の枠組みである学校教育法の制定当時は，肢体不自由の用語は使用されていませんでした。

教育においてはじめて肢体不自由者を定義したのは，「教育上特別な取扱を要する児童生徒の判別基準について」（1953（昭和28）年6月，文初特第303号文部事務次官通達）です。判別基準は，肢体不自由児などの実数や出現率を明確にし，肢体不自由教育などの振興のための養護学校や特殊学級の創設，整備を行う施策立案に供することを目的に，公にされました。「肢体不自由者」はこの中で第6として取り上げられ，次のように定義されています。「肢体（体幹と四肢）に不自由なところがあり▶6，そのままでは将来生業を営む上に支障をきたす虞のあるもの」を肢体不自由者としました。日本整形外科学会の定義がほぼ採用されたことがわかります。

判別基準は，①きわめて長期にわたり病状が持続し，あるいはしばしば再発を繰り返すもの，及び終生不治で機能障害が高度のもの，②治療に長期間（2か年以上）を要するもの，③比較的短期間で治療の完了するもの，④約1か年で治療が完了するもの，またはこの間に運動機能の相当の自然改善，進歩が望まれるもの，の4つがあげられました。

教育措置としては，基準①に規定した程度に該当する場合は就学免除を考慮すること，基準②は養護学校か特殊学級に入れて教育を行い，治療を受けることが望ましいこと，基準③は特殊学級に入れて指導するか，または普通学級で特に留意して指導するのが望ましいこと，基準④は就学を猶予することとしています。

昭和20年代半ば以降，肢体不自由教育は，児童福祉法に規定された肢体不自由児施設に入所する児童の教育から始まりました。彼らは医療と教育の両方に効果があると期待された者であり，肢体不自由を規定するに当たり，これら児童生徒の状態像が反映されたと考えられます。

1953年の通達は，1962（昭和37）年3月，学校教育法施行令の改正に伴って失効しました。改正政令は，盲学校等の対象者を規定し，肢体不自由養護学校の対象となる肢体不自由者の程度も，第22条の2において定められました▶7。

（安藤隆男）

▶6 肢体とは，四肢と体幹の総称である。四肢は上肢と下肢からなり，上肢は肩関節から手の末端まで，下肢は股関節から足の末端までを指す。体幹は，脊柱を中軸とした上半身をいうが，胸部，腹部の内臓は含まない。不自由とは，支持・運動機能が筋肉，骨，関節，神経の損傷などにより永続的に妨げられた状態をいう。

▶7 なお，その後改正を重ね，現在では，第22条の3に「法第75条の政令で定める視覚障害者，聴覚障害者，知的障害者，肢体不自由者又は病弱者の障害の程度は，次の表に掲げるとおりとする」とあり，肢体不自由者の程度は以下のように定められている。
一 肢体不自由の状態が補装具の使用によつても歩行，筆記等日常生活における基本的な動作が不可能又は困難な程度のもの
二 肢体不自由の状態が前号に掲げる程度に達しないもののうち，常時の医学的観察指導を必要とする程度のもの

参考文献

石部元雄（1975）．肢体不自由児の教育　ミネルヴァ書房

2 骨格と関節

1 骨　格

　　ヒトの体の骨格（図Ⅰ-2-1）は，個人差や年齢にもよりますが，全体で200個ほどの骨により構成されています。骨格は，頭蓋骨・脊柱・胸郭・上肢骨・下肢骨に分けることができます。骨の主な役割として，①体組織を支える支柱として働く，②骨格筋と協調して歩行や手指の動きなど運動に関与する，③脳や心臓・肺などの重要な臓器を保護する，④カルシウムやリンなどのミネラルを蓄える，⑤骨髄の造血細胞で白血球・赤血球・血小板を造る，などがあります。

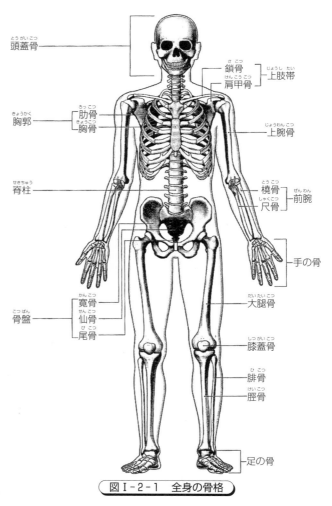

頭蓋骨（とうがいこつ）

鎖骨（さこつ）
肩甲骨（けんこうこつ）
上肢帯（じょうしたい）

胸郭（きょうかく）
肋骨（ろっこつ）
胸骨（きょうこつ）

上腕骨（じょうわんこつ）

脊柱（せきちゅう）

橈骨（とうこつ）
尺骨（しゃくこつ）
前腕（ぜんわん）

手の骨

寛骨（かんこつ）
仙骨（せんこつ）
尾骨（びこつ）
骨盤（こつばん）

大腿骨（だいたいこつ）

膝蓋骨（しつがいこつ）

腓骨（ひこつ）
脛骨（けいこつ）

足の骨

図Ⅰ-2-1　全身の骨格

○頭蓋骨

23個の骨によって形成される頭部の骨をいいます。頭蓋は，脳の容器である脳頭蓋と鼻や口の入り口で眼を収める顔面頭蓋に分けられます。乳幼児では頭蓋骨の縫合が完成しておらず，骨どうしの間の膜性の部分が大きい場所を大泉門，小泉門といいます。

○脊　柱

身体の支柱となる部分を体幹といい，いわゆる胴体をさします。体幹の骨は脊柱と胸郭に分かれますが，身体を支えるのは多数の脊椎からなる脊柱（図I-2-2）です。首の部分の頸椎は7個，胸部で肋骨と胸郭を形成する胸椎12個，腰椎5個，仙骨（5個の仙椎が癒合），尾骨（3～5個の尾椎が癒合）からなり，全体として弯曲しています。脊柱は上方では頭蓋と連結して頭部を支え，下方では仙骨が寛骨と結合し骨盤を形成しています。また，脊柱は椎孔の中を運動神経や感覚神経の束である脊髄神経が通っており，上肢や下肢の運動や感覚などの重要な神経路となっています。また，胸椎・肋骨・胸骨によって構成されるカゴ状の骨格を胸郭といいます。内部に心臓・肺などの臓器が入っています。

○四肢の骨

立つ，歩く，走る，ジャンプするなどの粗大運動（大きな動作）や，握る，

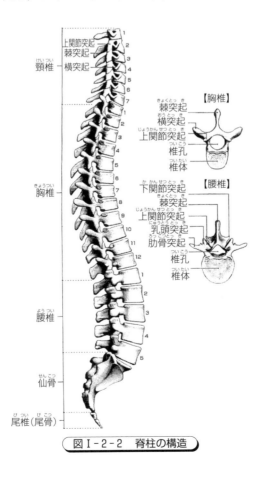

【胸椎】
棘突起
横突起
上関節突起
椎孔
椎体

【腰椎】
下関節突起
棘突起
上関節突起
乳頭突起
肋骨突起
椎孔
椎体

頸椎
上関節突起
棘突起
横突起
胸椎
腰椎
仙骨
尾椎（尾骨）

図I-2-2　脊柱の構造

▷1　38億年前地球上に生命が誕生して以来，5億年前に脊椎動物が出現後，2億年前に哺乳類が独立。6000年前には霊長類，450万年前に人類が分離独立し，20万年前にホモ・サピエンスに進化，2万年前に日本人の先祖が誕生した。

▷2　キリンの頸椎の数はいくつあるのだろうか。最も首の長いキリンの頸椎は他の哺乳類の頸椎と同じ7個であるが，他の動物に比べて一個一個の頸椎が長いため，他の動物には届かない木の葉を食べることができる。

▷3　脊柱はゆるいSを二つ重ねたような形をしている。これは，直立二足歩行に伴って生じたもので，四足動物や新生児の脊柱は全体に後方に凸の弯曲を示すが，首が座るころから頸椎に，直立歩行が始まるころから腰椎に，前方へ凸の弯曲が出現する。

▷4　足根骨の下方はドーム状の空間（いわゆる土踏まず）になっている。これはゴリラにはなく，ヒトはこれによって歩行時の体重移動をスムーズに行わせている。

書く、つまむなどの微細運動（細かな動作）など、運動や作業にかかわるときに筋肉と一緒に働きます。

上肢の骨は、肩や腕の動きにかかわる鎖骨・肩甲骨・上腕骨、橈骨、尺骨と、手の細かな動作をするときにかかわる手掌や指の骨から構成されています。手には小さな骨がたくさんあります。8個の手根骨、5個の中手骨、指骨は母指2個で他の4本の指は3個ずつあり、片手で計27個です。▶5

下肢の骨は、大腿骨、脛骨、腓骨、膝の膝蓋骨、足の足根骨や足の指の骨などで構成されています。大腿骨は骨盤に結合しており、ヒトの体の中で最長の骨で成人では40cm程度の長さです。

❷ 関　節

骨と骨の連結する場所を関節といいます。可動性がない不動関節と、滑膜性の連結で可動性のある可動関節に大別されますが、通常、関節というときは可動関節をさし、四肢の関節のほとんどがこれに属します。関節は、重力や筋活動の力を伝達することで、四肢や体幹の固定と運動を可能にしています。

○関節の構造

関節をつくる骨は、通常、一方が凸、他方が凹で、凸の方を関節頭、凹の方を関節窩といいます（図Ⅰ-2-3）。骨の関節をつくる面は関節軟骨で覆われており、関節の周囲は関節包で包まれ、滑膜が滑液を分泌し関節腔を満たしています。▶6 関節の動きは、関節頭の形状によって異なります。関節頭が球形をしている肩関節や股関節は可動性が高く、関節頭が円柱形の膝関節や指間関節などは一方向の動きしかできません。

○関節運動の表現

関節運動は、直立位で上肢を下垂して手のひらを体側に向け、下肢は平行に両母指を付けた状態を基本肢位（0度）としてどのような方向に動いたかで表現します。動きの方向は、関節を中心にして2本の骨の角度を0度に近づける運動が屈曲、その反対方向で2本の骨がなす角度を180度に近づける運動が伸展です。しかし、可動性が高い球関節では前後方向（矢状面）が屈曲・伸展、左右方向（全額面）が外転・内転、水平面の運動が外旋・内旋というように表現します。関節が動く範囲を関節可動域といいます。▶7

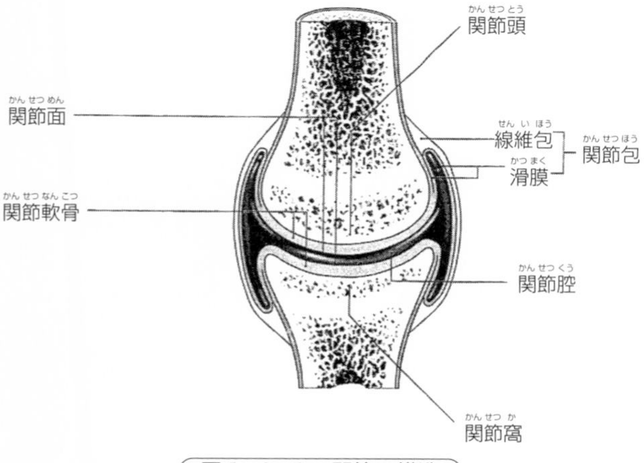

○主な関節と運動

肩関節は肩甲骨と上腕骨がなす関節で、高い運動性がありますが、その反面脱臼も多いです。肩関節の運動は図Ⅰ-2-4に示したよ

図中ラベル：
関節頭
関節面
関節軟骨
線維包
滑膜
関節包
関節腔
関節窩

図Ⅰ-2-3　関節の構造

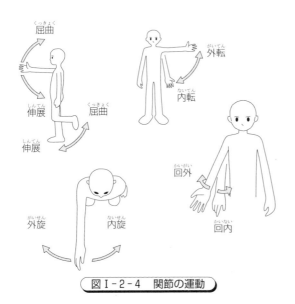

図I-2-4 関節の運動

▷8 骨形成不全症

骨の形成に必要なI型コラーゲンと呼ばれるたんぱく質の異常で，骨折しやすく，低身長，骨変形がみられる。骨折は10歳頃までが多い。そのほか，成長障害，青色強膜，難聴などの症状がみられる。

▷9 軟骨発育不全症

先天性の全身の骨の発育異常で，軟骨が骨に転化する過程が阻害されるために，四肢が体幹に比べて短く低身長になる。

▷10 多発性関節拘縮症

上肢や頸部などの関節まわりの組織が固まり，運動が制限される難病である。早期からのリハビリテーションによる関節の矯正が効果的な場合や装具が有用となることがある。治療後は3分の2が歩行可能となる。

▷11 関節拘縮

関節が硬くなり関節が完全に（関節可動域100％まで）は曲がらない，あるいは完全には伸びきらない状態，すなわち，関節のまわりの筋肉が硬くなり，関節の動きが悪くなった状態をいう。

うに，屈曲，伸展，外転，内転，外旋，内旋の6つに分解できます。

肘関節は上腕骨・尺骨・橈骨がなす複合関節で，全体が共通の関節包に包まれています。運動は，屈曲・伸展の運動や，回内（手のひらを下向きにする）と回外（手のひらを上向きにする）に分けられます。

手関節は橈骨と手根骨によって形成されています。運動は屈曲（掌屈），伸展（背屈），内転（尺屈），外転（橈屈）やこれらを組み合わせた回し運動が可能です。

股関節は寛骨臼と大腿骨頭がなす人体最大の球関節で，運動は屈曲（大腿の前方拳上），伸展（大腿の後方拳上），外転（大腿の側方拳上），内転（大腿を正中線に近づける動き），外旋（大腿を外側にねじる動き），内旋（大腿を内側にねじる動き）の6つに分解することができます。

膝関節は大腿骨，脛骨，腓骨，膝蓋骨がかかわる関節で，運動は屈曲と伸展が主ですが，屈曲させた状態では回旋が可能です。

足関節は足首の関節で脛骨・腓骨と踵骨との間の関節です。足関節の動きは，つま先を上げる背屈（屈曲）とつま先を下げる底屈（伸展）があります。

3 肢体不自由の原因となる骨や関節の疾患

○先天性疾患

先天性の骨や関節の疾患は非常に多くの種類があります。代表的なものとして骨の疾患では**骨形成不全症**[8]，**軟骨発育不全症**[9]など，関節では**多発性関節拘縮症**[10]などがあります。

○二次障害

肢体不自由児，中でも脳性まひ児は，学童・思春期など大きくなるにつれて，筋緊張や不随意運動が強まり，関節の変形・**拘縮**[11]・脱臼，頸椎症，脊柱の側弯などをおこすことがあります。

（郷間英世）

参考文献

神谷敏郎（2001）．骨と骨組のはなし　岩波書店

川島敏生（2012）．筋肉・関節の動きとしくみ事典　成美堂出版

上田敏・大川弥生（編）（1996）．リハビリテーション医学大辞典　医歯薬出版

久保俊一ら（編）（2017）．図解整形外科　改訂3版　金芳堂

3　筋肉と神経系

▷1　横紋筋
骨格筋のように顕微鏡で見ると横縞にみえる筋肉を横紋筋と呼ぶ。筋線維のA帯（暗帯ともいうが，ミオシンフィラメントの部位）とI帯（明帯ともいう）が交互に並んでおり，またA帯には少し明るいところ（H帯）もあり，縞状にみえる。

▷2　ミトコンドリア
ミトコンドリアは全身の一つひとつの細胞の中にありエネルギーを産生する働きをもっている。心臓にミトコンドリアが多いのは，休むことなく血液を全身に送り続けているため，継続的にエネルギーを使うからである。ちなみに骨格筋には，

1　筋肉の特徴

　人は神経系の指令（刺激）を出し，筋肉を収縮させて関節を介し骨を動かすことで，四肢などの身体を動かしています。人は筋肉を使って，呼吸運動や胃腸で口から肛門の方向に食物を移動させる運動もしています。また筋肉には，運動以外にも姿勢保持や臓器保護，熱の放出による体温保持，血液循環のポンプなどの役割もあります。

○筋肉の種類

　人の身体にある筋肉は，骨格筋，平滑筋，心筋の3つに分けることができます。

・骨格筋：骨格に沿って付いている筋肉で，その収縮によって身体を支え，動かしています。単に筋肉というときには骨格筋を指します。自分の意志で動かすことができるため，随意筋ともいわれます。組織上は後述するような横紋があるために**横紋筋**[1]になります。

・平滑筋：胃腸や血管壁などにあるために内臓筋ともいわれています。自分の意志では動かすことができないため不随意筋に含まれます。横紋はなく，組織上のバリエーションが多い筋です。

・心筋：動脈血管をパイプとして全身に血液を循環させるポンプ役を担う心臓の壁を構成している筋肉で，不随意筋で横紋筋です。網目状になっていること，**ミトコンドリア**[2]が多いことが特徴です。

○筋肉の性質

これらの筋には，共通する基本的な性質があります。

・興奮性：刺激に対して反応する性質で，たとえば骨格筋は，神経系の刺激によって収縮します。

・収縮性：細胞の長さを短縮し，生じた張力を結合組織を介して伝達します。

・伸展性：静止時の長さより長く引き伸ばされても収縮できます。

・弾力性：収縮した後に，元の長さに戻る性質があります。

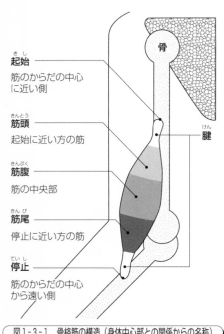

起始
筋のからだの中心に近い側

筋頭
起始に近い方の筋

筋腹
筋の中央部

筋尾
停止に近い方の筋

停止
筋のからだの中心から遠い側

骨

腱

図1-3-1　骨格筋の構造（身体中心部との関係からの名称）

出所：坂井・橋本（2010），p.38

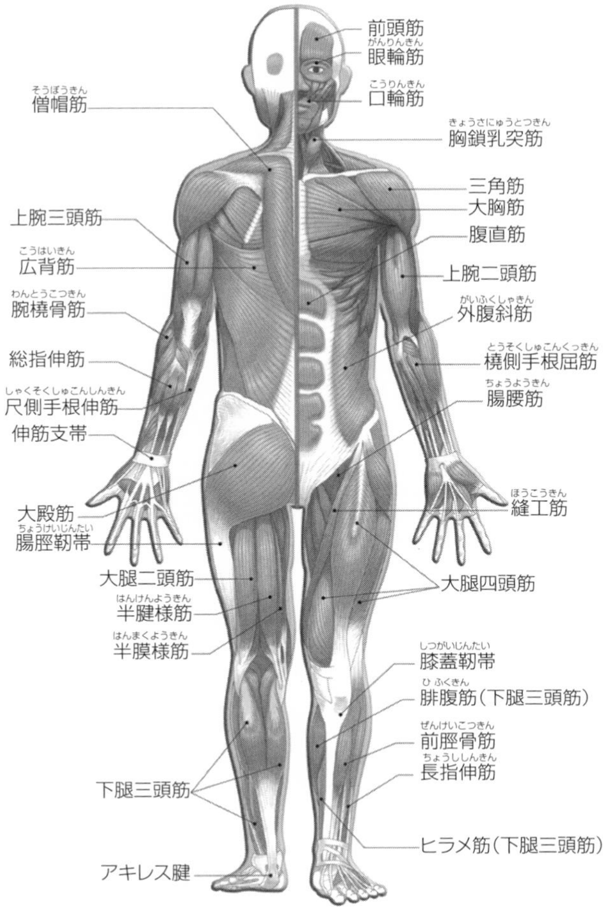

図 I-3-2　全身の筋肉

前頭筋
眼輪筋（がんりんきん）
口輪筋（こうりんきん）
胸鎖乳突筋（きょうさにゅうとつきん）
三角筋
大胸筋
腹直筋
上腕二頭筋
外腹斜筋（がいふくしゃきん）
橈側手根屈筋（とうそくしゅこんくっきん）
腸腰筋（ちょうようきん）
縫工筋（ほうこうきん）
大腿四頭筋

僧帽筋（そうぼうきん）
上腕三頭筋
広背筋（こうはいきん）
腕橈骨筋（わんとうこつきん）
総指伸筋
尺側手根伸筋（しゃくそくしゅこんしんきん）
伸筋支帯
大殿筋
腸脛靭帯（ちょうけいじんたい）
大腿二頭筋
半腱様筋（はんけんようきん）
半膜様筋（はんまくようきん）
膝蓋靭帯（しつがいじんたい）
腓腹筋（下腿三頭筋）（ひふくきん）
前脛骨筋（ぜんけいこつきん）
長指伸筋（ちょうししんきん）
ヒラメ筋（下腿三頭筋）
下腿三頭筋
アキレス腱

出所：gooヘルスケア（http://health.goo.ne.jp/medical/mame/karada/jin008.html）

ミトコンドリアが多く持久力を発揮する筋（赤筋）と，少なく瞬発力を発揮する筋（白筋）がある。

② 骨格筋の構造

　運動に関連する骨格筋は，関節をまたいで骨と骨をつないでいますが，身体の中心に近い中枢側の骨に付着しているところを起始，身体の中心から遠い末梢側の骨に付着しているところを停止といいます。骨格筋の収縮により停止側の骨が動きます。筋の起始側を筋頭（きんとう），停止側を筋尾（きんび）といい，その間の筋本体を筋腹（きんぷく）といいます（図 I-3-1）。骨格筋の形状は様々ですが，典型的には紡錘形をしています。起始が2か所からなり筋頭が2つある場合には二頭筋といいます。筋の名称は，場所，形状や作用などによって名づけられ，たとえば，二の腕の力こぶは上腕二頭筋という筋肉ですが，上腕二頭筋の場合には，上腕部にあり起始が肩甲骨関節上結節と，肩甲骨烏口突起の2か所からなっている筋ということから名づけられています。全身の筋肉の代表的なものを図に示します（図 I-3-2）。

▶3　α（アルファ）運動ニューロン

α（アルファ）運動ニューロンは，脊髄前角（あるいは脳幹の神経核）から骨格筋まで神経線維を伸ばしている下位の運動ニューロンであるが，下位の運動ニューロンには，α運動

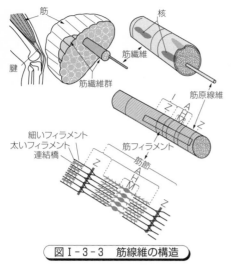

図 I - 3 - 3　筋線維の構造

出所：Hansen & Koeppen（著）相磯・渡辺（訳）（2006），p.54

図 I - 3 - 4　筋繊維の構造を補強するタンパク

出所：Barrett ほか（著）岡田（2011），p.114

ニューロンの他に，γ（ガンマ）運動ニューロンと呼ばれるものもある。γ運動ニューロンは筋肉の中にある筋紡錘の張力を調節している。

▷4　アセチルコリン
神経伝達物質の一種で，副交感神経や運動神経の末端から放出されて刺激を伝達する。ボトックス治療で用いられるボツリヌス毒素は，アセチルコリンの神経末端からの放出を抑制する。

▷5　I - 2 を参照。

▷6　筋紡錘
骨格筋の中にある紡錘状の形をしたもので伸展の程度を感受する受容器として働く。筋が伸展されると，その筋にある筋紡錘から Ia 求心性神経を使って情報（活動電位）を送る。

▷7　Ia 求心性神経
筋紡錘から筋の伸展の情報を脊髄の背側にある後根を通って，筋紡錘が存在する筋を支配する下位運動ニューロンに直接つながっている。

○ 筋線維（筋細胞）

ほとんどの骨格筋は，腱に始まり腱に終わりますが，腱と腱の間に筋系の構成単位である筋線維が並列されています。筋線維は1つの細胞であり，筋細胞ともいわれます。筋線維は，長い円筒形をしており，核が複数あり（多核細胞），筋線維鞘と呼ばれる細胞膜で包まれています。筋線維は筋原線維からできており，筋原線維は筋フィラメントと呼ばれるものからできています。筋フィラメントには，太いフィラメント（ミオシンフィラメント）と細いフィラメント（アクチンフィラメント）があり，それらが整然とならんでいるために明暗の縞模様ができ，それを横紋と呼んでいます（図 I - 3 - 3）。カルシウムイオンの筋フィラメントへの拡散をきっかけに，ミオシンとアクチンとが結合することにより太いフィラメントと細いフィラメントとの重なり部分が増えることで筋収縮が起こります。

○ 筋小管系

筋原線維を取り巻くように，細い管と袋状の構造（小胞）があり，それぞれ T 管系（横行小管），筋小胞と呼ばれています。T 管系により，筋線維の細胞膜と連続しており，筋線維の活動電位をすべての筋原線維に速やかに伝えることができます。筋小胞は筋線維に活動電位が生じると貯蔵しているカルシウムイオンを放出し，それにより筋線維での筋収縮が起こります。

○ 筋線維の構造を補強するタンパク

ジストロフィンという大きなタンパク質は，筋線維の細胞質でアクチンフィラメントと結合し，また筋線維の細胞膜を貫通するタンパク質等と複合体を形成して，筋線維の構造を補強しています（図 I - 3 - 4）。

○ 運動単位

骨格筋に直接運動の指令を出す神経細胞は **α（アルファ）運動ニューロン** と

呼ばれています。α運動ニューロンは脊髄の前角からでている神経で，神経軸索という1本の長い線維を出し，神経軸索の末端は骨格筋のいくつかの筋線維の表面のくぼみで終わっています。そのくぼみのところを神経筋接合部と呼びます。α運動ニューロンの活動電位が神経筋接合部に伝えられると**アセチルコリン**[14]が神経筋接合部のすきま（間隙）に放出されます。放出されたアセチルコリンは，接する筋線維のアセチルコリン受容体に結合することでナトリウムイオンの筋線維内への流入→筋線維の活動電位の発生となり，筋収縮を開始させます。一つの運動ニューロンとそれが支配する筋線維群とを合わせて運動単位といいます。一つの運動単位に属している筋線維の数は様々で，手や眼球運動の筋などの細かく調節された精密な運動に関与するものは筋線維が3〜6本，これに対して脚の筋では600本もの筋線維が一つの運動単位に含まれます。

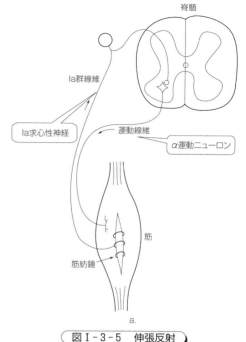

図Ⅰ-3-5 伸張反射

出所：古河・本田（1994），p.338を一部改変

③ 骨格筋の作用と調整

○骨格筋による身体の運動

運動の指令を大脳皮質や基底核，小脳，脊髄という中枢神経系で適切に統合して，必要な部分のα運動ニューロンの活動電位から筋収縮が起こり，まとまった筋の収縮により関節が動きます。筋の停止側に付着している骨が関節を介して動きます。関節を介した身体の運動には，外転，内転，屈曲，伸展，回内，回外，背屈，底屈などがあります[15]。

○骨格筋の作用による分類

・主動筋：収縮によってある特定の運動を引き起こす筋をいいます。たとえば，「肘関節の屈曲」の主動筋は上腕二頭筋です。

・拮抗筋：主動筋の作用と反対の作用をする筋です。主動筋が屈曲を引き起こす筋であれば，拮抗筋は伸展を引き起こす筋になります。たとえば，上腕二頭筋の拮抗筋は上腕三頭筋です。主動筋が収縮すると対応する拮抗筋はゆるみ弛緩しますが，その際拮抗筋の張力は運動をなめらかにするように調節されています。

○伸長反射

筋の長さの変化を検出する**筋紡錘**[16]が筋線維と並行してします。筋肉が伸ばされたときに筋紡錘が引き伸ばされて，それが**Ⅰa求心性神経**[17]の活動電位となって，脊髄の前角でその筋を支配するα運動ニューロンを刺激して筋収縮が起こります（図Ⅰ-3-5）。**深部腱反射**[18]はこの反射を利用しています。

（髙野美由紀）

▷8 **深部腱反射**
伸張反射を利用し，打腱鎚（だけんつい）というゴムハンマーを使って簡便に検査できる反射である。大腿四頭筋（膝蓋腱反射），下腿三頭筋（アキレス腱反射）などが代表的である。

（**参考文献**）

Barrett, K. E. et al.(著)岡田泰伸（監訳）(2011).ギャノング生理学（原書23版）丸善出版

Hansen, J. T., & Koeppen, B. M.（著）相磯貞和・渡辺修一（訳）(2006).ネッター解剖生理学アトラス　南江堂

坂井建雄・橋本尚詞(2010).ぜんぶわかる人体解剖図——系統別，部位別にわかりやすくビジュアル解説　成美堂出版

古河太郎・本田良行(1994).現代の生理学　改訂第3版　金原出版

脳機能と診断

1　神経系の発生と運動発達

　人が体を自由に動かすためには，骨や筋肉に指令を出す神経が必要です。この神経は，いつどのようにしてできるのでしょうか。母親の子宮内では，1個の細胞である受精卵が幾度となく細胞分裂をくり返し，およそ60兆個の細胞からなる人の体を作り出します。神経の発生は，この胎児の時代にさかのぼります。まず受精後3週目に神経板ができ，ここで神経細胞が作られ集団を作り，神経繊維をのばし情報伝達のためにネットワークを構築します。何らかの理由でこの発生がうまく遂げられないと，脳奇形など先天性の肢体不自由の原因となります。

　他の動物では，生まれてすぐに歩行が可能なものも少なくありません。しかし人では進化の過程で大脳が発達したため，運動発達としてはかなり未熟な状態で，産道を通れるぎりぎりの時期に生まれます。寝たきりの赤ちゃんが寝返りをし，ハイハイをし，二足歩行ができるまでおよそ1年，この過程を運動発達といいます。脳性まひなどの疾患があれば，歩行や姿勢保持など運動発達に遅れが生じ肢体不自由となります。

▶1　新版・社会福祉学習双書編集委員会（編）（2007）. 医学一般　全国社会福祉協議会

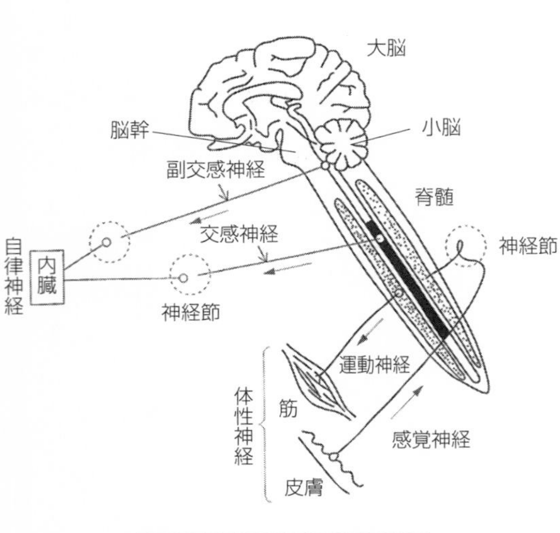

2　神経系の構造と働き

　大脳，大脳辺縁系，脳幹，小脳，脊髄を中枢神経といい，ここから伸びる神経が末梢神経（脳神経，脊髄神経，体性神経，自律神経）です（図Ⅰ-4-1）。

○大　脳

　左右2つの半球からなります。表面にあるのが大脳皮質であり，内側にあるのが大脳髄質です。肉眼でみた色調から，前者を灰白質（灰色），後者を白質（白色）ともいいます。大脳皮質には神経細胞が，大脳髄質には神経突起がそれぞれ多く集まっていますが，髄質の中で神経細胞が集まっている場所があり，これが大脳基底核です。

　また，大脳のある部位が特定の機能を司っているとされており，これを「大脳皮質の機能局在」

図Ⅰ-4-1　神経系の構造

出所：新版・社会福祉学習双書編集委員会（編）（2007）を一部改変

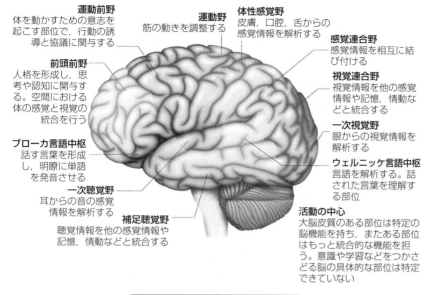

運動前野
体を動かすための意志を起こす部位で，行動の誘導と協議に関与する

運動野
筋の動きを調整する

体性感覚野
皮膚，口腔，舌からの感覚情報を解析する

感覚連合野
感覚情報を相互に結び付ける

前頭前野
人格を形成し，思考や認知に関与する。空間における体の感覚と視覚の統合を行う

視覚連合野
視覚情報を他の感覚情報や記憶，情動などと統合する

一次視覚野
眼からの視覚情報を解析する

ブローカ言語中枢
話す言葉を形成し，明瞭に単語を発音させる

ウェルニッケ言語中枢
言語を解析する。話された言葉を理解する部位

一次聴覚野
耳からの音の感覚情報を解析する

補足聴覚野
聴覚情報を他の感覚情報や記憶，情動などと統合する

活動の中心
大脳皮質のある部位は特定の脳機能を持ち，またある部位はもっと統合的な機能を担う。意識や学習などをつかさどる脳の具体的な部位は特定できていない

図 I-4-2　大脳皮質の機能局在

出所：Parker（著）佐藤・松尾（監訳）（2009）

（図 I-4-2）といいます。運動野，言語中枢，体性感覚野，視覚野，聴覚野，連合野などがあります。

◯大脳辺縁系

人の本能的活動や，感情を支配する場所です。

◯脳　幹

大脳半球と脊髄を結ぶ部分であり，呼吸，心拍，体温調整などといった生命維持になくてはならない役目を担っています。

◯小　脳

大脳からの運動情報の処理や，生命維持に欠かせない運動指令を出して，人体の基本的な活動を支配しています。

◯脊　髄

全身の皮膚や筋肉からの情報は，この脊髄を通して大脳に伝えられ，脳からの指令もここから体の各部位へと伝えられるなど，脳と全身を結ぶ連絡路です。頭，顔以外の全身の運動や感覚機能のほか，必要なときには脳を介さず反射などの運動を担います。

◯末梢神経

脳より直接出ている脳神経と脊髄から出ている脊髄神経に分類します。脳神経は，眼球や表情を動かすための運動と，視覚や聴覚などの感覚を担います。また，意識下で機能させる体性神経と，無意識の状態で身体の恒常性を保つために働く自律神経があり，さらに前者には運動神経と感覚神経，後者には交感神経と副交感神経があります。運動神経は，大脳の運動野からの指令を体に送

▷2　Parker, S.（著）佐藤達夫・松尾理（監訳）（2009）．みえる人体——構造・機能・病態　南江堂

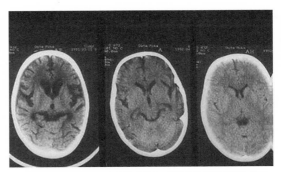

図 I - 4 - 3　溺水のために生じた脳萎縮の頭部CT
（右から溺水直後，6か月後，1年後）

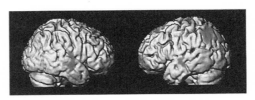

右半球　　　　　　左半球

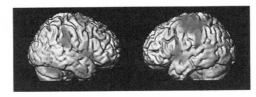

右半球　　　　　　左半球

図 I - 4 - 4　運動の計画時（上段）および運動時（下段）のf-MRI

（注）グレーの部分は活動して脳血流が増大しているところ。
出所：Parker（著）佐藤・松尾（監訳）（2009）

り，筋肉と関節を動かします。感覚神経は皮膚からの温度や触覚などの情報を大脳に伝えます。

③ 運動のコントロール

○錐体路

　大脳皮質の特定部位の神経細胞の興奮を，末梢の運動神経に伝える中枢神経の伝達路であり，出血や梗塞によってこの情報伝達が妨げられると，まひのほか，筋力低下，**痙直**[13]，腱反射の亢進，病的反射の出現などの症状が現れます。

○錐体外路

　随意運動をスムーズに行わせるために働く，すべての神経情報伝導路のことを指します。大脳基底核，脳幹，小脳などが重要な役割を担っています。この情報伝達に支障をきたすと，不随意運動，**振戦**[14]，**アテトーゼ**[15]など多くの神経学的異常がおこります。

▷3　痙直
手足が硬直し，突っ張った状態になること。

▷4　振戦
筋肉の収縮・弛緩がくり返されておこる，リズミカルな動き（ふるえ）。

▷5　アテトーゼ
意図せず体のあちこちが動くこと。

14

4　神経系の疾患を探るための代表的な諸検査

　肢体不自由の原因となる疾患を探るため，医療機関では様々な検査を行います。次に，代表的な検査を紹介します。

◯CT (computed tomography), MRI (magnetic resonance imaging)

　奇形，腫瘍，出血など，脳の構造異常や損傷部位，およびその程度を捉えることができます。放射線で様々な方向から撮影し，コンピューターによって体を輪切りにしたかのような画像を得るのがCTです（図Ⅰ-4-3）。放射線の代わりに強い磁場を使い，体の内部構造を描写するのがMRIです。

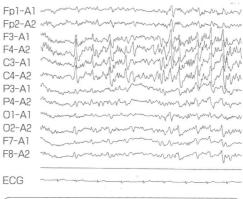

図Ⅰ-4-5　てんかんのある11歳児の脳波所見（棘波がみられる）

◯f-MRI (functional magnetic resonance imaging)

　脳局所の脳血流の変化を捉えることで，脳の活動部分をみることができます（図Ⅰ-4-4）。

◯脳　波

　脳波は神経細胞の電気的活動の異常を捉えることができ，さまざまな原因により引きおこされるてんかんの診断に用いられます。てんかん発作は，脳のどの部分が巻き込まれる異常放電か，によって多彩な症状を呈します（図Ⅰ-4-5）。

5　いろいろな疾患と検査所見

　肢体不自由の原因疾患は多種多様であり，発症の時期，部位，病理などで分類することができます。たとえば中枢神経系の原因疾患を発症時期により分類すると，以下のようになります。

◯先天性の疾患

　脳の発生過程の異常によって，二分脊椎，水頭症，全前脳症などの脳奇形をきたします。また，母体への薬物，放射能，感染などの影響により，胎児に先天的な肢体不自由を生じる可能性があります。

◯周産期異常

　低出生体重児やその他の原因により，生まれた直後に呼吸や心拍数，筋緊張状態などに異常をきたすことを新生児仮死といい，将来脳性まひと診断されることもあります。

◯後天性の疾患

　感染症，腫瘍，外的な原因による脳損傷（外傷，溺水など）（図Ⅰ-4-3）によっても，その後遺症として四肢や体幹のまひをきたすことがあります。

（小谷裕実）

肢体不自由の医学的理解

▶1　ポリオ
ポリオ（Polio）は，急性灰白髄炎（きゅうせいかいはくずいえん；poliomyelitis）の略で，ポリオウイルスにより発症する感染症。脊髄の灰白質にある脊髄前角細胞（筋肉を直接支配している神経細胞）などが障害され，左右非対称性の弛緩性まひ（下肢に多い）を呈する。

▶2　自閉症スペクトラム障害
対人関係障害，コミュニケーション障害，想像性の欠如の3方面（3つ組）での問題を生来もつ人を言う。心の理論のシステム不調があり，注意欠陥多動性障害を合併することが多く，これらを司る脳神経システムの不調状態がある。

▶3　心の理論
他人の感情や考えを推測し読むことをいう。このシステムは，社会生活をする上では必要な機能として多くの人には備わっており，成長とともにシステムは立ち上がる。前頭葉障害では立ち上がらず，人の気持ちの読み方が不調になる。

▶4　実行機能
計画を立て，準備をし，実行し，修正をするといった一連の脳内処理をすることをいう。不調だと，その場しのぎ的言動となる。

❶　医学的視点からみた肢体不自由とは

　脳や脊髄の中枢神経に問題があっての四肢のまひだけでなく，末梢神経や筋肉の病気，そして手足の先天性欠損などにより運動障害をきたしている状態を肢体不自由といいます（図I-5-1）。具体的には以下の①〜③です。

①中枢神経（脳や脊髄）に障害があっての運動障害

　　脳　：脳形成不全・出産前後の低酸素性脳障害などの後遺症としての脳性まひ，脳炎・脳症などの中途障害による運動障害

　　脊髄：二分脊椎（脊髄形成不全）による対まひ・ポリオウイルス感染症による四肢のまひ（**ポリオ**）

②末梢神経や筋肉の問題による運動障害

　　筋ジストロフィー症，末梢神経障害

③四肢の形態の問題による運動障害

　　先天性四肢欠損，事故や病気による四肢欠損

　発生頻度としては，①の中の様々な原因による「脳性まひ」が最多です。運動障害と知的障害が重度の場合，重症心身障害児・者といわれます。脳性まひや中途障害によって重度の運動発達の遅れ（身体障害の1級ないし2級，つまり寝たきりか坐位までの運動機能）と重度の知的障害（療育手帳A）をもつ人です。

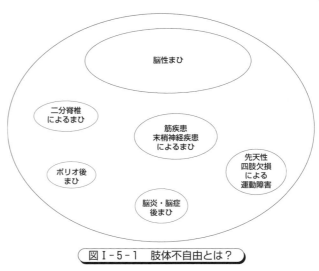

図I-5-1　肢体不自由とは？

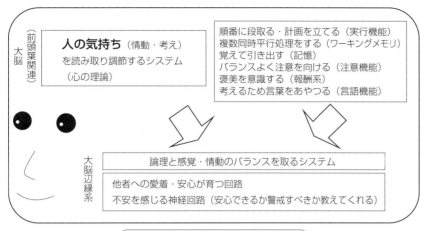

図I-5-2　脳にある神経システム

「重症心身障害児・者」は日本独特の言葉・概念として知られています。諸外国では，「severely disabled child」と表現されています。障害程度が軽く運動システムの障害だけにとどまった場合，知的障害のない脳性まひになります。

❷ 脳障害の広がりに伴うまひ以外の問題

　脳障害の広がりに伴うまひ以外の問題として，各種脳内神経システムの不調が知られています（図I-5-2）。

⭕前頭葉機能障害

　前頭葉機能の障害をもつと，**自閉症スペクトラム障害**[2]や注意欠陥多動性障害（ADHD）が合併しやすくなります。なぜならば，前頭葉を含んだ神経システムには，障害されると自閉症状に至る「**心の理論**」システムがあり，**実行機能**[4]・**ワーキングメモリ**[5]・**注意機能**[6]・**報酬系**[7]などの ADHD 症状を出させないようにしている神経システムがあるからです。前頭葉障害でこれらの神経システムが不調になり，他者の心の中を把握することが困難＝心の理論が不調な場合には自閉症状として理解され，また ADHD 症状を出させないようにしている神経システム不調により ADHD 症状が出現します。

⭕脳室周囲白質軟化[8]に伴う視放線の障害，そして視知覚認知障害の発生

　未熟児[9]出生では，脳室周囲の白質が出血や低酸素で障害されます。この場所を通っている神経には**視放線**[10]があります。この視放線の障害で，視知覚認知障害が発生する場合があります。漢字を構成する図形の判別が困難になり，結果として学習障害（読み障害，書き障害など）に至ります。視力障害はないのだけれど，込み入った図形や文字は認知が上手くできない結果，語音を想起できないことが起こったりします（視覚性読み障害と言われます）。これらは，未熟児出生に伴う脳性まひ（痙性両まひ）に合併しやすいことが知られています。

（東條　惠）

▷5　ワーキングメモリ
複数同時処理を行うシステムをいう。本システムが不調だと，一つに過集中してしまい，他は不注意で情報を入れない状況が出現する。「人の話を聞いてない」などとなる。

▷6　注意機能
上手に情報を取り込むには，持続的に注意集中を維持しつつ他を持続的に抑制する必要があり，これを注意機能という。本機能の不調で，多注意（いろいろな物への興味が著明）を示しつつ，一つひとつは不注意状態となる。

▷7　報酬系
自分の行動に報酬があることを理解し，その行動をスムーズに行うようになるためのシステム。本システムが不調だと，「待てない」「衝動性」を示す。

▷8　脳室周囲白質軟化
成熟児と異なり，未熟児特有の脳血管支配での脳血流障害では，脳室壁近傍の白質部への血流供給障害が出やすくなる。本部位の脳実質破壊が起こると，脳室周囲白質軟化症となり，手足，特に下肢のまひが出現する。

▷9　未熟児
未熟児とは，早産（在胎週数が22〜36週で出産）で2,500g 未満の低出生体重児をいう。未熟児という言葉には早産児と低出生体重児（出生体重が2,500g 未満の児）の両者の意味が含まれる。

▷10　視放線
眼球の網膜から視神経が出て，その後後頭葉に至る視覚路をいう。

脳性まひ（脳性疾患）の医学

1　定　義

　日本における脳性まひの定義は,「受胎から新生児期（生後４週未満）の脳の非進行性病変に基づく, 永続的なしかし変化しうる運動および姿勢の異常である。その症状は２歳までに発現する。進行性疾患や一過性運動障害または正常化するであろうと思われる運動発達遅延はこれを除外する」です（1968年の厚生省脳性麻痺研究班による定義）。諸外国では, ２歳までに生じた脳障害によるまひを含める国もあります。

2　脳性まひの発生頻度

　近年では, 出生1,000人に２人の割合で脳性まひが発生しています。多くの先進国での発生頻度も同様の数値です。新生児医療が未発達の開発途上国では, 発生頻度がより多い実態です。

3　脳性まひの原因

　脳性まひの発現時期と原因は表Ⅰ-6-1のとおりです。以前は, ①未熟児出生, ②新生児ビリルビン血症による**核黄疸**▶1, ③出産にまつわる低酸素性脳障害の３つが主要な原因でした。新生児医療の進歩の中で, 未熟児であっても障害を残さない生存例が増え, 核黄疸を起こす例はほぼなくなりました。しかしながら, 未熟児の中でも極低出生体重児が増加するなかで, 新生児医療の進歩があり出生にまつわる脳障害は減少しつつも, 脳障害を起こす例は依然としてあります。全体としては脳性まひの発生頻度は減少していません。脳性まひの原因としては, 胎内期の問題としての脳形成不全例などの比率が増加しています。

▶1　**核黄疸**
新生児期の高ビリルビン血症時に, 間接ビリルビンが脳内の運動に関係する神経核を汚染し, 神経細胞障害を起こす状態をいう。

4　脳性まひ——部位によるタイプ

　脳性まひはその部位により以下の４つのタイプに分けられます（図Ⅰ-6-1）。

表Ⅰ-6-1　脳性まひの発生時期と原因		
胎内期	周産期	胎外期
（妊娠中）	（妊娠22週から出生後７日未満）	（生後28日＝４週間まで）
脳形成不全	出生前後の低酸素・虚血	出血　脳梗塞
出血　脳梗塞	出血　脳梗塞	炎症（脳炎, 脳症）

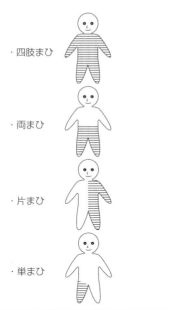

・四肢まひ

・両まひ

・片まひ

・単まひ

図Ⅰ-6-1　体の部位によるまひのタイプ

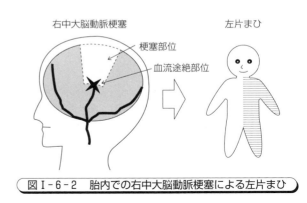

右中大脳動脈梗塞　　　　　　　　　　　左片まひ

梗塞部位

血流途絶部位

図Ⅰ-6-2　胎内での右中大脳動脈梗塞による左片まひ

○四肢まひ

上肢と下肢の両者において同程度のまひがある状態です。多くの症例では運動障害は重度で，独歩不能例が多くなります。脳障害が広範なので，知的障害を伴う人が多くなります。

○両まひ

腰から下肢のまひが目立つ状態です。2歳半頃までに坐位が可能な場合には，補装具使用による場合も含め，歩行できる例が多いことが知られています。手（上肢）は中〜軽度のまひから，明らかなまひではないが不器用状態の人まで，幅広いことが知られています。加齢により運動機能低下例がそれなりの割合で出てきます。

○片まひ

体の半身が上手く動かない状態です。反対側の脳障害が原因です（図Ⅰ-6-2）。

○単まひ

四肢のうち，1つだけにまひを示すタイプです。

❺ 脳性まひ──運動障害によるタイプ

運動障害は筋緊張状態の違いにより，以下のとおりに分類されます。

○痙直型まひ

運動に関する筋肉が不必要につっぱったりこわばったりする状態が常に存在します。そのためにスムーズな運動ができません。未熟児出生に伴う**脳室周囲白質軟化症**（図Ⅰ-6-3）による本タイプが，脳性まひにおける頻度は最多で

▶2　脳室周囲白質軟化症
成熟児と異なり，未熟児特有の脳血管支配での脳血流障害では，脳室壁近傍の白質部への血流供給障害が出やすくなる。本部位の脳実質破壊が起こると，脳室周囲白質軟化症となり，手足，特に下肢のまひが出現する。

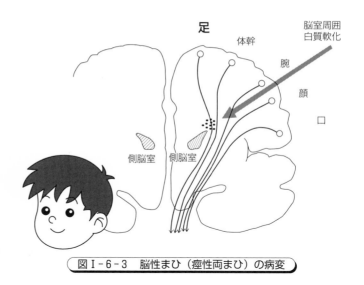

足
体幹
腕
顔
口
脳室周囲
白質軟化
側脳室　側脳室

図I-6-3　脳性まひ（痙性両まひ）の病変

▶3　アテトーゼ
不随意運動の一つで，手足
のより末端部が，虫が這う
ような動きを示す状態をい
う。筋の緊張は一定せず，
高まったり弱まったりと変
動幅が大きい状態である。

あり，この場合，両まひ，四肢まひとなります。

○アテトーゼ型まひ

運動を司る筋肉は，ある姿勢を保持するために一定の筋緊張を保っています。
しかしながらアテトーゼ型まひでは，一定の緊張を保つことができず，低緊張
と病的筋緊張亢進状態を行き来します。結果として，四肢の動きは自分の意志
に反してあらぬ方向に動いてしまったりします。歩行できる方もいますが，寝
たきりの方もいます。

障害部位は，大脳基底核といわれる運動コントロールセンターと考えられ，
四肢まひを示します。

○混合型まひ

痙直型とアテトーゼ型が混じるタイプで，痙直型に次いで頻度は多いです。

○失調型まひ

筋緊張を一定に保てず，体を小刻みに震わせる状態がみられます。上肢の細
かい動作は困難になり，手先や指先が震えてしまいます。手も足も小刻みに震
える状態で極めて不器用となります。極度に歩行時期が遅れ，たとえば10歳で
初歩の例もみられます。

障害部位は，多くは小脳か，小脳と連携している神経システムで，四肢まひ
となります。

○低緊張型まひ

筋緊張が低下しすぎている状態で，寝たきりで重度のまひ例が多く，四肢ま
ひです。

6　脳性まひに合併する状態

脳性まひには，以下の状態が合併しやすいです（図I-6-4）。

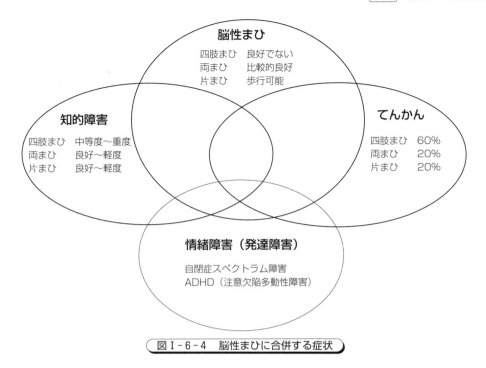

図Ⅰ-6-4　脳性まひに合併する症状

○**知的障害**▷4

　四肢まひは脳障害部位が広範である場合が多く，知能に関係する脳部位も障害されるために，知的障害（以前は精神遅滞と呼称）が出やすくなります。

○**てんかん**▷5

　約3人に1人が合併します。脳障害により神経細胞が異常に興奮しやすくなっている部位があるために，起こりやすくなります。脳障害が広範なほど，本疾患を合併しやすくなります。

○**情緒障害**▷6

　それなりに高頻度と推測できます。理由として，合併しやすい前頭葉障害が考えられます。前頭葉には，注意欠陥多動性障害にならないための神経システムがあると推測され，段取りを組む・予定を立てるなどの実行機能，複数同時処をするワーキングメモリ，しっかりとした記憶システムや注意機能，報酬系機能などがあります。これらの順調な動きは，ADHD症状をきたさないために必要です。

　また，心の理論が障害され他者の心を読むことが不調だと，自己中心的発想しかもてない立場になりやすく，対人関係障害やコミュニケーション障害，不安が強く出やすいなど，自閉症スペクトラム障害が出現すると考えられます。

（東條　惠）

▷4　知的障害
日本では長らく，IQ値（知能指数）が重視され，おおよそIQ70以下をさしてきたが，近年では社会への適応状況が重視されるよう変化した。

▷5　てんかん
脳神経細胞が群をなして異常に電気的に発火する現象で，反復するものをいう。

▷6　情緒障害
文部科学省によれば，「情緒障害とは，情緒の現れ方が偏っていたり，その現れ方が激しかったりする状態」「自分の意志ではコントロールできないことが継続し，学校生活や社会生活に支障となる状態」とのこと。代表として，自閉症スペクトラム障害や注意欠陥多動性障害がある。医学用語ではない。

障害の重度・重複化とその要因

1 重度・重複化の推移

▷1　⇨ Ⅰ-5 参照。

▷2　⇨ Ⅰ-6 参照。

　昭和30年代半ばまでの肢体不自由児の病因は，ポリオ[1]，脳性まひ[2]，先天性股関節脱臼，骨・関節結核の4疾患が大きな比重を占めていました。昭和30年代の終わりから40年代には，脳性まひだけが増加していきました。これは，ポリオについては予防ワクチンの服用が実施され，骨・関節結核については公衆衛生制度の確立によって激減したためです。また，先天性股関節脱臼も，早期からの対応により大幅に減少しました。しかし，脳性まひについては，昭和40年代から50年代における肢体不自由養護学校の増設とともに，在籍者に占める割合が高まります。脳性まひは，脳に生じた非進行性の病変のために四肢，体幹に機能不全をきたしますが，同時に知的障害，言語障害，感覚・知覚障害やてんかん等を併せ有することが多く，そのため肢体不自由養護学校では障害が重複した児童生徒が増加することになります。

　養護学校教育義務制が施行された1979（昭和54）年度以降も，肢体不自由養護学校に在学する重複障害児の割合は漸進的に増加します。その後，肢体不自由養護学校の在学者に占める脳性まひ児の増加率は次第に落ち着きをみせますが，脳性まひ以外の脳原性疾患の割合が増加して，肢体不自由養護学校の在学者に占める重複障害児の割合は，より一層高くなってきます。就学児童生徒の障害の重度化・重複化が顕著となってきた背景には，医療環境や産業構造の変化，周産期医学の発達等があり，端的に言えば，医学・医療技術の進歩・普及とともに早期対策の推進によって，最近の障害の発生の状況が，軽度障害または重度・重複障害のいずれかへの二極分化の現象を呈しつつあります。

　平成に入り，大都市にある肢体不自由養護学校には，医学の進展とともに常時医療的ケアが必要な児童生徒が徐々に就学するようになりました。近年では，肢体不自由特別支援学校を中心に，全国的に医療的ケアが必要な児童生徒が増加しています。表Ⅰ-7-1に近年の肢体不自由特別支援学校小学部・中学部の重複障害学級在籍児童生徒の割合の推移を示しました。重複障害学級は，肢体不自由に加えて，視覚障害，聴覚障害，知的障害，病弱のいずれかあるいは複数の障害を伴っている児童生徒の学級です。平成10年代に70%半ばまであった重複障害学級在籍者の割合が平成20年以降に下がるのは，特別支援教育体制へ移行したためです。重複障害学級の在籍ではないけれども，肢体不自由に加え

表Ⅰ-7-1　肢体不自由特別支援学校小中学部の重複障害学級在籍者の割合	
年度	割合
平成元年（1989）	57.9%
10（1998）	73.6
15（2003）	74.8
20（2008）	64.5
25（2013）	58.0
30（2018）	53.5
令和元年（2019）	52.0
2（2020）	51.6

表Ⅰ- 7 - 2　特別支援学校に在籍する医療的ケア児の数（医療的ケア項目別）

特別支援学校（全体）　　8,392名　　全体の5.8%

医療的ケア項目		通学	訪問	計
呼吸	喀痰吸引（口腔内）	3,510	1,532	5,042
	喀痰吸引（鼻腔内）	3,267	1,327	4,594
	喀痰吸引（気管カニューレ内部）	1,754	1,354	3,108
	喀痰吸引（その他）	400	160	560
	吸入・ネブライザー	1,288	750	2,038
	在宅酸素療法	961	754	715
	パルスオキシメーター	2,382	1,311	3,693
	気管切開部の管理	1,766	1,301	3,067
	人工呼吸器の管理	475	1,027	1,502
	排痰補助装置の使用	150	225	375
栄養	経管栄養（胃ろう）	3,338	1,317	4,655
	経管栄養（腸ろう）	68	60	128
	経管栄養（経鼻）	1,003	518	1,521
	経管栄養（その他）	22	11	33
	中心静脈栄養	41	53	94
排泄	導尿	463	214	677
	人工肛門	53	38	91
その他	血糖値測定・インスリン注射	93	21	114
	その他	701	149	850

（人）

出所：文部科学省（2021）．調査（令和元年度11月 1 日時点）

て学習障害，自閉症，注意欠陥多動性障害などの発達障害や抑うつ傾向や気分障害等の症状のある児童生徒が増えてきており，障害の多様化がうかがえます。

❷ 重度・重複障害児の症状

　2019（令和元）年に文部科学省が行った調査では，肢体不自由者のみを対象とする特別支援学校117校の在籍者8,614名のうち7,952名（85.3%）が肢体不自由に加えて他の障害も有していました。多くの児童生徒の90%以上が肢体不自由と知的障害の重複と推測されます。このほとんどの児童生徒の病因は脳障害に基づくもので，そのため肢体不自由だけでなく知的障害を随伴することが多くなります。

　さらに脳障害による肢体不自由の状態が重度であればあるほど呼吸や食事や排泄といった健康に関わることがらが大きな制限を受けます。しかし近年の医学の進歩により，大きな制限に対してケアすることが可能となったことから，最重度の状態であっても学校へ通うことが可能となりました。

　2019（令和元）年度の文部科学省の調査では，特別支援学校の在籍児童生徒の約5.8%が何らかの医療的ケアを必要としていることを報告しており（表Ⅰ-7 - 2），その人数は増えています。学校においても児童生徒に必要な医療的ケアが行えるように法律等も改正されてきています。このように1979（昭和54）年の養護学校教育義務制以前は就学猶予あるいは免除であり，それ以降も長く訪問教育の対象であった非常に障害が重度である児童生徒が今日では毎日学校へ通ってくることが可能となりました。

（川間健之介）

参考文献

　文部科学省（2021）．特別支援教育資料（令和 2 年度）https://www.mext.go.jp/a_menu/shotou/tokubetu/material/1406456_00009.htm

　文部科学省（2020）．令和元年度学校における医療的ケアに関する実態調査 https://www.mext.go.jp/content/20200317-mxt_tokubetu01-000005538-03.pdf

　川間健之介・長沼俊夫（編著）（2020）．肢体不自由児の教育〔改訂〕NHK出版

8　肢体不自由の心理特性

1　認知発達の特性

　ピアジェ（Piaget, J.）は認知発達の過程をいくつかの段階に分けて示しましたが，その最初の段階は感覚運動期（0〜2歳）といわれるものです。さらにこの段階は，手のひらに触れたものを反射的につかむといったいくつかの生得的な反射機構を用いて環境との相互交渉を行っていく段階から，たとえば指を吸えば快感を感じ，それが指を吸うという行動へと循環反応を繰り返すようになって，いわゆる獲得性のシェマ（認知システムを構成する諸要素）が生まれてきます。このようなことから，やがて外界の事物・事象との関わりが意図的に行われ，手段と目的の分化がはじまり，物の存在の理解がはじまっていきます。

　こうした過程は一方で運動発達に支えられており，物を操作することで，姿勢がより安定し，上肢の運動もより洗練されたものとなっていき，それにより認知発達が進み，それによってさらに運動発達も進んでいきます。

　しかし，脳性まひの場合など，反射・反応の発達が不十分であり，筋緊張が亢進するため，安定した座位や，円滑な上肢の運動が著しく制限され，そのため能動的な視覚探索と手の使用が困難なものとなり，循環反応が起こりにくい状態となります。つまり，上肢の運動や姿勢に制限があることは概念形成にとって大きなマイナス要因となりえます。実際には，重度の肢体不自由があっても認知発達は良好な例は数多くあるので，肢体不自由があると認知発達が必ず阻害されるというわけではありませんが，認知発達を妨げる要因としては大きなものです。

2　移動運動の制限が認知発達に及ぼす影響

　移動運動の制限も認知発達に好ましくない影響を及ぼします。移動運動は，首すわり，肘立て，腕立て，寝返り，腹這い，四つ這い，つかまり立ち，つたい歩き，ひとり立ち，独歩と発達していきます。乳児は腹這いを獲得した頃には，目で見て興味ある物に移動していき働きかけるようになり，さらに運動発達が進めば行動範囲は広がり，より多くの知識を得るようになります。移動運動の制限は，この機会をかなり制約してしまいます。この状態で成長すると同年齢の子どもたちと比べて，物事に対する直接経験が著しく少なくなり，認知発達のみならず，社会性の発達にも好ましくない結果となります。

図I-8-1 ルビンの杯

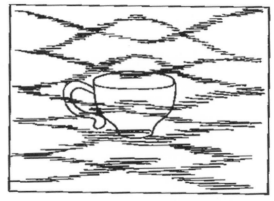

図I-8-2 ティーカップと妨害刺激

3 脳性疾患による肢体不自由にみられる認知の障害

　肢体不自由の中でも脳性まひは，脳損傷によるものであるので，様々な認知面の障害が報告されています。特に視知覚の問題は古くから研究されています。その一つは知覚の固さです。図I-8-1は，「ルビンの杯」という図―地反転図形で，黒い部分に注目すると杯のように見え，白い部分に注目すると，人の顔が向かい合っているように見えるものです。通常であれば，一つの見え方から他の見え方に任意に移行することができますが，脳性まひ児の中にはこの移行が困難な場合があります。また，図I-8-2の図形において，妨害刺激のためにティーカップを認識できないという図―地知覚障害も知られています。これらの障害は，たとえば本を読むとき，注目すべき文字（図）が周囲の文字（地）に妨害されて，文章を目で追って読むことができないことなどにつながります。

　知覚―運動障害もまた，脳性まひにおいてよく研究されています。これは，たとえばノートの枠の中に文字を書き入れるという作業に困難がある障害です。特に脳室周囲白質軟化症による痙性両まひではよくみられます。さらに視覚を通して空間的に再生する行為の困難さをも認められ，積木模様課題や図形模写における困難さがあり，他の視知覚障害とともに生活や学習場面での問題を指摘されることが多いようです。

　脳性まひ児の思考の特性についても数は少ないもののいくつかの研究が行われています。それらの研究によれば，脳性まひ児の思考の特徴として，具体的思考が中心で，抽象的思考活動が困難であり，未分化，未発達な思考の段階にとどまっていることがあげられます。このような思考の特徴を有するに至った原因としては，脳損傷という一次的要因と肢体不自由や不適切な環境がもたらす二次的要因，さらにそれらの相互作用が考えられます。

（川間健之介）

参考文献

　川間健之介（2008）．心理的な理解　筑波大学附属桐が丘特別支援学校（編著）　肢体不自由教育の理念と実践　ジアース教育出版，pp.81-91.

　川間健之介（2006）．視覚認知の発達と支援　本郷一夫・長崎勤（編）別冊発達28　特別支援教育における臨床発達心理学的アプローチ　ミネルヴァ書房，pp.10-22.

肢体不自由の行動特性

　心理特性と行動特性を明確に分けることは困難ですが，ここでは　Ⅰ-8　肢体不自由の心理特性で紹介できなかった特性について述べます。

1　コミュニケーション

　脳性まひ児の50〜70％が，次に述べるような，なんらかの言語面での問題をもっているといわれています。まず，発声発語器官の運動が妨げられ，発語機能の発達が阻害され，音声言語の不使用につながり，あるいは音声言語の明瞭度や流暢さが低い発語にとどまることがあります。脳性まひ児の多くは胸郭や腹部の動きや頸部の筋緊張のため発声に十分な呼吸で発声を行うことがあまり上手ではないことが多いといえます。発語は，口唇，舌，軟口蓋，咽頭などの構音器官の形を変化させ，語音を作り出すことですが，これが不適切な動きのために正確な語音となりにくいことが多いのです。

　また，肢体不自由児は，自発的な感覚運動経験の不適切さや周囲の与える言語的・非言語的刺激の不適切さのため，概念形成や言語発達が遅滞しやすい環境の中にいることになります。対人接触の機会とその内容が制限されるため，多様なコミュニケーション手段の使用や，様々な場面や人に適したコミュニケーション技能の未熟さをもちやすくなります。脳性まひ児の音声言語が周囲に理解されにくい理由には，構音の不正確さよりも，顔面筋の緊張や四肢の不随意運動，声の質などに聞き手側の注意が引かれ，その結果，音声言語が了解されない場合がかなりあります。

2　社会性の発達

　社会性が十分に発達していくためには，乳幼児期において養育者との間で十分な愛情と信頼が形成されなければならず，また遊びを通しての集団への参加がなくてはなりません。この段階で肢体不自由児は，様々な困難に出あうこととなります。養育者の働きかけに対しての反応が十分でない場合，養育者の働きかけも不十分になっていく傾向が指摘されています。遊びを通して集団に参加するときも，上肢の機能や移動能力に制限がある場合，これらの制限が最小限となる場面設定などを行う必要があります。

　肢体不自由児の多くは乳幼児期から学齢期に至るまで養育者の介助を受けることが多くなります。学校に入っても教師から多くの介助を受けます。自分一

人でなんとかやれる場合でも，本人が行うと時間がかかりすぎるため，大人が介助してしまうことが多くなります。この繰り返しは，年齢に応じた社会的スキルを学習する機会を奪い，自分が決定し行動するという経験が日常生活の中で限られたものとなってしまうなど，社会性の発達を阻害することになります。

肢体不自由による移動能力の制限のため，友だちと遊ぶこと，買い物をすることなど，同年齢の子どもたちに比べ，かなり経験が少なくなります。一人で外出すること，バスに乗ること，電車に乗ること，これらのことが，非常に大きな本人の努力によっても十分に経験することはできません。社会生活を送る上で，必要とされる技能が獲得できない状態を余儀なくされ，成人に達することになります。こうした状態に対する本人の心情は，かなり切迫していることがあります。

❸ 脳損傷による行動特性

脳性まひや外因性の知的障害など，中枢神経系の障害がある場合に観察される特徴的な行動特性が，これまでいくつか指摘されています。

○転導性（distractibility）

必要かつ本質的な刺激に注意が集中できず，不必要な刺激に容易に注意が向くことをいいます。たとえば，教室における授業場面においては，教師の発する音声や視覚情報に注意を向けなくてはなりませんが，学習とは関連のない教室内外の不必要な感覚刺激に無選択的に反応する状態で，感覚性過活動ともいわれます。

○抑制困難（disinhibition）

周囲の刺激に対して，運動や行動を抑制することが困難なことをいいます。手をじっとしていることができずに，教材を無意味に次々に触ったり，身体を後ろにのけぞらせたりするなど，たえず身体のどこかを動かしていたりする場合です。運動性過活動ともいいます。

○固執性（perseveration）

私たちの生活においては，状況の変化に即応した行動が求められることが多くあります。固執性とは，状況の変化に速やかに対応することができず，ある事柄から別の事柄への転換，移行が難しいことをいいます。

○統合困難（dissociation）

事物を，まとまりのある全体として構成することが困難なことをいいます。たとえば，ジグソーパズルで，部分のつながりはわかっても，全体として完成できない場合などです。また，文章の読解では，文ごとや段落ごとの意味はわかっても，文章全体を通して要約することに困難を示すことが多くあります。

（川間健之介）

参考文献

川間健之介・長沼俊夫（2020）．肢体不自由児の教育（新訂）　NHK出版．

肢体不自由の社会的理解

1　障害受容

○障害受容とは

　障害受容の定義には様々なものがありますが,「あきらめでも居直りでもなく, 障害に対する価値観 (感) の転換であり, 障害をもつことが自己の全体としての人間的価値を低下させるものではないことの認識と体得を通じて, 恥の意識や劣等感を克服し, 積極的な生活態度に転ずること」(上田, 1980) という定義が, わが国ではもっとも定着しています。

▶1　上田敏 (1980). 障害の受容──その本質と諸段階について　総合リハビリテーション, 8, 515-521.

　障害受容をめぐる理論には, ライト (Wright, B. A.) の価値転換理論やステージ理論があります。価値転換理論では,「不幸 (社会が価値なしと見なすこと)」があり, それを克服するには, 本人が自らの価値観を変えなければならない (「価値の視野の拡大」「比較価値からそのものの価値へ」) といいます。また, 価値観を変えれば社会の受け入れもよくなり, したがって, 社会から負わされる苦しみも軽減するとされます。ステージ理論では, 受傷後に共通にみられる心理的反応として, 悲哀 (愛する対象を失うことで生じる感情) が導入され, 同時に, その回復には一連の心理的段階 (＝ステージ) があることが主張されています。

○自己受容と社会的受容

　先に述べた価値転換理論やステージ理論, また, 障害受容という表現に対しては, 批判もあります。障害受容は, 援助者である健常者が, 障害者に対して期待する事柄であり, 障害当事者自らの体験とは異なるという意見もあります。ステージ理論にしても, 説明されるような一定の段階を経て障害を受容するものではないともいわれています。

▶2　南雲直二 (2002). 社会受容──障害受容の本質　荘道社

　南雲 (2002) は, これらをふまえて, 障害受容という曖昧な概念を, 自己受容と社会受容に分けて説明しています。受傷することによって, 本人に苦しみがもたらされますが, それには, 本人自身の苦しみと, 他人から負わされる苦しみがあります。本人自身の苦しみ, つまり, 障害のために変化した身体的条件を心から受け入れることが, 自己受容です。一方, 他人から負わされる苦しみは, 本人ではなく, 社会が受け入れることが必要で, それが社会受容です。過去の障害受容の諸理論では, 他人から負わされる苦しみまでも, 障害当事者に受け入れさせることを前提としていた点が問題といえます。

② 肢体不自由児者に対する態度

●態度に及ぼす要因

　過去の研究を概観すると，社会が障害者に示す態度は，非好意的であるとの結論を得ている研究がほとんどです。障害者というと，障害者個人を見ることなく，ラベルによって否定的なステレオタイプが優先されてしまうことが，多くの研究で示されてきました。

　1980年代以降になると，障害者との接触経験と障害者に対する知識が，態度にどのような影響を及ぼすのかを検討した研究が増えました。障害者との接触経験のある方が，その態度は好意的であるとの結果を得ている研究が圧倒的に多いようです。しかし，何の変化もないという結果を得た研究や，障害者との接触経験が，態度を非好意的にしてしまうという結果を得た研究もあります。このような結果の違いは，障害者との接触の質が重要であることを示しています。

●態度の変容

　障害者に対する態度を好転させ，理解を増すには，接触が直接的かつ計画的であることが条件であり，これと知識を適切に組み合わせることが必要であるといわれています。講義法，障害者による講演法，障害者への援助体験，障害シミュレーション，読書，教材作成，啓蒙活動参加，障害者との協同体験などがよく取り上げられる方法です。

　特別支援学校と小学校，中学校，高等学校との交流及び共同学習においても，ただ漠然と障害のある児童生徒と障害のない児童生徒が同じ場所にいる状態をつくるのではなく，計画的に共同で学んでいくことで，理解が深まっていきます。

③ 国際生活機能分類（ICF）から

　WHO の「国際生活機能分類（ICF：International Classification of Functioning, Disability and Health）」では，人間の生活機能は「心身機能・身体構造」「活動」「参加」の三つの要素で構成されており，それらの生活機能に支障がある状態を「障害」と捉えています。そして，生活機能と障害の状態は，健康状態や環境因子等と相互に影響し合うものと説明されています。精神機能や視覚・聴覚などの「心身機能・身体構造」，歩行や日常生活動作（ADL）などの「活動」，趣味や地域活動などの「参加」といった「生活機能」との関連で「障害」を把握することが大切です。肢体不自由の子どもの場合，手足が動かない，歩けない，などということをまず見るのではなく，その子どもを取り囲む，家族や学校，地域社会の中で，いかに社会に参加していくのかという捉え方が重要になってきます。そのために本人を取り囲む環境要因をふまえて社会参加を充実させる手立てを包括的に用意することになります。　　　　（川間健之介）

参考文献

　上田敏（1983）．リハビリテーションを考える——障害者の全人間的復権　青木書店

　南雲直二（1998）．障害受容——意味論からの問い　荘道社

　川間健之介（1996）．障害をもつ人に対する態度——研究の現状と課題　特殊教育学研究，**34**（2），59-68.

　川間健之介（2008）．心理的な理解　筑波大学附属桐が丘特別支援学校（編著）肢体不自由教育の理念と実践　ジアース教育新社，pp.81-91.

脳性まひ児の指導を発達障害児の指導・支援に生かす

従来から取り組んできた脳性まひ児への指導が発達障害児にも有効な指導・支援になることが多くあります。その中から，3つの支援方法を挙げて紹介します。

1 情緒面の自己コントロールにつながる肩の緊張──弛緩によるリラクセーション学習

全身に過度な緊張が入っている脳性まひ児は，からだの一部の緊張が弛むと全身の緊張が弛みやすくなります。特に，肩周辺の緊張が弛むと，全身の弛みが早くなることが多くみられます。しかし，緊張が強いときに，「力を抜きましょう」と言われると余計に力が入ることがあり，力を抜く努力よりも力を入れる努力から入る方が，力を抜くことに有効なポイントとなります。こうした観点を発達障害児に生かした取り組みとして具体的に，図1のように，肩に力を入れて，その状態から2，3秒後に一気に脱力する緊張─弛緩のリラクセーション学習を紹介します。この方法を発達障害児に適用する中で，情緒的に混乱してパニックになる前にこの学習をしていくことで，パニックにならずに自己コントロールする力がついてきた事例があります。つまり，一旦肩に力を入れてから抜くことによっ

図1 肩の緊張⇔弛緩によるリラクセーション

て，緊張や興奮性を収めることに有効であったものと考えられます。また，こうした学習を継続していくと，自分で肩に力を入れて抜く動作を数回繰り返すと，気持ちが収まることを実感した子は，「こうしたら気持ちが楽になる」と自分で肩の上げ下げを数回して気持ちを安定させる自己コントロール法として定着させている実践もあります。さらに，学級全体でこの学習に取り組んでいるところもあり，授業における集中力や学習効率の向上に役立っているとの報告もあります。

2 授業での集中力につながる姿勢づくりの学習

脳性まひ児への姿勢・動作の学習は，日常生活動作を向上・維持していくために不可欠な教育課題です。特に，姿勢づくりは学習における「見る」「聞く」「関わる」ための構えづくりでもあり，手指操作の安定にもつながります。

小中学校の巡回相談で通常の学級の授業参観をしていると，発達障害児の中に，円背や左右不均等な座り方で，机に肘をつけていたり，お尻が前方にずり落ちてくるなど，姿勢保持が難しい子が多くみられます。さらに，全校集会などで，じっと立っていることが難しい，活動中によく転んだり，身体をぶつける，手指操作がぎこちないなどの姿勢や動作面の課題も多くみられています。こうした身体のバランスが不安定な発達障害児に，脳性まひ児に行っている姿勢・動作の学習支援を適用することで，認知面，行動面が改善されてきた事例がみられています。

具体的な方法として，図2のような，立位姿勢で左

右の脚に重心を移動させて止める，そしてまっすぐな
姿勢まで戻す左右重心移動の課題があります。左右の
脚に安定して重心を移動する―戻すコントロールがね
らいですが，重心の左右差が大きい子ほど，じっと
立っていることが難しい状況があります。図3は，両
脚を揃えて立った状態から，ゆっくり膝を曲げて止め
る，ゆっくり戻すコントロールがねらいである膝の曲
げ伸ばし課題です。膝を曲げるためには，股関節，膝，
足首の連動が必要になるため，はじめはスムーズな動
作ができない子が多くみられますがこの方法を発達障
害児に適用する中で，自分のからだに注目できるよう
になり，左右への安定した重心移動や，膝の曲げ伸ば
しが自在にコントロールできるようになると，立位姿
勢だけでなく，座位姿勢の安定にもつながってくる事
例が多くみられています。つまり，姿勢・動作の学習
は，身体軸の安定やボディイメージを高めて，行動の
安定にもつながる学習になっていると考えられます。

図2　左右への重心移動　　図3　膝のまげ伸ばし

図4　比較・照合する学習課題

3　認知や行動の手がかりとなる空間概念を育てる支援

　脳性まひ児は，身体の動きの不自由さから，空間に
おける自分とものとの位置関係を理解することに困難
が見られる場合があります。こうしたことが空間の概
念を形成する際の基礎となる上下，左右，前後，高低，
遠近等の空間に関する概念の形成を妨げることになり
ます。この空間の概念は，算数を学ぶ上で重要な基盤
になるため，脳性まひ児の中には算数に苦手意識をも
つことが少なくありません。発達障害児の中にも，同
じように空間概念の理解が苦手で，算数を学ぶ上で一
定の支援が必要な子が多くみられています。こうした
認知特性がみられる子への具体的な方法としては，空

間の概念を育てるために，「〜の右（上・後ろなど）
にある○○を取ってきてください」のように，自分の
姿勢と対象の位置関係を意識させながら，位置や方向
を示すことばを関連づけて基礎的な概念の形成を図る
学習があります。また，図4のように，「左端の絵と
同じものはどれですか？」と同形を比較・照合しなが
ら，位置や形を捉える学習も有効です。

　こうした認知の特性に即した学習を発達障害児に適
用していくことで，前後の関係や形，位置の把握が早
くなり，周囲の状況を把握して的確に判断・行動する
などの認知面や行動面の変容につながってきた事例も
あります。

　以上，脳性まひ児の指導を発達障害児の指導に生か
すための両者の共通項は，からだが認知や行動の基盤
になっているということです。　　　　　（小田浩伸）

1　肢体不自由教育におけるアセスメントの意義と活用

▷1　学習とは単に教科の勉強ではない。その後の行動変容に影響を及ぼす環境との交互作用をいう。

▷2　視覚には，静止視力，動体視力，色覚，視野，遠近，明るさの知覚，明順応・暗順応等がある。

▷3　聴覚には，純音の強さ・高さ，音色，語音，音楽の構成要素であるメロディ・リズム・ハーモニーの知覚がある。
また語音聴力検査は母語（日本人の母語は日本語）を構成する音（ア，イ，ウ，エ，オ……）を聞き取れる能力を調べる検査。

▷4　Wolf, J. M., & Anderson, M. (1969). The Multiply Handicapped Child, Thomas, C. C., pp10-16.（日本障害者リハビリテーション協会（1971）．重複障害をもつ脳性マヒ児についてリハビリテーション研究，4，21-25.）

▷5　構音器官とは言語音を作り出す器官で，声帯，あご，軟口蓋，舌，唇がある。ちなみに，呼吸器官は発声器官である。

▷6　日常生活動作(Activity of Daily Living：ADL)
食事，排泄，衣服の着脱，入浴，洗顔，手洗い，歯磨きのような日常生活で行われる動作をいう。

▷7　⇨Ⅱ-3，Ⅶ-3参照。

▷8　⇨Ⅱ-9参照。

1　刺激（情報）の入力・処理・出力のアセスメントの必要性と種類

　学習の過程は，学習内容に関連する情報の(A)入力⇒(B)処理⇒(C)出力から成り立っています。情報は感覚器官を通して入力され，大脳中枢によって処理され，運動器官によって出力されます。

　肢体不自由児の中でも多くを占める脳性まひの場合，情報（感覚刺激）を入力する視覚や聴覚，触覚にかなりの割合で障害があり，75％が平均以下の知能で，50％に知的障害があるといわれています。したがって，視・聴・触等の感覚器官とその働き（機能）や知能のアセスメントが必要です。

　肢体不自由の主障害は運動・動作の障害ですので，構音器官の運動による話し言葉（音声表出言語），目・手を使う学習活動や日常生活動作（ADL），姿勢変換や移動等に様々な困難・障害が現れます。それぞれの運動・動作の困難・障害の程度をアセスメントしておく必要があります。

2　学習が成立するための条件とアセスメントの役割

　学習が成立するための条件（要因）には，①学習内容，②学習者の特性と学び方（教師にとっては指導法），③動機づけなどがあります。

　教師は，学力検査によって，子どもの教科ごとの習熟（到達）度を調べ，子どもが学習すべき内容を明らかにして，それを系統的に配列し，授業計画を立案し，教材を準備し，授業を実施します。習熟度が明らかでないと，子どもの実態に合わない授業が行われることになります。同様に，学習に影響する子どもの特性をアセスメントしておく必要があります（以下の節を参照）。子どもの特性がわかっていない場合も学習が成立しなかったり，困難になったり，誤学習が起こったりします。

　アセスメントによって私たちは子どもの現在の様子，成長の様子，学習の進み具合（指導効果，つまり指導方法の妥当性）等を知るための科学的情報（エビデンス：証拠となるデータ）を得ることができ，これによって指導内容や指導方法を修正できます。

3　実態把握のためのアセスメントの種類と方法

　実態把握の方法には，標準化された検査を使って行われるフォーマル・アセ

スメントと，標準化された検査などを用いない**インフォーマル・アセスメント**
があります。インフォーマル・アセスメントでは，何をどのように観察，記録
するかが大変重要となります。また，子どもの家庭での日常生活動作（ADL）
や姿勢・睡眠・排泄・食事・病気（服薬）や禁止・要配慮事項・病院通い等の
保護者からの情報は重要です。その他，子どもの好き（嫌い）な食べ物・飲み
物・行為・おもちゃ・音（生活音や音楽）や匂い・味・温度・皮膚刺激への反
応などの情報は大変役立ちます。緊張を高める刺激，リラックスできる刺激，
好まれる刺激，嫌がられる刺激等の情報は，子どもとの関係を形成したり，学
習を促進したりするために利用できます。

4　アセスメントの活用の方法

　最近，**インクルーシブ教育**や誰もが理解できる授業のユニバーサルデザイ
ン化が力説されるようになってきています。授業のユニバーサルデザイン化に
は個々人の授業関連知識や技能の的確なアセスメントが必要です。
　感覚・知覚の機能は専門家のフォーマル・アセスメントのほかに，教師や保
護者によるインフォーマル・アセスメントによって情報が得られます。視覚・
聴覚の機能が十分でないことが明らかになれば，メガネ・拡大鏡や補聴器の使
用が考えられ，文字の大きさや文字・行の間隔や声・音の大きさの調節が可能
になります。視野が狭ければ，刺激を視野内で提示する工夫ができます。
　知的機能の1つであるワーキングメモリが不十分であれば，電卓やPC等の
使用が検討されてもよいでしょう。聴覚刺激より視覚刺激の認知の方が優位で
あれば，絵や写真などの教材の活用が考えられます。継次的に入力される情報
が残らない子どもにはその刺激を視覚化して残してあげるとよいでしょう。
　また，学習関連動作や日常生活動作，姿勢（仰・伏・側臥位，あぐら座位，長
座位，椅子や車いすの腰かけ位，立位・歩行）のアセスメントに基づいて，自立活
動の時間に取り組む運動・動作の改善課題が明らかになります。手の運動・動
作が困難な人用に作られている特別な筆記道具や食事器具（スプーンや皿等），
靴，補装具，車椅子等を選ぶための情報が得られます。さらに，呼吸運動と構
音器官（声帯，あご，舌，唇）の運動をアセスメントすることによって，発声・
発語（および摂食）の学習に関する情報が得られます。
　その他，上下左右前後に大きく（小さく），ゆっくり（速く）動く物の追視の
アセスメントによって，動く物の認知に関する情報が得られます。これらの情
報は物の授受・回避・目と手の協応の指導に活用できます。
　指導の前・中・後と一定期間後のアセスメントは，指導効果を知る上で大変
重要です。また，指導中の情報のフィードバックは指導者や子どものモチベー
ションを高めます。

（梶　正義・藤田継道）

▷9　エビデンスとなる
データはできるだけCGS
（C：cm；G：gram；S：
second）や回数，割合で
測定する。
▷10　**フォーマル・アセス
メント**
標準化された検査を用いた
アセスメントで，目的に応
じてWISC-Ⅳ等の知能（認
知能力）検査，KIDS等の
発達検査などを用いる。
▷11　**インフォーマル・ア
セスメント**
標準化された検査を用いな
いアセスメントで，観察・
逸話記録・簡易記録・ポー
トフォリオ・学習日誌等を
用いる。
www. eduplace. co m/rdg/
res/using.html
（Evaluating：Grading and
Sc oring：Using Informal
As sessment Information
for Evaluation）
平井みどり・高倉稔恵・納
富恵子・中山健（2011）．
通常の学級でできる「読
み」のインフォーマルアセ
スメント──COGENTプ
ログラムの考え方を踏まえ
て　特別支援教育センター
研究紀要，3，87-98.
▷12　**インクルーシブ教育**
1994年の「特別なニーズ教
育に関する世界会議」で採
択された「通常の学校内に
すべての子どもを受け入れ
る」を理念とする教育。
▷13　授業のユニバーサル
デザイン化とは「障害の有
無を問わず誰もがよくわか
る授業を設計（デザイン）」
することをいう。
▷14　⇨ Ⅱ-4 ， Ⅱ-5
参照。
▷15　情報の同時処理が継
次処理より得意かどうかは
K-ABCでわかる。

2　知能検査の方法と活用

1　概　要

○知能検査とは

　知能の定義づけは確立しておらず，規定することは難しいようです。ここでは，知的機能としての認知・思考・記憶・判断・推理などが，環境に応じて適応する状態を，質的・量的に測定するのが，知能検査として考えます。

　肢体不自由児の知能は，障害の状態によって異なっています。特に随伴障害との関係があり，知的面，感覚・知覚面，言語・コミュニケーション面などに考慮すべきです。

○WISC-IVとは

　個人の知能の特徴を臨床的・診断的に把握する知能検査として，WISC-IV（Wechsler Intelligence Scale for Children-Fourth Edition）を活用する場合が多いようです。この検査は，アメリカの心理学者**ウェクスラー**（Wechsler, D.）[1]によって開発された WISC の改訂版であり，2003年に刊行されました。日本版は2010年に出版され，5歳0か月から16歳11か月の児童の知能を測定する個別式の知能検査です。

　子どもの全体的な知的能力をみる全検査IQ（FSIQ）[2][3]と推理，理解および概念化を用いる言語能力を評価する言語理解指標（VCI）[4]，知覚推理および知覚統合を評価する知覚推理指標（PRI）[5]，注意，集中および**ワーキングメモリ**[6]を評価するワーキングメモリ指標（WMI）[7]，認知処理および描写処理の速度を評価する処理速度指標（PSI）[8]で構成されています（表Ⅱ-2-1，2参照）。

　様々な認知特性を有する肢体不自由の子どもの指導にとって，これらの指標から得られる情報は大変重要なものとなります。なお，2022年に WISC-IV の改訂版である WISC-V 日本語版が出版されました。

2　肢体不自由のある子どもへの検査方法

○実施する際に重要な点

　実施する場合は，通常標準化された検査の方法を守ることが大変重要です。しかし，肢体不自由のある子どもの場合は，標準化された方法で実施すると，その子どもがもっている知的能力を十分に評価できない恐れがあります。なぜならば，肢体不自由児の多くは，上肢の障害や言語障害による表出手段に困難

▷1　ウェクスラー（Wechsler, D.）
アメリカの心理学者。ニューヨーク大学教授，同大学附属ベルヴュー病院の心理診断部長を歴任。1939年，成人用の個別知能検査ウェクスラー・ベルヴュー知能検査をつくる。その特徴は，言語テストと作業テストの双方を含む点にあり，各テストの成績だけでなく，全体の成績をも求めることができる。1949年には児童用の知能検査 WISC（Wechsler Intelligence Scale for Children）をつくった。

▷2　IQ：Intelligence Quatient

▷3　FSIQ：Full Scale IQ

▷4　VCI：Verbal Comprehentsion Index

▷5　PRI：Perceptional Reasoning Index

▷6　ワーキングメモリ
バドリーは，「ワーキングメモリは注意制御のもとでの一時的な貯蔵システムであり，われわれの複雑な思考のための能力を支えるものである」として短期記憶の機能とその処理機能に注目した。

▷7　WMI：Working Memory Index

▷8　PSI：Processing Speed Index

表Ⅱ-2-1　WISC-Ⅳの構成

全検査 IQ（FSIQ）			
指　標	言語理解指標 （VCI）	知覚推理指標 （PRI）	ワーキングメモリ 指標 （WMI）	処理速度指標 （PSI）
下位検査	類　似 単　語 理　解	積み木模様 絵の概念 行列推理	数　唱 語音整列	符　号 記　号

表Ⅱ-2-2　下位検査の名称と内容

言語理解指標
類　　似：二つの言葉の共通点を説明させる。
単　　語：言葉の意味を答えさせる。
理　　解：日常的な問題の解決や社会的ルールなどについて答える。

知覚処理指標
積み木模様：モデルの模様通りに積木を構成する。
絵の概念：共通の特徴をもったグループになるように各段から絵を一つずつ選ぶ。
行列推理：選択肢の中から，空欄に当てはまる絵を選ぶ。

ワーキングメモリ指標
数　　唱：数列をそのまま復唱する『順唱』と逆の順で答えさせる『逆唱』の二項目から構成される。
語音整列：口頭で伝えられる数と文字の組合せを数は昇順に，文字はあいうえお順に並べ替えて答える。

処理速度指標
符　　号：数字に対応した幾何学的な記号を，時間内にできるだけ速く見本と同じように書き入れる。
記号探し：できるだけ速く，見本と同じ記号の有無を判断して，「ある」か「ない」に○をつける。

があり，正しい検査値が求めにくくなるからです。

　WISC-Ⅳ 実施・採点マニュアル（2010）においても「身体障害や言語障害，感覚障害が認められる子どもを検査する場合は，事前に，子どもの制約と，子どもが希望するコミュニケーション方式になれておく。いずれも，標準の手順から外れることが必要になるかもしれない」と書かれています。そこで，肢体不自由のある子どもに合わせた検査方法を工夫する必要があります。たとえば，音声面での代替表現の工夫や検査時間の延長，被検者の指示による部分的支援などです。

　肢体不自由のある子どもの困難とは，日本肢体不自由児協会が紹介しているように，「力が入らなくて動かしたいのに動かせない」「力が入りすぎて思うように動かせない」「動かしたくないのに動いてしまう」「安定した姿勢が取れずに倒れてしまう」です。子どもはこのような困難の中で検査に向かうわけですから，検査を行うときには様々な支援や工夫が必要となります。検査を行う上での具体的な支援や工夫の例を以下に示します。

○検査の際の具体的な支援方法

　肢体不自由のある子どもの中には聴覚刺激に過敏に反応して反射を誘発する

▶9　Wechsler, D.（著）日本版 WISC-Ⅳ 刊行委員会・上野一彦・藤田和弘・前田久男・石隈利紀・大六一志・松田修（日本語版作成）(2010)．日本版 WISC-Ⅳ 実施・採点マニュアル 日本文化科学社

子どもが少なくありません。検査を行う場所は，静かで落ち着いた場所が特に必要です。また，机やイスの音が出にくい工夫（机やイスの脚にテニスボールや消音材を取りつける）が望まれます。

　座る姿勢を保ち続けるのが難しい子どもの場合は，姿勢を保持しやすい支援（ポジショニング[10]）が必要となります。支援がまったくないと，子どもは自分の姿勢を保つことで精一杯となり，検査の教示に集中することや課題に取り組むことが十分にできず，本来もっているはずの認知の力を発揮できないからです。支援としては，座位保持用のイスを利用したり，クッションやタオルを使って座っている姿勢が安定するように工夫することが考えられます。また，頭と首をコントロールして検査の刺激を見るのが難しい子どもの場合は，子どもがヘッドレストに頭を置いて刺激が見えるように傾斜台を利用したり，子どもが見やすいところで刺激を見せる工夫が必要です。

　身体はある程度動かせるが必要以上の力を入れてしまったり，必要でないところにも力を入れてしまう子どもがいます。言葉を話すときにもこのような緊張による困難がみられます。また，動かそうと思うと自分が意図していない動きになってしまう子どももいます。いずれの場合にしても，肢体不自由がない子どもに比べて何倍もの労力を使って検査を受けることになります。したがって，検査の合間に休憩を入れて心と体をリラックスさせる支援が必要です。

　また本検査単独では，視知覚，注意集中，衝動性，記憶などの要因を判断することは困難です。検査を指導に生かすためには，下位検査の目的を明確にしたうえで，結果の柔軟な解釈が必要です。

❸　WISC-Ⅳ の活用例

　脳性まひのある中学校３年生のＡさんの例を紹介します。Ａさんは車いすを利用して日常生活を送っています。教科学習については基本的に学年相当または一部下学年の学習内容を勉強しています。ＡさんのWISC-Ⅳ検査結果は表Ⅱ-2-3および図Ⅱ-2-1で表された通りです。実施に際しては，Ａさんの肢体不自由という障害特性に配慮して，「積木模様」を「絵の完成」に，「符号」を「絵の抹消」に替えて実施されています。

　まず，全検査IQ（FSIQ）が73と低い（境界域）分類にあり，通常の教科学習に困難があるように見受けられます。しかし，これは肢体不自由という困難によって引き下げられた「記号探し」「絵の抹消」の処理速度指標（PSI）の評価が大きく影響していると考えられます。また，言語理解指標（VCI）も74と低い（境界域）分類にあります。

　私たちは通常，体験・経験を通して様々な事象を学び，それらを言語で整理・理解し概念化していきます。しかし，肢体不自由のあるＡさんは，その障害特性から生活体験や経験が制約されて様々な事象が十分に学べてこなかった

▶10　ポジショニング
ポジショニングは介護や看護の中で使われてきたことばであり，看護介入分類でポジショニングは「生理的安寧／心理的安寧を促進するために，患者または身体部分を熟考のうえ位置づけること」と定義されている。特別支援教育では，障害の重度・重複化への対応，医療的ケアの実施等の中で，おもに肢体不自由のある子どもが生活や学習がしやすい姿勢支援への取り組みとしてこのことばが使われるようになってきた。
⇨ [V-5] 参照。

表Ⅱ-2-3 脳性まひのあるＡさんの合成得点および下位検査評価点（WISC-Ⅳ）

全検査（IQ）	言語理解指標（VCI）			知覚推理指標（PRI）			ワーキングメモリ指標（WMI）		処理速度指標（PSI）	
73	74			87			100		50	
	類似	単語	理解	絵の概念	行列推理	絵の完成	数唱	語音整列	記号探し	絵の抹消
	5	5	7	9	7	8	9	11	1	1

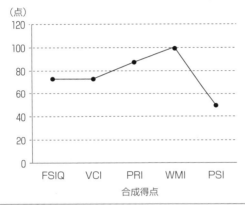

図Ⅱ-2-1 脳性まひのあるＡさんの合成得点グラフ（WISC-Ⅳ）

ことでこの評価が下がっていると考えられます。よって，Ａさんの学習については，学年相当の学習がはじめから難しいと決めつけるのではなく，学習内容を一つひとつ確認しながら丁寧に進めることが重要です。

次に，知覚推理指標（PRI）87とワーキングメモリ指標（WMI）100は，平均の分類に入ります。Ａさんは特に，聞いたことを覚えて処理する力と，具体物を見て考えていく力が強いと考えられます。学習や生活していく上では，具体物や具体的な教材・教具を工夫し，一つひとつ順を追って丁寧に学習や生活体験を積み上げることが大切であると考えられます。

WISC-Ⅳの活用について概要を書きましたが，各合成得点をより詳しく比較することや下位検査を一つひとつ丁寧に分析すること，検査を受けている子どもの様子を分析することなどにより，さらに多くの子どもの情報を得ることができます。

（梶　正義・橋本正巳）

参考文献

松原達哉（1976）．心理テスト法入門　日本文化科学社

下山直人（1981）．心理学事典　平凡社

外林大作・辻　正三・島津一夫・能見義博（編）（1981）．心理学事典　誠信書房，p.478.

Alan Baddeley（2007）．*Working memory, thought, and action.* Oxford University Press.（井関龍太・齊藤智・川崎惠里子（訳）（2012）．ワーキングメモリ思考と行為の心理学的基盤　誠信書房）

Bulechek, G. M., Butcher H. K., & Dochman, J. M.（編）中木高夫・黒田裕子（訳）（2010）．看護介入分類(NIC)　第5版　南江堂，p.779.

運動検査の方法と活用

1　運動検査について

　肢体不自由児の学習や生活での困難さの中心は，身体の動きの困難さです。この身体の動きについての検査が運動検査で，多くの場合は**理学療法士**[1]などによって実施されます。学校でも運動検査を行うことで，肢体不自由の児童生徒の困難さを具体的に理解したり，指導や援助の方針を決め，指導の達成度や成果を評価することに役立ちます。また，理学療法士などの外部専門家との情報の共有にも有効です。

　脳性まひ児の運動検査では，「GMFM（粗大運動能力尺度）」が国内外の報告で最も多く使われていますので，このGMFMについて解説します。

2　GMFM の概要

　GMFM は Gross Motor Functional Measure の略で，「粗大運動能力尺度」と訳されています。これは，脳性まひ児の粗大運動能力を測定するための尺度として，ラッセル（Russell, D.）ら[2]によって開発されました。

　GMFM では，A．臥位と寝返り（17項目），B．座位（20項目），C．四つ這い（14項目），D．立位（13項目），E．歩行，走行とジャンプ（24項目）の5領域88項目の運動課題が示されています。これらの課題について，0点：全くできない，1点：少しできる，2点：かなりできるが不完全，3点：完全にできる，という4段階で評価して，得点化することで脳性まひ児の運動能力の細かな変化を捉えることができるようになっています。

　GMFM をもとに重症度を分類するための GMFCS（Gross Motor Function Classification System）が1997年に開発されています。また，GMFM は項目数が多いために，その項目数を絞った GMFM-66が2001年に考案されています。さらに，GMFM をもとにして日本の療育現場で使いやすいようにした脳性麻痺簡易運動テスト（SMTCP：Simple Motor Test for Cerebral Palsy）も2001年に発表されています。このように，様々な評価法を生み出す源になっていることも GMFM の特徴の1つです。

3　GMFM による採点の例

　GMFM のマニュアルに示してある採点[3]の例を示しています（図Ⅱ-3-1）。

▷1　理学療法士
ケガや病気などで身体に障害のある人や障害の発生が予測される人に対して，基本動作能力（座る，立つ，歩くなど）の回復や維持，および障害の悪化の予防を目的に，運動療法や物理療法（温熱，電気等の物理的手段を治療目的に利用するもの）などを用いて，自立した日常生活が送れるよう支援する医学的リハビリテーションの専門職である。

▷2　また運動検査とは少し違うが，日常生活活動（ADL：家庭や職場，社会生活を送ることに関連する活動の総称）の検査法として，「バーセルインデックス（Barthel index）」，「機能的自立度評価法（FIM）」，7歳未満を対象にした「小児用 FIM（Wee FIM）」，6か月から7歳6か月以下を対象にした「子どもの能力低下評価法（PEDI）」などが，国内外で広く使われている。これらの検査法は，移動，排泄，着替え，入浴，食事，コミュニケーションなどに関連する項目を測定するもので，日常生活場面における身体の動きとその困難さについて理解や評価をすることができ，日常生活に関する指導や援助を考えるときに役立つ。

対象児の粗大運動能力について，以下のようなことがわかります。

◯各領域の得点

領域Ａには臥位と寝返りについての運動課題が17項目あり，それぞれ4段階評価となっています。その総点51点中の得点が33点であり，これは総点の64.7%，四捨五入して65%となります。これがパーセント得点として示されています。これを領域Ｂ，Ｃ，Ｄ，Ｅについても同様に得点を求め，5つの領域の総合点が得られます。

◯ゴール総合点

各領域の得点から，領域Ａ，Ｂ，Ｃではできることとできないことがそれなりにあることがわかります。領域Ｄについては，できていることが1つしかなく，立位はかなり難しい姿勢であることがわかります。このことから，領域Ａ，Ｂ，Ｃでは，これから大きな変化が見込まれることが予想されます。さらに子どもや家族が興味をもっていることや，学校や家庭で必要とされる技能などを総合的に判断して，ここでは領域Ａ，Ｂ，Ｃを治療のゴール範囲として目標に設定します。そして，その3領域についての得点をゴール総合点として求めます。

このように領域Ａ，Ｂ，Ｃが設定されたことで，臥位と寝返り，座位，四つ這いと膝立ちに関連する領域を指導の中心点とすることができます。

◯指導後の変化と新しいゴールの設定

たとえば6か月後に再評価して，総合点またはゴール総合点に向上がみられた場合には，指導の効果が認められたものとして，新しいゴール領域を設定することがあります。

再評価の際にゴール領域についてのみの検査を行うこともありますが，その場合には，他の領域の運動能力の変化を見逃してしまう危険性があることには注意が必要です。

(石倉健二)

GMFM
総合点

領域	各領域の%点数の計算	ゴール領域 (印をつける)
A. 臥位と寝返り	$\dfrac{A領域の総計}{51}=\dfrac{33}{51}\times100=$　65　%	A. ☑
B. 座位	$\dfrac{B領域の総計}{60}=\dfrac{33}{60}\times100=$　55　%	B. ☑
C. 四つ這いと膝立ち	$\dfrac{C領域の総計}{42}=\dfrac{15}{42}\times100=$　36　%	C. ☑
D. 立位	$\dfrac{D領域の総計}{39}=\dfrac{1}{39}\times100=$　3　%	D. ☐
E. 歩行，走行とジャンプ	$\dfrac{E領域の総計}{72}=\dfrac{0}{72}\times100=$　0　%	E. ☐

$$総合点=\frac{\%A+\%B+\%C+\%D+\%E}{領域の数の総計}$$

$$=\frac{65+55+36+3+0}{5}=\frac{159}{5}=\underline{\ 32\ }\%$$

$$ゴール総合点=\frac{ゴール領域と考えられる各領域の\%点数の総計}{ゴール領域の数}$$

$$=\frac{65+55+36}{3}=\underline{\ 52\ }\%$$

図Ⅱ-3-1　GMFMの採点例

出所：Rassell ほか（著）近藤・福田（監訳）（2000）

▶3 Rassell, D. et al.（著）近藤和泉・福田道隆（監訳）（2000）．GMFM 粗大運動能力尺度──脳性麻痺児のための評価的尺度 医学書院

参考文献

赤居正美（編著）（2009）．リハビリテーションにおける評価法ハンドブック 医歯薬出版

知覚・認知検査の方法と活用

▷1　飯鉢和子・鈴木陽子・茂木茂八（1977）．日本版フロスティッグ視知覚発達検査　日本文化科学社（現在は尺度修正版（1979）が使用されている）。

▷2　マリアン・フロスティッグ（Marianne Frostig：1906-1985）
オーストリアのウィーン生まれ。
フロスティッグプログラムは，脳損傷のある子どもには神経学的障害があり，それが視知覚に問題を生じさせているという仮説に立って組み立てられている。この仮説は，脳に特定できる損傷が見出せなくても，脳の機能障害（通常は知覚障害）の兆候が生じると結論づけたシュトラウス・ワーナー（日本ではウェルナーと訳されている）・クリュックシャソクのすぐれた研究に基づいている（Reynolds & Mann, 1987）。

1　概　要

　中枢性運動障害のある肢体不自由児は，肢体不自由のみの単一障害である場合は少なく，随伴障害を伴います。特に知覚のつまずきは，学習活動に大きな影響を与えます。よって知覚・認知機能のアセスメントを実施し，学習面の背景となる認知特性を理解した上で，特性に応じた指導・支援が必要です。

　視覚に関する検査は，視力のみならず両眼視機能，眼球運動，視知覚などがあります。特に視知覚の機能は，目から入った情報を中枢神経系で処理して，図形の形や位置関係，遠近感や方向性などを理解し，物を記憶します。これらが，適切に処理できないと，上下左右や図形などが認識しにくくなり，文字の読み書きや作図など学習面でのつまずきがみられるようになります。

　フロスティッグ視知覚発達検査（Frostig Developmental Test of Visual Perception）は，フロスティッグによって，フロスティッグ視知覚発達プログラム（Frostig Program of Visual Perception）と一緒に開発されました。

　これは幼児・児童の視知覚の発達を検査します。①「視覚と運動の協応（Eye-Motor Coordination）」，②「図形と素地（Figure-Ground）」，③「形の恒常性（Constancy of Shape）」，④「空間における位置（Position in Space）」，⑤「空間関係（spatial Relationships）」の5つの検査項目から構成されています。検査対象年齢は4歳から8歳未満です。検査時間は30分から40分です。

2　内　容

◯視覚と運動の協応

　2本の線の指定された間を，はみ出さずに直線や曲線を書く検査で，線と線の幅が少しずつ狭くなっています。眼球の動きと手の動きの協応がわかります。目の使い方，運動のコントロール，衝動性などが関係し，目と手の協応がうまくいかないと，たとえば一定の枠の中からはみ出した字を書いたりします。

◯図形と素地

　複数の重なった図形の中から，指定した図形をふちどりする検査です。背景から，必要な図を把握できるかをみます。たとえば，四角形と月型が素地となっているところから星形のみをみつけます。図形のイメージや短期記憶，選択的注意なども関係します。図地弁別がしにくいと，目的の物を探すことが難

しくなったり，他の刺激の方向に注意が向きやすくなります。

○形の恒常性

いろいろな形の中に隠れている複数個ある図形を探し，ふちどりする検査です。同じ形でも大きさや図形の環境が変わっても，同じ形であると認識できるかをみます。注意の持続も関係します。形の恒常性が捉えにくいと，板書された大きな丸とノートに書いた小さな丸も同じ大きさであるといった誤った捉え方をする場合があります。

○空間における位置

いくつかの図形の中から違う方向や違う位置の図形を探す検査です。上下左右，深浅，遠近などの位置関係の認識を把握します。複数刺激の異同弁別，注意の持続，衝動性などが関係します。空間における位置関係が捉えにくいと，ｂとｄ，ｐとｑ，6と9などの区別がわからなくなります。

○空間関係

左側に書かれている見本の線（図形）と同じ線（図形）を右側に書く検査です。2個以上の物の位置関係や自分との位置関係を認識しているかがわかります。空間関係を弁別，修正する機能や短期記憶などが関係します。簡単な直線（図形）から徐々に複雑な線（図形）になります。空間関係が捉えにくいと，字を正しく写したりすることが難しくなります。

③ 解釈における留意事項

肢体不自由児の多くは，上肢の障害や言語障害による表出手段に困難があり，正しい検査値が求めにくくなります。そのため音声面での代替表現の工夫や検査時間の延長，被検者の指示による部分的支援などが必要です。また本検査単独では，視知覚，注意集中，衝動性，記憶などの要因を判断することは困難です。検査を指導に生かすためには，下位検査の目的を明確にした上で，結果の柔軟な解釈が必要です。

④ 環境面での配慮

クラスでできる環境的支援として，まず教室を整理整頓します。黒板の前面は掲示物を少なくし，机上整理して必要なものだけを置きます。また教科書の工夫として，枠・型紙や定規をあてたり，語句や文節ごとに区切り線を引いたりします。助詞などに印をつけることもあります。板書の工夫は，黒板の空間配置に配慮を加え，できるだけ簡潔な表現を心がけ，分かち書きをしたり，文字の大きさ，行，位置を整理します。項目ごとに色分けをしたり，優先順に番号を打つこともあります。視写する対象見本を近くで提示してもよいでしょう。要因に合わせていろいろと考えてください。

（橋本正巳）

参考文献

鈴木陽子（1995）．フロスティッグ視知覚発達検査　松原達哉（編）　最新・心理テスト法入門　日本文化科学社

Reynolds, C. R., & Mann, L.（Eds.）（1987）. Encyclopedia of Special Education, Vols. 1-3.

5 感覚検査の方法と活用

▷1　前庭覚

空間に対する運動の変化を感じ取る感覚。重力の方向や頭の傾きに反応する。前庭受容器は内耳にあり，耳石器が頭の傾きに，三半規管が回転に関係する。重力と加速（減速）などを感じる。

▷2　固有覚

筋の収縮・伸張，関節の屈曲・伸展などによって生じる身体からの感覚。固有受容器は筋肉，腱，関節にあり，体位を把握する。

▷3　ボディイメージ

自分の身体に対する実感「体の輪郭のイメージ」や「手足」の状態，「姿勢の軸」などの実感そのもの。

▷4　基礎感覚の統合（感覚統合）

人が外界に適応できるように，前庭感覚，固有感覚，触覚などの感覚情報を処理し，組織化すること。
　感覚統合理論としては，アメリカ合衆国の作業療法士，エアーズ（Ayers, A. J. 1920-1989）が，学習障害児の治療法として，論拠を『感覚統合法と学習障害』（1972年）にまとめた。日本では，1970年代後半以降導入され，いろいろな場面で応用されている。

① 感覚検査の概要

　感覚という言葉を聞くと「五感」がイメージされ，視覚，聴覚，触覚，嗅覚，味覚といったものがあげられます。これらは外部からの刺激を体内に取り入れて処理していくためのセンサーとしての役割を果たしていますが，五感以外にも大切な感覚が存在しているのです。それは，「**前庭覚**」▷1，「**固有覚**」▷2 と呼ばれるもので，先の触覚と併せて「基礎感覚」と呼ばれています。この基礎感覚は，運動と密接な関連をもっており，発達の初期の頃は，運動と関連しながら基礎感覚が促され，やがて基礎感覚によって運動が洗練され，姿勢保持，**ボディイメージ**▷3，手指動作，運動企画，視知覚の発達に関与し，認知面の発達へとつながっていきます。言い換えれば，認知面や視知覚，運動面に課題をもっている場合は，**基礎感覚の統合**▷4 に課題をもっている可能性が考えられます。よって基礎感覚について実態把握することが，姿勢特性・認知特性に配慮した環境設定や指導につながるのです。ここでは，基礎感覚の統合に関連した脳性まひ児の感覚処理をみるための観察リストを紹介します。

② 観察項目

　この質問紙は，観察を進めていく際に助けとなるように作成されています（脳性まひ児の感覚処理を見るための観察リスト▷5 より一部抜粋引用）。

① 触覚入力の処理

　ⅰ．不十分な調整／触覚防衛

　　a．歯ブラシまたはヘアブラシを持つことを嫌いますか？

　　b．服を着ていないときに触れられることを嫌いますか？

　　c．抱きしめられるのを避けようとしますか？

　　d．手や身体等が汚れることを避けようとしますか？

　ⅱ．触覚識別の不十分もしくは接触に対する低反応

　　a．物を口に入れますか？

　　b．髪の毛をブラッシングされたり，身体を触れられたり，扱われることを喜びますか？

　　c．振動を好みますか（バイブレーターのようなもの）？

② 固有受容覚入力の処理

　　a．自分，もしくは他の人をつねったり，叩いたりしますか？

　　b．身体の位置の変化に応じて，身体の調整を行うことがうまくできないといった状態がありますか？

③ 前庭覚入力の処理

　ⅰ．重力，運動の一方もしくは両方に対して過剰な反応

　　a．頭部と体幹が支えられていても，空間で後方に動かされることを嫌いますか？

　　b．大きな治療ボールに乗せられると怖がりますか？

　　c．足が地面から離れるのを嫌いますか？

　　d．空間で動くときにおおげさな動きを見せますか？

　ⅱ．運動に対する低反応

　　a．人から揺らされたり，動かされたりすることを喜びますか？

　　b．空間の中で姿勢をうまく保持できず，のけぞってしまうことがありますか？

　　c．空間内で動くときに，その動きに気づけないときがありますか？

　　d．もし子どもが運動の能力を持っていたとして，身体をグルグル回すことを好みますか？

　以上のような項目について「はい」「いいえ」「どちらでもない」という３件法でチェックしていきます。「はい」がどれくらいあれば，機能障害を示すのかというような，はっきりとした目安は設けられていませんが，「はい」という回答の数と感覚処理障害に関連したリスクが増していく傾向との間に直接的な相互の関係が存在するようです。

③ 感覚と学習指導の相互関係

　前庭覚が適切に処理されないと，正しい姿勢保持が難しくなり，身体の軸がはっきりしないことから左右の空間意識が育たず，両手を協調させて操作しにくくなります。また前庭覚は加速や回転を感じとるところでもあり，眼球運動とも関係しているので，目で物を捉える力が弱くなる場合もあります。そして前庭覚は固有覚と統合され姿勢保持に関係し，身体の位置関係や物を把握する力につながります。これらが適切に統合されないと過緊張や逆に低緊張となり，身体の動きがぎこちなくなります。また触覚が偏って入力されると，触覚防衛反応を引き起こし人への愛着が育つのを妨げたり，物の硬軟や材質の違いを把握しにくくなることから，視知覚の発達と相まって物の概念理解を遅らせることとなり，学習面に影響を及ぼすこととなります。

　感覚のアセスメントにおいては，中枢性運動障害のある肢体不自由児の場合は，まひ等もあり，感覚と運動の関連性を考えた上での解釈が必要です。

（橋本正巳）

▷5　Ema, I. B., Tina, M. B., & Mary, K. H.（著）高橋智宏・佐野幹剛（訳）（2001）．神経発達学的治療と感覚統合理論──セラピストのための実践的アプローチ　協同医書出版社

（参考文献）

　木村順（監修）（2012）．発達障害の子を理解して上手に育てる本　幼児期編　小学館

6 言語検査の方法と活用

　肢体不自由の子どもは運動だけでなく社会性や認知といった領域にも発達の遅れがみられることがあります。特に言語はほとんどの発達検査で扱う代表的領域です。ここでは言語領域のみを検査する「ことばのテストえほん」を取り上げます。

1 ことばのテストえほんとは

▶1　田口恒夫・小川口宏(1987).　新訂版　ことばのテストえほん　言語障害児の選別検査法　日本文化科学社

　ことばのテストえほんは，1964年に田口と小川口によって開発され，発行されたものです。その後，1968年と1987年に改訂されました。このテストは，短時間の個別面接を通じて，6歳くらいまでの幼児を対象に「話しことばの異常」を選別するためにつくられたものです。特徴としては，①1人あたり5分程度の短い時間で実施できる，②検査者に特別な訓練は必要なく，また特別な装置や道具が必要ない，ということがあげられます。この検査は，言語に障害や発達の遅れがある子どもやその疑いがある子どもと健常に発達している子どもをより分け，その障害や遅れがどういった種類なのかを大まかに振り分けるための検査であって，より詳しい診断のための検査ではありません。ですからこの検査の結果だけから，診断をつけたりすることはできません。しかし検査が簡単なために早期発見のツールとして使いやすいものとなっています。言語障害には早くからの対応や指導がより大きな効果をもたらすと考えられているので，早期発見は重要なのです。

2 ことばのテストえほんの内容

　ことばのテストえほんは4つの内容から構成されています。1つずつ紹介します。

○テスト1　ことばの理解力のテスト

　テスト1では，身のまわりの物など，8つのものが描いてある1枚の絵を見せて，それぞれ8つのものについて「○○はどれですか？」や「○○できるのはどれでしょう？」といったように決まった質問を行い，指さしするよう求めます。これによってことばの理解力について検査することができます。

○テスト2　ささやき声でのことばを聞き分ける力のテスト

　テスト2では，テスト1と同じような，日用品など8つのものが描いてある1枚の絵を見せて，それぞれ8つのものについて「○○はどれですか？」や

「○○に使うのはどれでしょう？」といったように決まった質問を行い，指さしするよう求めます。しかしテスト１と違って，検査者は口元を見にくくなるように隠してから，ささやき声で質問を行います。これによって聴力や声を聞き取る注意力について検査することができます。

◯テスト３　発音のテスト

テスト３では，食べ物や玩具などが描いてある７枚の絵を１枚ずつ順番に見せて，「これは何ですか」と尋ねていきます。この検査では，一つひとつの音（おん）の発音に注目します。少しでも発音に違和感があるように感じたら，さらに検査を続けて行います。これによって発音の異常の有無について検査することができます。

◯テスト４　声・話し方その他の表現能力のテスト

テスト４では，子どもが遊んでいる場面や日常生活で起こりそうな場面などが描かれた６枚の絵を１枚もしくは複数枚使って「これは何の絵でしょう」「何をしているところでしょう」などの質問をして自由に表現するように求めます。追加の質問なども行いながら自由な会話が続くよう誘導します。これによって吃音[2]の症状や話し声の異常，表現能力について検査することができます。

またこのテストにはテスト全体を通じて，テストへの態度として「応じない」や「言おうとしない」などを評価することも含まれています。これによって心理的な問題などを見つけることができます。

❸　ことばのテストえほんの内容の活用

ことばのテストえほんによる検査は選別を目的とした簡単な検査ですので，詳しい情報を把握するためには観察や他の検査を追加していく必要があります。

４歳のＹくんは会話の中で時々聞き取りにくいと感じるお子さんでした。ことばのテストえほんを実施したところ，テスト１と２では特に問題はなかったのですが，テスト３の発音では，「つみき」が「チュミキ」，「つくえ」が「チュクエ」，「にんじん」が「ニンジェン」になるなどいくつかの発音に問題がありました。テスト４では，音の引き伸ばしや繰り返しなどの吃音症状がありました。そこで，日常の生活場面を観察することにしました。そこでも吃音の症状といくつかの不明瞭な音が観察されたため，保護者やＹくんの通う保育園の保育士さんと彼の言葉の実態について共有し，それから注意深く見守っていくことになりました。

脳性まひの子どもでは，知的な障害があって言葉の発達が遅れていることや，呼吸や発声に不自由さがあってなめらかに言葉を発することが難しいこと，発声・発語のための口周りの動きが制限されていて不明瞭な発音になることなどがしばしば見受けられます。運動をはじめとする他の発達と合わせて，このテストなどを活用しながら言葉の発達も見ていくことになります。（香野　毅）

▷２　吃音
音を繰り返したり，伸ばしたりすることによって話しことばの流暢さが損なわれていること。原因はよくわかっておらず，子ども自身の特徴や環境が絡み合っているといわれている。

7　発達検査の方法と活用

　肢体不自由の子どもの発達を把握する際には，運動，言語，認知，社会性，身辺自立など多面的な視点が求められます。新版Ｋ式発達検査やKIDS乳幼児発達スケールといった発達検査は，それぞれ複数の領域について発達状況を捉えることができます。ここで紹介する遠城寺式・乳幼児分析的発達検査法もその１つです。

① 遠城寺式・乳幼児分析的発達検査法とは

　1958年に九州大学医学部小児科学教室の遠城寺宗徳らの発案によって作成され，1960年に発行されたものです。その後，２度問題内容が改訂されました。この検査は，障害児の発達にみられる運動・言語・知能・情緒などの間にある凸凹から，発達の特徴を捉えるという目的でつくられています。遠城寺は医学と教育の協力による治療教育をライフワークとしており，この検査法もその成果の１つといえます。

　この検査の特徴としては，①「運動」「社会性」「言語」の各機能を分析的に評価できる，②脳性まひや知的障害の鑑別診断ができる，③検査表がＢ４版１枚であり，簡単に短時間で実施や記入ができる，④発達段階と問題点を容易に把握でき，分析結果をグラフに表すことでわかりやすく，保護者に説明しやすい，といった点があげられます。

② 遠城寺式・乳幼児分析的発達検査法の内容

　検査は，運動として「移動運動」と「手の運動」，社会性として「基本的習慣」と「対人関係」，言語として「発語」と「言語理解」の６つから成り立っており，それぞれに問題が設けられています。問題は発達段階ごとに配列されており，０歳から４歳８か月までの計27段階になっています。各問題は，その年齢において**通過率**[注1]が60〜70％になっています。

　検査の方法は，基本的には親子で検査室に入室してもらい，少しリラックスできたところで，各問題に取り組んでもらいます。しかし実際上は保護者から日常の様子などを聞き取ることで，判断することもあります。

　検査の手順は，検査対象の子どもの年齢相当の問題からはじめ，合格すれば問題に○をつけて上の年齢の問題に進み，不合格であれば×をつけて下に進みます。障害などがあって発達に遅れがある場合は，適当と思われる段階からは

▷1　通過率
当該の年齢のグループが各問題を合格する割合。

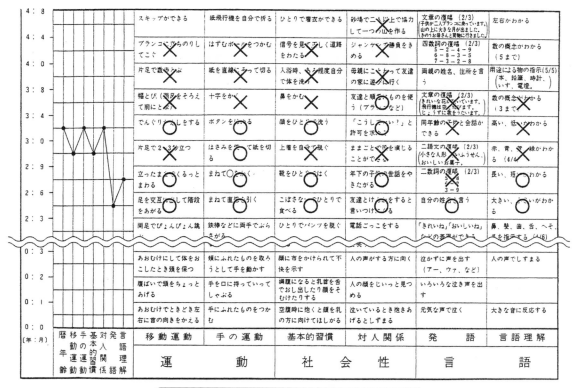

図Ⅱ-7-1　遠城寺式乳幼児分析的発達検査法の結果

出所：遠城寺（2012），p.10

じめることもできます。このように問題を進めていって，対象の子どもの発達段階がどこにあるのかを見出していきます。それを検査表の左にあるグラフに記すことで，実際の年齢と発達段階の間の差や，領域の間のバランスを分析的に見ることが可能になります（図Ⅱ-7-1参照）。

▷2　遠城寺宗徳（2012）.
遠城寺式・乳幼児分析的発達検査法　九州大学小児科改訂新装版　慶応義塾大学出版会

③ 遠城寺式・乳幼児分析的発達検査法の活用と治療教育に向けて

　この検査法では，比較的簡単な方法で，子どもの発達について分析的に捉えることができます。特にグラフの形から，実際の年齢との相対的な関係と，6つの発達の領域のバランスがわかりやすくなります。脳性まひの子どもでは，移動運動や手の運動が全般的に遅れ，理解言語が発語に比べて遅れやすいと言われています。知的障害の子どもでは言語が遅れやすく，自閉症の子どもでは対人関係が遅れやすいこともいわれています。

　またこの検査を，6か月おきなどに実施することで，発達の状況を縦断的に見ることができたり，治療教育などの効果を判定することができたりします。治療教育を実施する際には，合格できている段階に近い不合格の問題を指導の目標とするなどの活用法もあります。検査方法が簡単で，分析がグラフで見やすいので，保護者と治療教育の担当者の間で子どもの実態を話し合い，共有することに役立てることができるでしょう。　　　　　　　　　　　　（香野　毅）

参考文献

遠城寺宗徳（2012）．遠城寺式・乳幼児分析的発達検査法　九州大学小児科改訂新装版　慶応義塾大学出版会

8 行動観察の方法と活用

　肢体不自由の子どもたちの行動観察は，子どもの行動全般にわたって継続的に行うことが大切です。したがって，行動観察にあたっては，事前に保護者や主治医（小児科，整形外科，PT，OT等）と面接し，子どものこれまでの発達の状況や身体の状態，家庭での様子を，詳細に把握しておくことが必要です。

　行動観察は，見て観察するだけでなく，直接的な子どもとの関わりや運動・動作の学習等を通して行う観察が有効であり，できるか，できないかの観点からの把握だけでなく，どのような条件や援助があれば可能なのかなど，子どもの発達の可能性についても把握することが，とても重要な要件になります。

1　医学的・発達側面からの把握

　現在の身体や障害の状態を正確に捉えるために，その子どもの既往・生育歴および家庭の状況等を保護者や主治医との面談等を通じてできるだけ把握することが大切です。また，随伴障害の有無やその程度についても把握し，特にてんかん発作の有無や回数，抗けいれん剤服用の有無については大切な情報になります。そのために，次のようなポイントで把握することが大切です。

〈観察ポイント①〉

既往・生育歴　・出生月齢　・出生時体重　・出生時の状態　・生後哺乳力　・けいれん発作等　・頸の座り　・座位保持　・寝返り　・這い這い　・立位　・ひとり歩き　・手の発達（握り，つまみ，支持力等）　・療育歴

2　障害の状態の把握

　プレイルームのような所で自由遊びの観察をします。この場合，玩具の使い方，姿勢保持，移動能力，手の支持力，**原始反射**残存，不随意運動等の観察を通して，運動・動作や心や認知の発達の側面を捉えることが大切です。なお，疾患の症状や障害の進行性等についても保護者から聞いておきましょう。

〈観察ポイント②〉

a．身体機能面：座位保持（一人で座れるか，補助の様子等），自力移動（這う，立って歩く等），おもちゃ等の道具使用（持ち換え動作，つまみ動作，利き手等）等の姿勢や運動・動作の発達状況をみます。

b．心理発達面：おもちゃの選択，指示反応の様子，友だちや大人との関係，

▶1　抗けいれん剤の服用の有無は子どもの動きや覚醒レベルに影響を与える。また発作の回数等を調べることによって医師との情報共有になり，薬の調整等に役立つ。

▶2　原始反射
原始反射は脊髄，脳幹に反射中枢をもち，生後2～4か月で消失をはじめ，高次の神経機能が発達するにつれて抑制されていく。モロー反射，把握反射等がある。

見え方等の認知や心や発達の状況をみます。

ｃ．日常生活動作面：摂食行動（嚥下，咀嚼，食器の使い方等），排泄（尿意や便意の伝達，定時排尿，排泄姿勢等），補装具（車いす等の形状，短下肢装具，クラッチ，歩行器等），更衣・洗面・入浴などの応用動作の可否を観察，記録します。

❸ 学校における心理・教育的側面からの把握

発達段階や特別な指導の必要性等について，心理・教育的側面からも十分に把握することが必要です。起因疾患や障害の程度等が多様であるため，一人ひとりについて十分な評価を行う必要があります。そのためには，諸検査および行動観察を通して，様々な行動の側面を自立活動の区分から把握することも大切です。

〈観察ポイント③〉

ａ．健康の保持：睡眠，覚醒，食事，排泄，体温，血中の酸素濃度等の生活のリズムや健康状態について把握します。

ｂ．心理的な安定：多動や自傷などの行動が見られるか，集中力はどうかなどの情緒の安定を把握します。

ｃ．人間関係の形成：遊びや対人関係をはじめとして，これまでの社会生活の経験や，事物等への興味・関心などの状態について把握します。

ｄ．身体の動き：姿勢や身体の状態・筋緊張の状態，関節可動域等は，子どもたちの運動動作等の学習から，子どもたちの身体を実際に動かし，指導者の手を通して確かめることが大切です。また，手の能力については，**粗大運動**[3]の状況，道具・遊具等の使用に関する手の操作性，手指の巧緻性等について把握します。また，書写能力（文字の大きさ，書写の速度，筆記用具等の自助具や補助用具の使用の必要性，特別な教材の準備等）の把握も必要です。

ｅ．環境の把握：視覚，聴覚等の状態について把握するとともに，目と手の協応動作，図と地の弁別，空間の認知等の状況や揺れや触感覚等に関しての状況の把握も必要です。

ｆ．コミュニケーション：言語による一般的理解，コミュニケーションの手段としての補助的手段や補助機器等の必要性について把握します。

以上のような項目で子どもを観察することが大切ですが，障害が重度になれば医療的ケアを含めさらに必要項目が増えてきます。それゆえ，目で見る（情報をできるだけ収集し，観察ポイントを明確にする）だけでなく，手で見る（診る）（手を通して子どもの動きを確かめ，動的観察をする），心で見る（診る）（子どもの心の動きを手で確かめる）が重要になってきます。行動観察だけでなく，他の検査法の情報も入れながら，障害受容や自己理解，自立に向けての方策も含め，子どもの全体像を把握し，指導計画を立てることが大切です。　　　（中尾繁樹）

▷3　**粗大運動**
体幹や四肢の大きな筋肉運動を意味し，姿勢，バランス移動等の発達の過程をたどる。

学力検査の方法と活用

▶1　CRT（絶対評価）
1980（昭和55）年刊行，辰野千壽・北尾倫彦著による標準学力検査（目標基準準拠検査）。

▶2　NRT（相対評価）
1950（昭和25）年刊行，辰野千壽・石田恒好・服部環・筑波大学附属中各科教官著による標準学力検査（集団基準準拠検査）。

　肢体不自由の子どもたちの基礎学力の定着はどのように測ればいいのでしょうか。ともすれば教師の主観的な判断により，子どもの実態に合わない指導を受けている場合も少なくありません。日常の学習の中から判断できる内容と標準化された学力検査や心理検査を活用しながら実態把握を行うことによって，客観的に学習状況や認知的なつまずきと障害特性を考慮した指導目標や指導内容を具体的に設定することが大切です。学習の遅れや認知の問題がある児童生徒の心理的な特性や学習の過程を捉える評価の視点も様々あり，教科の系統性における習得とつまずきを，標準学力検査を用いて測定する必要があります。

　CRT，NRTの標準学力検査と学習指導要領の内容に即して行った全国の学力調査等と比較した結果，全国の小中学生と対象児の習得とつまずきについて，共通する項目が多いことや，肢体不自由児にみられる学習上のつまずきに著しさがあることが報告されています。

1 CRT と NRT の比較から

　CRT と NRT は全国で最も多く実地されている学力検査で，各々に特長があり，以下の表でその違いを簡単に紹介します（表Ⅱ-9-1）。

2 肢体不自由児への応用について

　表Ⅱ-9-1を見ると，比較的上肢機能のまひがない児童生徒はどちらも実施できますが，その他の児童生徒は，時間制限が設けられると実施は難しいと考えられます。観点別の到達度学力検査を用いて，学年の学習内容達成状況を確かめ，学習と生活の実態を把握しながら指導内容・方法を個別に計画し，一人ひとりの得意な能力や学習の手だてを生かして学習を進める必要があります（図Ⅱ-9-1）。

　評価では，一般的な**評価規準**に認知的な面や運動・動作の面，生活の実態などから見直し，**個人内評価**につながるようにしていきます。肢体不自由児（脳性まひ児）における個々に有する障害特性や学習環境や経験，発達のアンバランス等がもたらすつまずきについても整理する必要があります。子どもたちは，総じて視空間認知や視知覚の協応運動を必要とする学習内容の定着度が低い結果がよく見られます。また，特定の領域が落ち込むなど習得度にばらつきがあるため，基礎的な学力の向上のためには，学習困難の原因となっている視覚認

▶3　評価規準
到達目標のことで目標に準拠した評価を観点別に設定し，どこまで達成できるかの目安になる基準を設ける。

▶4　個人内評価
他の児童・生徒との比較ではなく，本人の内のみでの成績や成長を評価する方法。

表Ⅱ-9-1 CRTとNRTの違い

検査の種類	CRT (Criterion Referenced Test) 目標基準に準拠したテスト	NRT (Norm Referenced Test) 集団基準に準拠したテスト
評価法	目標（教える目標・内容）基準に準拠した評価。**絶対評価**（客観的な目標到達基準で到達度を診断します）	集団（全国）基準に準拠した評価。**相対評価**（全国的学力水準と比較して相対的に学力を把握します）
分析的内容	年間の指導目標の実現状況を確認するための，客観的な資料が得られます。指導要録「観点別学習状況」「評定」に沿った資料が得られ，「観点別学習状況」と「評定」の判定には，総括的評価法としての画期的な手法を採用しています。「関心・意欲・態度」の実現状況の妥当性・客観性を高めるための手法を導入しています。「基礎・基本の確実な定着」という目標の実現状況を把握するのに適しています。	「基礎・基本」はもとより，より発展的な「確かな学力の育成」という新指導要領がめざす目標について，その実現状況を確認するのに適しています。「確かな学力」について，全国基準に照らして客観的に把握することができます。学習指導要領に準拠し，各教科の「内容」に合わせた領域で構成されています。領域をさらに細分化して，教科書の単元や内容のまとまりでの集計結果や，一問ごとの回答を分析することで，具体的な指導対策に活用できます。（尺度は学力標準得点（偏差値））
実施時期	3学期に1年間の指導成果を絶対評価で確認します。要録記入の参考資料が得られます。	1学期に前学年の学力の実態を把握し，1年間の指導（計画）資料とします。
検査内容と未習問題の扱い	1年間の全指導内容を出題していますが，指導内容にあわせて未習の問題は削除して実施できます。	1年間の全指導内容を出題し自ら考える力の伸び具合をみるため，未習の問題にも取り組ませます。未習問題は削除できません。
検査時間	標準時間。（実施時間を延長できます）学習した内容のすべてについて，定着してきているかどうかの確認をするため，未着手の問題が残らないようにします。	指定された実施時間を厳守。各学校が同一時間で実施しなければ相対評価ができません。
知能検査との相関（個人内評価）	学力偏差値が出ないのですが，相関表により知能との関係を概観できます。	知能との相関利用で個人内評価の指導資料とします。アンダーアチーバー・オーバーアチーバーの判定ができます。

学力検査の実施 → 視覚認知等の実態把握 → 学力検査との対応で指導内容を決定 → 指導内容の実施 → 学力検査の再実施

図Ⅱ-9-1 学力検査の実施と指導の手順

知力を高めるための指導が必要になってきます。国語，算数・数学の指導内容の精選と，各学年の国語，算数・数学の基礎的・基本的な事項についての指導の重点化の方向性を押さえ，指導の評価をより具体的に行うための学力検査の内容設定のあり方を検証する必要があります。

（中尾繁樹）

参考文献

株式会社図書文化社ホームページ
http://www.shinkyo-net.co.jp/shop/scholar/test/CRT_NRT01.html
筑波大学附属桐が丘特別支援学校（2011）．平成23年度「特別支援教育総合推進事業（特別支援教育に関する教育課程の編成等についての実践研究）」報告書

TEA BREAK 2

動作法とは何か

動作法は，動作課題（身体の動きに関する課題）の
やり取りを通じて，心と身体についての困難さを軽減
しようとする心理療法の総称です。身体の動きといえ
ば，脳をはじめとした神経，筋肉や関節などの運動器
で説明されることが一般的ですが，身体の動きは神経
や運動器だけでは説明できない部分もたくさんありま
す。そこで，「心の働きの結果として身体が動く」と
いう考え方にもとづいて援助を行うのが動作法です。

1 動作法の歴史

動作法は，1960年代の中頃に，脳性まひの青年の腕
が催眠暗示によって動いたというエピソードにはじま
ります。[1]その後，「催眠なしでも，うまく練習すれば，
腕も上がるようになるし，手足がそれなりに動くよう
になることが確かめられ」[2]るようになり，そこで行わ
れた訓練法が動作訓練と名づけられました。

1971年，特殊教育諸学校に「養護・訓練」の時間が
設けられるようになりました。肢体不自由養護学校で
は，それまでは「機能訓練」と呼ばれる時間が設けら
れていて，医学的リハビリテーションの技術が提供さ
れていました。しかし，「養護・訓練」という学校の
教育活動としての時間を設けるにあたり，医療従事者
ではなく学校教員が提供できる技術が求められていま
した。「動作訓練」は，催眠という心理療法から発展
してきたものなので，医療従事者ではない学校教員が
用いる技術としてはうってつけのものでした。そうし
た時代のニーズにちょうどマッチして，動作訓練は全
国の肢体不自由養護学校の「養護・訓練」の指導方法

として広く取り入れられるようになりました。

その後，ダウン症，重度・重複障害，自閉症などの
脳性まひ以外の障害のある子どもたちに対しても用い
られるようになりました。そうした子どもたちの場合
には，身体の動きや姿勢の変化だけでなく，表情や態
度が落ち着いたり，行動全体が能動的・積極的になっ
たり，コミュニケーションができやすくなるなどの変
化が報告されるようになりました。さらに統合失調症
の患者さんの日常行動が改善したりすることもみられ，
心理カウンセリングにおいて自己を見つめやすくする
ための補助手段として，あるいはストレスマネジメン
トの手法として広く活用されるようになりました。こ
の頃に，動作訓練という呼び方から，動作法，あるい
は臨床動作法という呼び方に変わり，今日にいたって
います。

2 心理リハビリテイションとキャンプ

動作法は，その効果を最大限に引き出すために，当
初から集団で一緒に宿泊しながら訓練を行う「キャン
プ」を重視してきました。この「キャンプ」はテント
生活をするわけではなく，少年自然の家のような宿泊
施設を利用します。子ども1人に大人1人が担当者と
なり，期間中の子どもとの活動を一緒に行います。そ
のペア3～5組程度を1班とし，各班には指導者が1
人いて，それぞれのペアの活動内容について指導や助
言を行います。

この集団が数日の間，宿泊しながら動作法を行うだ
けでなく，集団療法，食事，研修，親の会，などの活

動を行っていきます（表1）。こうしたプログラムにより，動作法の効果がより発揮されやすくなるだけでなく，生活上の困難の解決や軽減に向けた取り組みを行ったり，参加者の指導技術の向上，ピアサポートの場を作り出すなど，複合的な取り組みを行うことができるようになっています。このような取り組みは，心理的な成長を支え，生活の支援にも及ぶため，心理リハビリテイションキャンプと呼ばれます。

　この心理リハビリテイションキャンプは，1泊2日のものから6泊7日のものまであります。そして日本だけでなく，韓国やマレーシアなどアジアのいくつかの国も含め，年間約70か所で行われています。このキャンプを通じて，障害児者の支援者を育成するとともに，障害児者や保護者の地域での生活を支えることに貢献しています。

3　動作法の理論と動作学

　「動作」という用語は一般的なもので，身体の動きのことを漠然と示すものです。成瀬はこの「動作」を以下のような動作図式で説明しています。

> 意図　—　努力　—　身体運動

　つまり，まずは「意図」が発生し，それを実現するための「努力」の過程を経て，「身体運動」が生じると考えます。そして，これらのプロセス全体を「動作」と呼んでいます。動作法では，この一連の動作の過程がスムースに行えるように援助します。そのために，援助者（学校であれば教員）は，課題としてある動作（たとえば腕を上げる，など）をすることを求めます。動作者（学校であれば児童生徒）がその課題を

| 表1　キャンプ日程の例 |

	1日目	2日目	3日目
8:00		朝の会	朝の会
9:00		朝食	朝食
10:00		動作法2	動作法5
11:00	研修1	研修3	研修4
	研修2		
12:00	昼食・準備	動作法3	保護者指導
13:00	受付・開会式	昼食	昼食・片づけ
14:00	インテーク	お昼寝	閉会式
15:00	休憩	集団療法	
16:00	集団療法	休憩	
17:00	動作法1	動作法4	
18:00	夕食	夕食	
19:00	休憩	休憩	
		お楽しみ会	
20:00	班別ミーティング	班別ミーティング	
21:00	全体ミーティング	全体ミーティング	
22:00			

拒否や抵抗をすることなく受け入れて，その課題を実現させようとして身体を動かそうとする，その相互の営みが動作法ということになります。それを図にすると，以下のようになります。

> 課題　—　意図　—　努力　—　身体運動

　この時に動作は，他者（あるいは援助者）との関係性を含んだものとなります。つまり，身体の動きが他者との関係性によって生じるという視点が含まれます。このことが，動作法がコミュニケーションの改善にも有効であることを説明する大きな手がかりになります。

（石倉健二）

▷1　成瀬悟策（1995）．講座・臨床動作学1　臨床動作学基礎　学苑社
▷2　同上書
▷3　成瀬悟策（2000）．動作療法　誠信書房
▷4　同上書

第 **2** 部

肢体不自由教育の歴史と制度

肢体不自由教育の萌芽（戦前）

❶　整形外科学の発展と肢体不自由教育の萌芽

　肢体不自由教育の発展を考える上で，忘れてはいけないのが整形外科学の発展です。19世紀後半，外科学から独立した整形外科学が急速に発展しました。整形外科学が発展し，これまで放置されてきた肢体不自由児が医療の対象になりました。そして，肢体不自由児に対する医療が行われる中で，彼らに対する教育の必要性が指摘されるようになりました。ここに，肢体不自由教育の萌芽をみることができます。

　日本における整形外科学の発展に貢献し，さらには肢体不自由教育の必要性を主張した整形外科医として田代義徳と高木憲次がいます。田代は，1888（明治21）年に東京帝国大学医科大学を卒業し，外科教室で助手を務めました。そして，1900（明治33）年からドイツ・オーストリアに留学し，外科的矯正術を学びました。外科的矯正術とは今日の整形外科のことですが，この頃は，まだ整形外科という言葉はありませんでした。1906（明治39）年，東京帝国大学医科大学に整形外科学講座が開設されると，田代は初代教授に就任し，日本の肢体不自由教育の礎を築きました。なお，整形外科という言葉を考案したのも田代です。また，第1次世界大戦後には欧米の整形外科事情を視察し，ドイツの肢体不自由児施設，クリュッペルハイムに強い関心をもちました。そして，帰国後，肢体不自由児に対する治療と教育の必要性を提案しました。

　高木は，1915（大正4）年に東京帝国大学医科大学を卒業して整形外科学教室医局に入局し，1916（大正5）年，東京帝国大学医科大学助手となりました。肢体不自由児の実態調査に取り組み，相当数の肢体不自由児が適切な治療および教育を受けずに放置されていることを知りました。そして，田代の提案に影響され，1918（大正7）年頃から，肢体不自由児が治療を受けながら教育を受けることができる施設の必要性を主張するようになりました。その後，ドイツに留学して1923（大正12）年に帰国した高木は，翌1924（大正13）年，定年退職した田代の後を継ぎ，第2代の整形外科教室の教授に就任しました。高木は，肢体不自由児施設の設立のために様々な活動を展開するとともに，整形外科学講座の教授として，多数の整形外科医を養成しました。また，肢体不自由や療育[*1]など，様々な用語を考案しました。

▷1　療育とは，時代の科学を総動員して不自由な肢体を出来るだけ克服し，それによって幸いにも恢復したら『肢体の復活能力』そのものを（残存能力ではない）出来るだけ有効に活用させ，以て，自活の途の立つように育成することである。
高木憲次（1952）．療育の根本理念　療育，1，7-10.

2　柏学園の成立

　整形外科医が肢体不自由児の教育の必要性を指摘する一方で，肢体不自由児に対する教育実践に取り組んだのが柏倉松蔵です。体操教師であった柏倉は，体操の時間になると手足の不自由な子どもたちが運動場の隅でしょんぼりしていることに心を痛めていました。柏倉はこの子どもたちをそのまま放ってはいけない，何とかしなければと考えていました。ある時，医療体操という体操があることを知り，関心をもつようになりました。

　医療体操を学ぶため，柏倉はまずマッサージを修得しました。そして，さらに医療体操を学びたいという思いをもった柏倉は，1918（大正7）年，東京帝国大学医学部整形外科教室に勤め，田代の指導を受けることになりました。整形外科教室で医療体操を見学した柏倉は，子どもが嫌々医療体操に取り組んでいるのを目の当たりにしました。そこで，病院風ではなく，学校風に学科を教えながら医療体操を行えば，子どもたちも楽しい雰囲気の中で体操をするようになるのではと考えました。柏倉がそのアイデアを田代に話したところ，できる限りの支援は行うからぜひ取り組みなさいと激励され，柏学園を設立する決意をしました。そして，1921（大正10）年，柏倉は私財を投じて柏学園を開設し，田代はその顧問になりました。

3　柏学園の教育・治療

　柏学園は小学校の準ずる教育を行うことに主眼を置いており，修身，国語（読方，綴方），算術（珠算，筆算），地理，歴史，理科，唱歌，手工といった小学校と同様の教科を指導していました。教科の指導は，小学校の教師であった柏倉の妻とくが担当しました。治療としてはマッサージ，体操（医療体操）が教育課程に位置づけられたほか，練習治療が毎日行われました。このうち，体操については，田代のところで学んだ医療体操を参考に柏倉が考案したものであり，それぞれの児童の状況に合わせて指導しました。練習治療については，器械や器具を使用した歩行運動練習や手指の運動機能の練習で，毎日2～3時間練習の時間がありました。

　ところで，柏学園は小学校に準じた教育を行っていましたが，小学校令による小学校あるいは小学校に類する各種学校として認可を受けた学校ではありませんでした。そのため，柏学園を学校と考えるには難しい面があります。また，柏学園は，個人で運営されており，設備や学費などの問題もあり在籍児童数は決して多くありませんでした。しかしながら，柏学園は肢体不自由児に対して初めて教育を行った機関であり，高木も非常に高く評価していました。柏学園の成立により，日本の肢体不自由教育はその一歩を踏み出したといえるでしょう。

（丹野傑史）

参考文献

　柏倉松蔵（1956）．肢体不自由児の治療と家庭及学校　柏学園

高木憲次と整肢療護園

 夢の楽園教療所

　高木憲次は，肢体不自由児は，治療に専念すれば教育を受ける機会を失い，学校教育を受ければ治療の機会を失うとし，治療を受けながら並行して教育を受けられる教療所が必要であると考えました。そして，1918（大正 7 ）年頃から病院と学校を兼ねた「夢の楽園教療所」が必要であると主張しました。その後，高木はドイツに留学し，クリュッペルハイムを見学しました。帰国後の1924（大正13）年，教療所の構想をさらに発展させ，クリュッペルハイムのように，治療と教育の機能を有し，さらには職業指導も行える施設の必要性を主張し，施設設置のための運動を開始しました。

　肢体不自由児に対する理解が十分ではなかった当時，高木の活動は苦難の連続でした。高木は東京市の本郷や下谷の区役所に行き，肢体不自由の子どもたちの実情を話し，夢の楽園教療所の設置を提案しました。また，東京市役所や文部省などにも出向き，夢の教療所の必要性を主張し，その設置を要望しましたが，ほとんど関心をもってもらえませんでした。それでも高木はあきらめず，夢の楽園教療所設置のための活動を続けました。そして，高木の考え方に賛成する人も少しずつ増えていったのです。

　1934（昭和 9 ）年 9 月，高木は第 9 回日本医学会総会で，「整形外科学の進歩と『クリュッペルハイム』」と題する講演を行いました。講演で高木は，これまで治ることがないとされていた肢体不自由児者が治療によってその状態が改善すること，日本には多数の肢体不自由児者がおり，そのほとんどが適切な治療を受けることができず放置されていることを報告しました。そして，このような悲惨な状況を改善するために，クリュッペルハイムのような施設が必要であることを主張しました。この講演は，ラジオで全国に中継放送され，学術的な内容の講演であったにもかかわらず，大きな反響を呼びました。この反響を受け，同年11月には一般向けに「『クリュッペルハイム』学術講演会」が開催され，こちらも大盛況に終わりました。この講演の影響もあり，これまでほとんど関心が示されてこなかった肢体不自由児に対する世間の関心が，ようやく高まってきたのでした。

② クリュッペルハイム東星学園の設置

　高木の主張に賛同した一人に守屋東がいます。守屋は長年児童保護に関する社会事業に従事してきましたが，その中で障害のある子どもたちを何とかしたいという思いをもっていました。そのようなとき，守屋が経営する東京婦人ホームに，高木の門下生の一人である竹澤さだめが嘱託医として住み込みで働いていました。守屋は，竹澤からドイツには肢体不自由児のためのクリュッペルハイムという施設があることを聞き，強く感銘を受けました。そして，それをきっかけに，守屋は自身がクリュッペルハイムを創設することを決め，1932（昭和7）年にクリュッペルハイム建設の宣言をしました。

　資金的に厳しかった守屋は，広く寄付を呼びかけ，その寄付によってクリュッペルハイムの建設に取りかかりました。なかなか寄付は集まらず，完成までしばらく時間がかかりましたが，1939（昭和14）年，建設宣言から7年の歳月をかけてクリュッペルハイム東星学園は開園にこぎつけ，療育事業を開始しました。高木が顧問に就任し，医師を派遣するなど東星学園の医療面を支えました。また，一番の理解者であった竹澤は，嘱託医として東星学園に勤務しました。しかし，1940（昭和15）年，竹澤は病気になり東星学園を辞め，故郷へと帰ることになってしまいました。さらに，1941（昭和16）年に太平洋戦争が始まり，社会状況が悪化していくと子どもを引き取る家庭が多くなりました。これらのことから，守屋は事業継続を断念し，クリュッペルハイム東星学園は1943（昭和18）年に閉鎖することになりました。

③ 整肢療護園の設置

　1934（昭和9）年に高木が行った講演により，肢体不自由児に対する関心は高まりましたが，それでもなお肢体不自由児施設の設置はなかなか進みませんでした。そこで，高木は民間の力でクリュッペルハイムを創設することを決め，財界関係者にクリュッペルハイム創設への協力を働きかけました。

　そのような地道な努力が実を結び，1937（昭和12）年，肢体不自由者療護園建設委員会が発足しました。この建設委員会が中心となって資金を集め，その資金により整肢療護園の建物を整備しました。そして，1942（昭和17）年，ようやく整肢療護園が設置されました。高木が夢の楽園教療所を提唱してから実に24年後のことでした。高木は園長として陣頭指揮をとりました。また，光明学校の松本保平に依頼をして教育面の充実を図りました。しかしながら，開園からわずか3年後の1945（昭和20）年，整肢療護園は，空襲によりそのほとんどが消失してしまいました。それでも，高木はあきらめず，終戦後まもなく療育事業を再開しました。整肢療護園が新たな建物で再出発を果たしたのは，それから7年後の1952（昭和27）年のことでした。　　　　　（丹野傑史）

参考文献

田波幸男（編）（1967）．高木憲次──人と業績　日本肢体不自由児協会

3 東京市立光明学校の設立とその役割

① 東京市立光明学校の設立

　東京帝国大学を定年退職した田代義徳は，東京市議会議員となり，肢体不自由児学校設置のための運動を展開し，「手足の不自由なる児童の保護施設」の必要性を主張しました。一方，東京市教育局が行った調査では市内の小学校で体操の授業を免除されている肢体不自由児が約700名もいることが明らかとなりました。これを受け，東京市では肢体不自由児のための学校を設立することにしました。

　1932（昭和7）年，東京市教育局は3月で廃校となる麻布新堀尋常小学校の校舎を改築し，東京市立光明学校を設立することにしました。同年4月，東京府知事から小学校に類する各種学校として認可を受けた光明学校は，同年6月1日，日本で最初の公立肢体不自由児学校として開校しました。なお，「光明」という校名は，東京市長永田秀次郎が自ら肢体不自由児の将来の幸福を願ってつけました。

　その後，東京市立光明学校は1939（昭和14）年11月に麻布から現在学校がある世田谷に移転しました。そして，麻布にあった旧校舎については，麻布分教場として引き続き使用されることとなりました。

　一方，高木憲次は，光明学校は自らが主張する「病院と学校を兼ねた教療所」，すなわちクリュッペルハイムではないとして，満足していませんでした。そして，自らはクリュッペルハイムの実現のためにさらに活動を続けることとなりました。

② 光明学校の初期の教育

　光明学校では，子どもの実態に応じた教育，職業教育に主眼を置いた教育綱領を定めるとともに，教育領域として，普通教育，職業教育，身体の治療・矯正，養護の4つの柱を定めました。

○普通教育

　普通教育については，修身，国語（読方，綴方，書方），算術，手工，唱歌といった小学校と同様の教科を設定する一方で，生活科や読書科，聴方科など独自の教科も設定していました。また，教育綱領で個性の教育，体験の教育，実用の教育を掲げているように，児童の自発性を尊重し，経験を重視した教育を

▷1　開校時に掲げられた教育綱領は，「1．即個性の教育，2．性能の発展と伸長，3．体験の教育，4．実用の教育，5．円満なる情操教育，6．自立労作教育」の6つであったが，1934（昭和9）年には，「1．性能伸長の教育，2．実用体験の教育，3．自立独創の教育，4．円満なる情操教育，5．社会的生活教育」の5つに改められている。

▷2　光明学校では数学と呼んでいた。

▷3　聴方科
聴方科は，言葉を通じた国語教育で，聴くことを通じて児童の言語を豊かにすることを目的とした教科だった。

行いました。また，児童の教育を学校生活の指導にとどめるのではなく，家庭，学校，社会の全生活の指導であるべきだとして，特に生活科では，この3つを不即不離の状態において児童の生活を指導する必要があるとしました。

◯職業教育

職業教育については，適性指導という科目を設け，身体的，知能的，技能的，趣味的能力を考慮し，それぞれの児童の能力の発見に重点を置いた指導をしました。具体的には，精神機能，学業成績，身体状況，家庭調査，児童の興味などを調査することによって児童の適性を発見し，児童の興味ある科目の指導や，職業的指導を行いました。当時の在校生である花田政国は，適性指導をクラブ活動のような時間であったと述べています。[4]

◯身体の治療・矯正

治療・矯正では，校医によって診察が行われました。そして，実際の治療は校医の指示に基づいて看護婦が毎日行いました。治療の内容については，マッサージ，日光浴，入浴，ギプス療法，矯正体操（2年目からは治療体操），玩具治療から構成されました。治療体操とは，健康の増進と欠陥部位の治療を目的として行う体育的内容であり，障害部位別にグループ分けし，全教職員によって指導が行われました。治療体操は戦後1961年頃まで行われていました。玩具治療は，校医の竹澤さだめが導入した内容で，治療器具の代わりにおもちゃを用い，おもちゃを使うことで自然と行われる上肢の運動を治療に応用したものでした。

◯養　護

養護については，1時間の学習時間を30分とし，休憩時間を15分とっていました。また，毎朝看護婦による検温，脈拍，呼吸の検査が行われました。

3 光明学校が果たした役割

1941（昭和16）年に国民学校令および国民学校令施行規則が公布されました。このような法令の制定を受け，光明学校は1942（昭和17）年4月，東京市光明国民学校となりました。

これにより，光明学校は初めて正規の義務教育学校として認可されることとなったのです。しかしながら，当時はまさに太平洋戦争へと突き進んでいった時期であり，社会情勢は悪化し，光明国民学校に続く学校が設置される状況にはありませんでした。

光明国民学校も1945（昭和20）年5月の空襲で校舎の大半を焼失しました。空襲直前に長野県上山田村（現在の長野県千曲市）に疎開し，なんとか学校は存続できました。終戦後，光明学校は新校舎が完成する1949（昭和24）年まで，疎開先の上山田で全国唯一の肢体不自由児学校として肢体不自由教育の灯をともし続けました。

（丹野傑史）

▶4　花田春兆（1974）. 花田春兆——いくつになったら歩けるの　ミネルヴァ書房, pp.71-75.

（参考文献）
　東京市立光明学校（1932）. 東京市立光明学校概要
　村田茂（1968）. わが国における肢体不自由教育の発足——東京市立光明学校設立に至までの覚え書き　療育, **9**, 80-93.

4 戦後肢体不自由教育の草創

▷1　高木憲次（1888-1963）は，肢体不自由児が治療を受けながら教育を受けることができる教療所の必要性を説いた。これが「夢の楽園教療所」の説として知られ，肢体不自由教育の必要性を主張した初めての説とされる。後年，東京・板橋に整肢療護園を創設するに至った。
⇨ Ⅲ-2 参照。

1 児童福祉法の成立と肢体不自由児施設の設置

◯児童福祉施設としての肢体不自由児施設の設置と入所者の教育

　1947（昭和22）年，児童が心身ともに健やかに生まれ，育成されることなどをねらいとして児童福祉法が制定されました。1950（昭和25）年5月，高木憲次[1]の尽力もあり，同法は一部改正され，肢体不自由児施設は児童福祉施設の一つに位置づけられました。肢体不自由児施設の設置が進められる中で，入所する肢体不自由児の治療が長期にわたることから，彼らの教育が話題となりました。

◯肢体不自由児施設の入所児童に対する学校教育

　1951（昭和26）年6月に同法は改正され，児童福祉施設の長は，保護者に準じて施設に入所する児童を就学させなければならないとされました。このことは，肢体不自由児施設に入所する児童を対象に，施設内に小・中学校の特殊学級や分校の設置を推し進める契機となりました。

　1950（昭和25）年3月開設の東京・多摩緑成会整育園では，翌年1月から都立光明小・中学校分校より，1951（昭和26）年10月開設の東京・整肢療護園では，翌年9月から東京教育大学教育学部附属小学校より教員を派遣してそれぞれ教育が開始されました。その後，大阪（大阪整肢学院；府立盲学校分校），静岡（静岡療護園；静岡市立西豊田小・豊田中分教場），愛知（青い鳥学園；愛知県教育委員会から教員派遣）など全国へと広がっていきました。

　昭和30年代初期までの肢体不自由教育は，肢体不自由児施設入所児童を対象とした小・中学校の特殊学級や分校が主たる担い手であったのです。

2 養護学校の創設と整備

◯養護学校の創設

　1956（昭和31）年4月，わが国で初めての公立肢体不自由養護学校が大阪府と愛知県で創設されました。大阪府立養護学校（現 大阪府立堺支援学校）と愛知県立養護学校（現 愛知県立名古屋特別支援学校）の二校です。前者は，府立盲学校内に設けられた肢体不自由特殊学級を母体として，肢体不自由児施設とは関係なく創設された単独養護学校です。後者は，肢体不自由児施設青い鳥学園の入所児童を対象とする施設併設養護学校です。公立養護学校整備の財政的な裏づけとなる公立養護学校整備特別措置法の施行は1957（昭和32）年度ですの

▷2　⇨ Ⅲ-5 参照。

で，両校は府県の独自負担による設置となります。一方，1956年4月時点に着目すると，養護学校の名称こそ使用していませんが，実質的に肢体不自由児を対象とする学校が存在しています。東京都立光明小・中学校，同校多摩分校，群馬県私立嫩葉学園（同年9月廃校），神戸市立友生小学校（同年4月1日設置）です。東京都立光明小・中学校があえて養護学校としなかったのは，非義務制である養護学校とすることによる財政的な不利益を回避するためでありました。

1956（昭和31）年の公立養護学校整備特別措置法の成立は，財政的な裏づけを得た自治体に養護学校の整備を強く促すこととなりました。

◯養護学校の整備

1957（昭和32）年4月，公立養護学校整備特別措置法は全面施行されました。義務制の学校ではない養護学校も公立義務教育学校と同じく国の負担や補助が受けられるようになったのです。戦前から唯一わが国で肢体不自由児の教育を行ってきた東京都立光明小・中学校と神戸市立友生小学校は，同年4月からそれぞれ東京都立光明養護学校，神戸市立友生養護学校と改められました。

その後，静岡療護園内の西豊田小・豊田中学校の分教場は，静岡県立養護学校（現 静岡県立中央特別支援学校）へ，整肢療護園内の東京教育大学教育学部附属小・中学校整肢療護園肢体不自由学級は，東京教育大学教育学部附属養護学校（現 筑波大学附属桐が丘特別支援学校）へとかわり，独立校となっていきました。この後，養護学校の整備が一気に推し進められることとなりました。

③ 養護学校の拡充

公立養護学校は，1959（昭和34）年には分校を含めて13校となりました。養護学校の設置に当たっては，当初，その多くは肢体不自由児施設内の特殊学級や分校が施設併設養護学校となる場合が多く，愛知県立養護学校，附属養護学校，静岡養護学校，小平養護学校などの一部は施設入所児童のほかに，地域から通学生を受け入れる隣接養護学校となりました。光明養護学校，大阪府立養護学校，友生養護学校などは単独養護学校として発足しています。

1959（昭和34）年12月，中央教育審議会は「特殊教育の充実振興についての答申」をまとめました。この中で，肢体不自由者の教育については，都道府県に年次計画をもって養護学校の設置を義務づけ，所要の財政措置を講ずることとして，翌年度を初年度とする5か年計画を立て，未設置県に肢体不自由養護学校の設置を勧奨しました。当初の計画から遅れるものの，1969（昭和44）年の滋賀県立養護学校の開設により，全都道府県への設置が実現したのです。

それでも，当時は学齢段階の肢体不自由児の約半数が就学したに過ぎず，1979（昭和54）年度からの養護学校教育の義務制に向けて，その後も増設が続けられました。義務制実施直前の1977（昭和52）年度時点で，肢体不自由養護学校は，分校17校を含む132校となりました。　　　　　　　　　　（安藤隆男）

参考文献

村田茂（1997）．新版日本の肢体不自由教育——その歴史的発展と展望　慶應義塾大学出版会

文部省（1978）．特殊教育百年史　東洋館出版社

5 公立養護学校整備特別措置法の成立と養護学校の整備

1 戦後特殊教育の制度設計

1945（昭和20）年8月，わが国はポツダム宣言を受諾し，長い戦争は終わりを迎えました。政治，経済，文化はもとより，教育に関してもドラスティックな改革が行われることとなりました。

○米国教育使節団報告書における特殊教育

1946（昭和21）年4月，連合国軍総司令部（GHQ）は，戦後におけるわが国の教育改革に係る具体的な勧告案となる米国教育使節団報告書（Report of the United States Education Mission to Japan submitted to the Supreme Commander for the Allied Powers）を発表しました。この報告書には，特殊教育に関わる内容も含まれ，その後の学校教育法における就学義務，盲・聾・養護学校，特殊学級などに関わる規定を定める上での根拠となったといわれます。[1]

○盲学校，聾学校の義務制実施

1946（昭和21）年8月，内閣に教育刷新委員会が設置されました。教育に関する重要事項の調査審議を行い，その結果を内閣総理大臣に報告すること，内閣総理大臣の諮問した教育に係る重要事項について審議し答申することを役割としました。戦後の教育改革の具体案を構築する重責を担ったといえます。[2]同委員会には，特殊教育の分野から川本宇之介が委員として加えられました。[3]川本は同委員会において障害がある者に対する義務教育の実施を主張し，その後の盲学校，聾学校の義務制施行の政令制定において中核的な役割を担いました。

盲学校，聾学校は，1948（昭和23）年度に小学部第一学年入学者の保護者に就学義務を課し，以後毎年度学年進行で拡大し，1956（昭和31）年度において小学部・中学部9年の義務制が完成しました。[4]小学校，中学校より1年遅れての義務制の実施となりました。盲学校，聾学校の小・中学部に就学する児童生徒数は，1948（昭和23）年度にそれぞれ，3,052人，6,975人でしたが，完成年度（1956（昭和31）年度）にはそれぞれ，5,363人，17,222人へと増加することとなりました。この間，盲学校と聾学校の設置数は，それぞれ74校から77校へ，64校から99校へと推移しました。中でも聾学校の設置が進み，就学者数の顕著な増加を看取できます。

○学校教育法の制定と盲・聾・養護学校，特殊学級の位置づけ

1947（昭和22）年3月に学校教育法が制定されました。第1条では，すでに

▷1　文部省（1978）．特殊教育百年史　東洋館出版社，pp.175-176.

▷2　前掲書

▷3　当時，川本は東京聾啞学校長の職にあった。

▷4　1923（大正12）年の盲学校及聾啞学校令により，盲学校・聾学校は，都府県に設置が義務づけられていた。

年　　度	肢体不自由	知的障害	病　弱	計
1957（昭和32）	5（2）	8（1）	6	19（3）
1960（昭和35）	16（2）	18（1）	12	46（3）
1963（昭和38）	43（6）	36（2）	28（8）	107（16）
1966（昭和41）	68（15）	65（2）	35（8）	168（25）
1969（昭和44）	95（22）	89（10）	40（11）	224（43）

（注）（　）内は分校数で内数。

出所：文部科学省特別支援教育資料（平成25年度）

設置が行われていた盲学校，聾学校に加えて，養護学校も小学校などと並んで学校の一つとして位置づけられました。第71条では，特殊教育の目的を，普通教育と同じ目標の下で教育を行うものとした上で，障害があることから教育上特別に方法的配慮を必要とする教育であることとして示しました。[5]

特殊学級は第75条に規定され，小学校，中学校及び高等学校に置くことができるとされました。[6]

② 公立養護学校整備特別措置法の公布と整備の実態

学校教育法の1条校として養護学校は位置づけられましたが，それ以前にこの名称を冠する学校は存在せず，1948（昭和23）年度において設置は皆無の状態でした。戦後の混乱の中，養護学校整備の優先性は低かったといえます。この間，知的障害や肢体不自由の子どもの一部は，特殊学級での教育の対象となっていました。盲学校・聾学校教育の義務制の道筋がついたことから，知的障害や肢体不自由の子どもの保護者をはじめ関係者等は，養護学校の整備促進に要望の声をあげることとなります。

1956（昭和31）年6月，第24回国会において議員立法により「公立養護学校整備特別措置法」が成立しました。第1条では，目的として「養護学校における義務教育のすみやかな実施を目標として公立の養護学校の設置を促進し，かつ，当該学校における教育の充実を図るため，当該学校の建物の建築，教職員の給料その他の給与等に要する経費についての国及び都道府県の費用負担その他必要な事項に関し特別の措置を定めること」を規定しました。盲学校，聾学校の義務制が完了する見通しの中で，知的障害，肢体不自由，病弱・虚弱のある子どもの教育の充実を関係者の尽力により実現したのです。この結果，養護学校は義務教育学校ではないにもかかわらず，小学校等同様に国の財政的な援助[7]の対象となったのです。その後，養護学校は比較的短時間で急速に整備が進むこととなりました（表Ⅲ-5-1）。なお，同法は2006（平成18）年3月31日に廃止されました。

（安藤隆男）

▷5　第6章特殊教育の第71条では特殊教育の目的を次のように規定している。「盲学校，聾学校又は養護学校は，夫々盲者，聾者又は精神薄弱，身体不自由その他心身に故障のある者に対して，幼稚園，小学校，中学校又は高等学校に準ずる教育を施し，併せてその欠陥を補うために，必要な知識技能を授けることを目的とする」。

▷6　特殊学級の対象には「肢体不自由」はなく，「その他の不具者」とされた。

▷7　国庫負担は公立養護学校の建物の小学部・中学部に係るものの新築，増築に要する経費の2分の1（第2条），教職員の給与等に要する経費の2分の1（第5条）とされる。

6 学習指導要領の制定と改訂

1　学習指導要領の制定

　1947（昭和22）年3月に学校教育法が制定され，わが国の学校教育は根本的に変革されることになりました。同年5月には，学校教育法施行規則が制定され，教科の構成や授業日数などが定められるとともに，教育課程（当時は教科課程）の基準として別に学習指導要領が示されることが規定されました。

　小学校および中学校の学習指導要領は，1947（昭和22）年の3月に一般編が試案として発表され，ついで各教科別のものが発表されました。盲・聾学校の義務制は1年遅れて学年進行ではじまりましたが，独自の学習指導要領が作成されたのは昭和30年代に入ってからでした。[1]

　養護学校については，昭和30年代頃から学校の整備がようやくはじまります。肢体不自由養護学校については1956（昭和31）年に最初の公立養護学校が設立され，1959年に13校となりました。学校数も少なく，教育実践も浅いこの時期は教育課程の基準を作成できる状態ではなかったため，学校教育法施行規則により小学校，中学校等の学習指導要領が準用されていました。その後，公立養護学校が増加するにつれて，教育課程について養護学校相互間での差異が問題になるようになりました。[2]また，養護学校自体での研究の積み重ねを背景として，校長会等から教育課程の基準を定める要望がたびたび出されるようになりました。そこで，文部省も必要性を認め，学習指導要領を作成することになりました。

2　肢体不自由養護学校の学習指導要領の制定

　以上のような経緯を経て，1963（昭和38）年2月に「養護学校小学部学習指導要領肢体不自由教育編」，1964年3月に「養護学校中学部学習指導要領肢体不自由教育編」[3]が文部事務次官通達[4]によって定められました。この学習指導要領作成の過程で，特に論議されたところは，障害の状態の改善に関わる指導の位置づけについてでしたが，最終的には，「体育・機能訓練」として教科に位置づけられることになりました。そのほか対象とする肢体不自由の程度，小・中学校の教育との関係等について，次のような方針で作成されました。

　　・学習指導要領の対象を肢体不自由単一の障害で教室に通って授業を受けられる者とし，重複障害児や施設等に入院中の者は特例で考慮する。
　　・小・中学校の学習指導要領の構成に準ずるとともに，教育課程の各教科，

各領域の目標・内容なども原則的に小・中学校に準ずる。

・児童生徒の特性に即した指導上の留意事項を，各教科・領域ごとに示す。

❸　学習指導要領の改訂

学習指導要領はほぼ10年に一度改訂されてきました。特別支援学校の学習指導要領等の主な改訂内容は，小・中学校等に準ずるほか以下のとおりです。

○養護・訓練の創設　1971（昭和46）年３月告示（高等部は1972年10月）

児童生徒の障害の多様化などに対応するために，一人一人の障害の状況に応じた特別な指導領域として「養護・訓練」が盲学校，聾学校及び養護学校共通に設けられました。また，重複障害者についての教育課程編成上の特例が大幅に認められました。

○養護学校教育の義務制への対応　1979（昭和54）年７月告示

1979年４月から養護学校教育の義務制が実施されたことを踏まえ，児童生徒の障害の状態等に柔軟に対応できるよう，重複障害者等の特例の弾力化，訪問教育に関する規定が新設されました。また，障害のある子どもの社会参加を促進する観点から小・中学校の児童生徒と活動を共にする機会を積極的に設けるよう配慮することが盛り込まれました。盲学校，聾学校および養護学校ごとの指導要領は，特殊教育諸学校共通のものとなりました。

○早期教育の充実　1989（平成元）年10月告示（幼稚部は1989年３月）

幼稚部の教育課程については，幼稚園教育要領が準用されてきましたが，早期教育の充実を図る観点から，幼稚部教育要領が作成されました。

○「養護・訓練」から「自立活動」へ　1999（平成11）年３月告示

障害についての考え方の変化や児童生徒の障害の重度・重複化を踏まえ，「養護・訓練」が「自立活動」に改められました。また，早期からの適切な対応を図るため特殊教育に関する相談のセンターとしての役割が規定されました。

○特別支援教育への転換を踏まえた対応　2009（平成21）年３月告示

盲学校，聾学校及び養護学校が特別支援学校となったことから，学習指導要領の名称も「特別支援学校学習指導要領」となりました。特別支援教育の理念を踏まえ，一人一人に応じた指導の充実を図る観点から，各教科の個別の指導計画や個別の教育支援計画の作成等の規定が追加されました。

○学びの連続性を重視　2017（平成29）年４月告示（高等部は2019年２月）

インクルーシブ教育システムを推進するため，学びの場の柔軟な選択ができるよう，幼稚園，小・中・高等学校の教育課程との連続性が重視されました。そのため，知的障害の児童生徒のための各教科の目標・内容が，小・中・高等学校と同様に，育成を目指す資質・能力の三つの柱に基づいて整理されるとともに，重複障害者等に関する教育課程の取扱いの基本的な考え方が整理されました。

（下山直人）

▶4　に同小学部学習指導要領病弱教育編，1964年に養護学校中学部学習指導要領病弱教育編が文部事務次官通達によって定められた。

▶5　高等部学習指導要領の制定
1960（昭和35）年２月に盲学校及び聾学校高等部学習指導要領一般編が文部科学事務次官通達により定められ，1966年に盲学校及び聾学校学習指導要領高等部編として文部省告示により制定された。
養護学校高等部については，昭和30年代においては高等部数も少なかったことから学習指導要領を定めるにはいたらず，1962（昭和47）年になって養護学校高等部学習指導要領精神薄弱教育編，同肢体不自由教育編，同病弱教育編が文部省告示で制定された。

▶6　昭和46年以前の改訂
1957（昭和32）年に制定された盲学校及び聾学校の学習指導要領については，1963年に小学部が，1964年に中学部が最初の改訂を行い，文部省告示で制定されている。

▶7　学習指導要領データベース
https://erid.nier.go.jp/guideline.html（2022年12月15日閲覧）

参考文献

文部省（1978）．特殊教育百年史
文部省（1999）．特殊教育120年の歩み
各学習指導要領解説

養護学校の義務制

❶　養護学校の義務制に向けた施策の展開

　養護学校の義務制は，1979（昭和54）年4月から実施されました。戦後の小学校および中学校の義務教育は1947（昭和22）年4月から実施されており，養護学校の義務制の実施には，それから32年を要したことになります。

◯養護学校の増設に向けた施策

　養護学校については，義務制の実施が延期されたことから学校の整備が遅々として進みませんでした[1]。養護学校は，都道府県にとって任意設置であり，国の財政的な援助の対象にもなっていませんでした。

　1956（昭和31）年6月，この問題の打開にあたった関係者の懸命の努力が実り，公立養護学校整備特別措置法が成立しました。この法律は，養護学校における義務教育のすみやかな実施を目標として，公立の養護学校の設置を促進するため，学校の建物の建築や教職員の給料等に要する経費について国や都道府県の費用負担の在り方等を定めたものです。財政的援助が明確になったことから同法施行後，公立養護学校は徐々に設置されるようになりましたが，義務教育の対象となる知的障害児や肢体不自由児数にははるかに及ばない状況でした。

　1959（昭和34）年12月，**中央教育審議会**[2]は，養護学校の設置の義務づけや国の補助の在り方等について答申を行いました。肢体不自由教育については，年次計画により都道府県に養護学校の設置を義務づけ，国の補助を行うべきことなどが示されました。答申を受け文部省は，養護学校について1960（昭和35）年度を初年度とする5か年計画を策定し本格的な増設を図る施策を進めました。その結果，1970（昭和45）年度においては，精神薄弱養護学校101校，肢体不自由養護学校98校，病弱養護学校40校を数えるまでに至りました。さらに文部省は，養護学校の対象となるすべての学齢児童生徒を就学させるために必要な養護学校243校を新たに設置するため，1972（昭和47）を初年度とする7か年計画を立て，この施策の推進を図りました。

　1973（昭和48）年11月には，年次計画により，各都道府県が養護学校を計画的に整備するなどした上で，円滑に義務制に移行するために，1979（昭和54）年4月1日から養護学校における就学義務および養護学校の設置義務を実施する旨を予告する政令[3]が公布されました。

▷1　1947（昭和22）年制定の学校教育法に，「盲学校，聾学校及び養護学校における就学義務並びに第74条に規定するこれらの学校の設置義務に関する部分の施行期日は，勅令（のちに「政令」に改められる）で，これを定める」と，規定され，これにより盲・聾学校とともに養護学校の義務制は延期となった。ただし，盲・聾学校については翌年度小学部第1学年入学生から学年進行で義務制が実施された。

▷2　**中央教育審議会**
文部科学大臣の諮問を受け教育振興にかかる重要事項等について調査審議し意見を述べる機関。

▷3　義務制を予告する政令
正式名称は，「学校教育法中養護学校における就学義務及び養護学校の設置義務に関する部分の施行期日を定める政令」（政令第339号，1973（昭和48）年11月20日）。

◯教員の確保，就学指導等の施策

　養護学校教員については，1960（昭和35）年度から国立の各教員養成大学・学部に，4年制の養護学校教員養成課程が設置され養成が進められました。1973（昭和48）年度にはすべての教員養成大学・学部にこの課程が設置されました。この間いくつかの大学に肢体不自由教育の教員養成課程も設置されています。また，1974（昭和49）年度から「第4次公立義務教育諸学校教職員定数改善計画」等の実施により，教職員定数の充実も図られました。

　さらに，養護学校義務制の実施に向けて適正な就学指導や社会啓発を進めるための施策が展開されました。文部省は，1974（昭和49）年度から新たに「養護学校教育義務制等準備活動費補助」を設け，1979（昭和54）年度までに都道府県および市町村教育委員会に「就学指導委員会」を設置することを推進しました。

　一方，義務制の実施にあたり重度・重複障害児教育が当面の研究課題となってきたため，文部省は1973（昭和48）年から「特殊教育の改善に関する調査研究会」を発足させました。この研究会は，1975（昭和50）年3月「重度・重複障害児に対する学校教育の在り方について[4]」をまとめました[5]。

❷ 養護学校教育の義務制実施

　こうして1979（昭和54）年度から養護学校教育の義務制が施行されました。

　義務制実施を境に大きく変化したのは，**就学猶予・免除**[6]者の数でした。障害を理由とする就学猶予・免除者は，1972（昭和47）年度には約1万8,000人であったものが，義務化直前の1978（昭和53）年度には約9,000人，1979（同54）年度には約2,600人と急減することになりました[7]。

　また，養護学校教育の義務制の実施と同時に，全国規模で訪問教育が実施されるようになりました。訪問教育は，1968（昭和43）年から1969（同44）年にかけて，いくつかの県や市において就学猶予・免除者に対するいわゆる訪問指導として開始されました。1978（昭和53）年に文部省は「訪問教育の概要（試案）」を発表し，訪問教育の趣旨，法的根拠，対象，教育課程等について整理しました。そして，1979（昭和54）年4月から訪問教育が正式に開始されることになりました。訪問教育の実施は，それまで学校教育の対象とされなかった重度・重複障害児に教育の機会を与え，すべての学齢児に対して義務教育を行えるようにしたという点で重要な意味をもつものでした。

　さらに，義務制実施の前後から，学校や社会における障害児の理解が新たな課題となりました。そこで，文部省は，1979（昭和54）年度告示の学習指導要領に，障害のある児童生徒と障害のない児童生徒が共に活動する機会を設けることに配慮することを規定するとともに，心身障害児理解推進校を指定して，障害のある子どもの社会参加と理解啓発を推進する施策を展開することにしました。

（下山直人）

▷4　重度・重複障害児の定義や教育の基本的考え方を示すとともに，盲・聾・養護学校の整備，在宅児に対する訪問指導，就学猶予・免除の運用，就学指導体制の整備，専門教員の養成・確保について提言した。

▷5　義務制を控え，重度・重複障害児に対する教育を実践的に解明するために国立久里浜養護学校（現在，筑波大学附属久里浜特別支援学校）が1973（昭和48）年9月に設置された。

▷6　就学猶予・免除
病弱，発育不完全その他やむを得ない事由のため，就学困難と認められる者の保護者に対して保護者の就学義務を市町村教育委員会が猶予又は免除できる制度。（学校教育法第18条（現行））

▷7　その後も就学猶予・免除者は減少しており，2020（令和2）年度の病弱・発育不完全を理由とする就学猶予・免除者数は35人。文部科学省（2021）．特別支援教育資料

参考文献
　文部省（1978）．特殊教育百年史
　文部省（1999）．特殊教育120年の歩み

自立活動の成立と意義

① 障害による困難を改善・克服するための指導の変遷

　特別支援学校の教育課程は，小・中学校等で取り扱われる各教科や特別の教科である道徳等に「自立活動」を加えて編成されます。自立活動は，障害による種々の困難を児童生徒自らが改善・克服できるようにするために行う指導であり，特別支援学校の教育を特色づけるものといえます。

　障害による困難を改善・克服するための指導は，まず各教科の中で行われ，その指導の重要性が認識されて「養護・訓練」という固有の指導領域となり，その後「自立活動」に改められるという経緯をたどっています。

◯各教科における指導

　養護・訓練の領域が設けられる前は，各教科の中で障害の状態を改善・克服するための指導が行われました。たとえば，盲学校では歩行訓練を「体育」に，聾学校では言語指導を「国語」に位置づけていました。

　肢体不自由養護学校においては，「体育・機能訓練（中学部は保健体育・機能訓練）」という教科が設けられました。機能訓練では，必要な訓練により生活能力の改善を図ることなどが目標とされ，医師の指導に基づいて特別な技能を有する教員が「機能の訓練」「職能の訓練」「言語の訓練」を行いました。

◯養護・訓練の創設

　1970（昭和45）年10月にまとめられた教育課程審議会の答申では，①障害のある児童生徒の教育においては特別の訓練等の指導がきわめて重要である，②訓練等の指導は学校の教育活動全体を通して配慮する必要がある，③訓練等の指導は各教科等とは別に「養護・訓練」とし時間を特設して指導する必要がある，と提言されました。これを受けて，1971（昭和46）年の学習指導要領の改訂において新たに「養護・訓練」という領域が設定されることになりました。ここに，養護・訓練という指導領域が創設されるとともに，時間を特設して指導することや学校の教育活動全体を通じて指導を行うことなど今日にも通じる指導の在り方が明確にされました。

　養護・訓練の内容については，障害種別ごとに必要とされる内容に，心身の発達の諸側面を分類・整理するという観点を加えて検討が行われました。その結果，「健康状態の回復および改善に関すること」「肢体の基本動作の習得および改善に関すること」など12項目が抽出され，「心身の適応」「感覚機能の向

上」「運動機能の向上」「意思の伝達」の大きな区分の下に３項目ずつ置かれる形でまとめられました。

❷　自立活動への改訂

　その後の学習指導要領の改訂においては，内容の見直し[6]などが行われることはあったものの大きな変更はありませんでした。

　1999（平成11）年の学習指導要領の改訂に至り，名称，目標および内容について大幅な見直しが行われました。名称については「養護」も「訓練」も受け身的な意味合いが強いと受け止められることがあること，また，自立を目指した主体的な取組みを促す教育活動であることなどを一層明確にするため「自立活動」と改められました。目標についても同様の観点から見直されました。

　内容については，児童生徒の障害の重度・重複化，多様化に対応し，具体的な指導内容を設定する際の観点をより明確にするという理由で，大区分を「健康の保持」「心理的な安定」「環境の把握」「身体の動き」「コミュニケーション」にするとともに，項目を増加させ具体的にイメージしやすくなるよう改善されました。また，個別の指導計画を作成することが明示されました。

❸　自立活動の意義

　学習指導要領には自立活動の目標として，「個々の児童又は生徒が自立を目指し……心身の調和的発達の基盤を培う」と示されています。自立活動が目指す「調和的発達の基盤」とはどういうことでしょうか。

　特別支援学校を含めすべて学校は，子どもの調和的発達を目指して教育を行います。[7]幼稚園段階では遊びを通しての指導を中心として，小学校段階以降では各教科や特別の教科である道徳等の指導を通じて，知・徳・体のバランスのとれた発達，すなわち調和的発達を目指します。この点は障害のある子どもも変わりがありません。

　しかし，障害により学習上や生活上の困難が大きい子どもは，各教科等の指導を行うだけでは調和的発達を望むことができません。たとえば，障害のため読み，書きが難しければ各教科等の学習が進まないのは明らかです。そこで，保有している視力を活用して読む方法を身につけたり，機器を活用して書くことを補ったりすることが必要になります。このようなことを身につけることが各教科等で育む調和的発達を確かなものとします。つまり調和的発達の基盤となるのです。

　障害のある子どもが各教科等の指導で調和的発達を遂げていけるよう，その基盤を築くことに自立活動の意義があるといえます。[8]

（下山直人）

▷6　1989（平成元）年の学習指導要領改訂では，具体的な指導事項を設定する際の観点をより明確にするため，「身体の健康」「心理的適応」「環境の認知」「運動・動作」および「意思の伝達」の５つの大区分下に18の項目が示された。

▷7　特別支援学校小学部・中学部学習指導要領（2017）第１章第２節の１に「各学校においては……児童又は生徒の人間として調和のとれた育成を目指し……教育を行うものとする」の規定がある。この規定と同様のものが小学校，中学校，高等学校の各学習指導要領及び特別支援学校高等部学習指導要領にもある。

▷8　⇨ Ⅶ-1 , Ⅶ-2 参照。

TEA BREAK 3

大学における肢体不自由学生の支援の現状

日本学生支援機構の「障害のある学生の修学支援に関する実態調査」結果をもとに，全国の高等教育機関に在籍する障害学生数および高等教育機関から何らかの支援を受けている学生数を，図5に示しました。このように，大学においては，何らかの支援を必要とする肢体不自由学生の数が多く，肢体不自由学生への支援はつねに主要な課題となっています。

ここでは，独立行政法人日本学生支援機構のホームページを参考に，大学における肢体不自由学生への支援について紹介します。

1　支援のポイント

肢体不自由学生への支援は，視覚障害学生や聴覚障害学生への支援よりも学生一人ひとりの障害部位，原因疾患，そして障害程度によってその支援の内容および程度が大きく異なる特徴があります。

そこで，肢体不自由学生への支援にあたっては，①本人とその家族ができること（特に，寮生活でも公的介助を受けられるのか），②施設および設備の改善（改修箇所のピックアップと優先順位づけなど），③学習支援と生活支援を大学がどこまで提供するかの詳細な検討，④教職員と一般学生による支援体制作りの諸点について，本人と十分に話し合い，方向性を見出すことが求められます。

2　支援の内容

支援の内容は，施設および設備の改善，学習支援，生活支援といった3つの観点からまとめることができ

ます。

施設および設備の改善については，バリアフリーが求められます。エレベーター，駐車スペース，身体障害者用トイレ等の設置が課題としてよくあげられます。ドアは，自動ドアの設置が望ましいといわれています。肢体不自由学生の場合は，ドアの取っ手を握って回し引いて（押して）開けるドアは使いにくいため，引く押す両方で開閉可能なドアが望ましいといわれています。引き戸（横スライド）の場合でも，ドアの重さ等に配慮が必要な場合があります。取っ手もハンドルレバーまたは棒状がよいといわれています。段差等については，建物入口の仕切りや道路の舗装等のちょっとした凸凹には要注意です。排水溝にかぶせる網状の金具に，車いすの車輪がはまり込むケースもありますので，網の目の細かいものの使用が望ましいです。

学習支援については，講義室への配慮が求められます。肢体不自由，特に車いす利用の下肢障害の学生にとっては，移動しやすい一階の講義室やエレベーターのある建物での授業が便利です。また，講義室での座席配置，ノートテイクや代筆にも必要に応じて配慮する必要があります。カバン内の荷物の出し入れ，資料の整理，机・椅子の移動が必要な場合もあります。定期試験では，受験方法に困難が生じる場合，授業担当教員と相談して，障害の部位および程度により，試験時間の延長，試験答案のパソコン使用，録音テープ，代筆などによる提出といった配慮をすることもできます。履修上の配慮では，体育，外国語，情報科目といった必修科目においては，入学時にそれぞれの担当

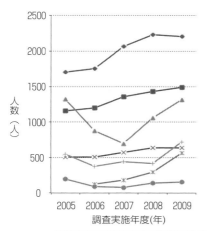
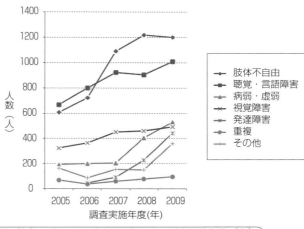

凡例（図の右側）：
- 肢体不自由
- 聴覚・言語障害
- 病弱・虚弱
- 視覚障害
- 発達障害
- 重複
- その他

（左グラフ）縦軸：人数（人）0〜2500　横軸：調査実施年度（年）2005〜2009

（右グラフ）縦軸：人数（人）0〜1400　横軸：調査実施年度(年) 2005〜2009

図5　高等教育機関に在籍する障害学生数（左）と何らかの支援を受けている障害学生数（右）

出所：独立行政法人日本学生支援機構

教員によるガイダンスと相談を行うことが効果的です。

　生活支援については，大学がどこまで関わるべきなのか論議が続けられています。一般に，大学は学習支援に責任をもちますので，通学や生活は学生本人の責任というのが全国の状況だと思われます。しかし，肢体不自由学生の修学は，生活支援がなければ学習そのものが成り立たない場合が多いため，徐々に生活支援を支援内容に入れようとする大学が増えている状況です。肢体不自由学生の中には，24時間介護が必要な学生がおり，クラス担任とクラスメイトが中心になってボランティア組織を作り，24時間の支援体制ができたケースもあります。大学がすべての支援をできなくても，本人のまわりで考える場が醸成されることは，肢体不自由学生の支援を広く考えていく力になり，支援以外に教育上の意味も大きいと思います。一般学生をはじめ，本人のまわりが大学の支援だけでは対応できない問題についてなんとかしようと努力することは，学生相互の自然な助け合いが生じやすいよう，相互援助力を活性化することにつながる側面から，大きな教

育的意義をもつと考えられます。このような努力が，障害の有無等にかかわらず，お互いの人格や個性を尊重し合ってともに支え合えるような社会，すなわち共生社会を実現する原動力だと思います。

3　共通理解の重要性

　肢体不自由学生への支援に最も大切なことは，本人と十分に話し合い，教職員および一般学生の共通理解を形成することです。そのため，入学前に話し合いの場をもつことが重要です。教育組織の責任で，本人や保護者と面接を行う際，関連する教職員が同席するのが望ましく，同じような障害学生が上級生にいる場合には，上級生の障害学生も同席することが有効です。大学内の相互理解，事務部の方々や施設部職員の前向きな姿勢は，支援に不可欠であり，財産であると考えます。　　　　　　　　　　　　　　　　（任　龍在）

参考文献
　独立行政法人日本学生支援機構ホームページ
http://www.jasso.go.jp/

特別支援教育の理念と制度

 特別支援教育の理念

◯特別支援教育の理念

特別支援教育の理念については，2007（平成19）年４月１日「特別支援教育の推進について（通知）」の最初に明瞭に述べられています。その内容を引用してみます。「特別支援教育は，障害のある幼児児童生徒の自立や社会参加に向けた主体的な取組を支援するという視点に立ち，幼児児童生徒一人一人の教育的ニーズを把握し，その持てる力を高め，生活や学習上の困難を改善又は克服するため，適切な指導及び必要な支援を行うものである。」この内容のポイントをまとめてみると，特別支援教育とは障害のある幼児児童生徒一人ひとりの教育的ニーズに対応することであるといえます。

◯特別支援教育の理念等に関する審議の経過

ここで，特別支援教育ということばとその理念について理解を深めるために，特殊教育から特別支援教育への転換について審議したいくつかの会議を概観してみます。

2001（平成13）年１月の「21世紀の特殊教育の在り方について――一人一人のニーズに応じた特別な支援の在り方について（最終報告）」では特殊教育を取り巻く動向をふまえ21世紀の特殊教育の在り方について幅広く検討を行い，「学校教育法に規定されている「特殊教育」や「特殊学級」等の名称や文言について見直すべきであるとの意見があるが，今後上記の検討と併せて，例えば「特別支援教育」等「特殊教育」に代わるべき適切な名称について，特殊教育関係団体や広く一般の意見を聞きながら検討することが望まれる。（後略）」と述べています。特殊教育から特別支援教育への転換についてまとめた2003（平成15）年３月の「今後の特別支援教育の在り方について（最終報告）」では「特別支援教育とは，従来の特殊教育の対象の障害だけでなく，LD，ADHD，高機能自閉症を含めて障害のある児童生徒の自立や社会参加に向けて，その一人一人の教育的ニーズを把握して，その持てる力を高め，生活や学習上の困難を改善又は克服するために，適切な教育や指導を通じて必要な支援を行うものである。」と述べています。この最終報告を受けて，2005（平成17）年12月８日の中央教育審議会「特別支援教育を推進するための制度の在り方について（答申）」では「これまでの「特殊教育」では，障害の種類や程度に応じて盲・

▷１　文部科学省初等中等教育局長通知（2007）．「特別支援教育の推進について（通知）」（19文科初第125号，平成19年４月１日）

▷２　21世紀の特殊教育の在り方に関する調査研究協力者会議（2001）．「21世紀の特殊教育の在り方について――一人一人のニーズに応じた特別な支援の在り方について（最終報告）」（平成13年１月）

▷３　特別支援教育の在り方に関する調査研究協力者会議（2003）．「今後の特別支援教育の在り方について（最終報告）」（平成15年３月28日）

聾・養護学校や特殊学級といった特別な場で指導を行うことにより，手厚くきめ細かい教育を行うことに重点が置かれてきた。「特別支援教育」とは，障害のある幼児児童生徒の自立や社会参加に向けた主体的な取組を支援するという視点に立ち，幼児児童生徒一人一人の教育的ニーズを把握し，その持てる力を高め，生活や学習上の困難を改善又は克服するため，適切な指導及び必要な支援を行うものである。[4]」と述べています。

このような審議経過を受けて，学校教育法（平成19年4月1日施行）が改正され，特殊教育から特別支援教育へ制度的または理念的な転換が行われました。

❷　制　度

学校教育法（平成19年4月1日施行）では特別支援学校・学級等制度として，①特別支援学校，②特別支援学級，③通級による指導，④通常の学級における特別支援教育の実施の明確化，⑤通常の学校の特別支援教育を支援する特別支援学校のセンター的機能，を定めています。

○特別支援学校

特別支援学校は，視覚障害者，聴覚障害者，知的障害者，肢体不自由者または病弱者（身体虚弱者を含む）のための学校です。特別支援学校には2つの目的があり，その1つは幼稚園，小学校，中学校または高等学校に準ずる教育を施すことであり，もう1つの目的は，障害による学習上または生活上の困難を克服し自立を図るために必要な知識技能を授けることです。[5]

○特別支援学級

小学校，中学校，高等学校および中等教育学校には，知的障害，肢体不自由，身体虚弱，弱視，難聴，その他障害があり特別支援学級において教育を行うことが適当な児童生徒のために，特別支援学級を置くことができます。[6]

○通級による指導

通級による指導とは，小・中学校等の通常の学級に在籍する比較的軽度の障害のある児童生徒が大半の授業を通常の学級で受けながら，その障害による困難の克服のための特別の指導を特別の指導の場（通級指導教室）において受けることです。言語障害，自閉症，情緒障害，弱視，難聴，学習障害，注意欠陥多動性障害，その他の障害が対象となっています。[7]

○通常の学級における特別支援教育の実施の明確化

幼稚園，小学校，中学校，高等学校および中等教育学校では障害のある幼児児童生徒等に対し，文部科学大臣の定めるところにより，障害による学習上または生活上の困難を克服するための教育を行うこととなっています。[8]

○通常の学校の特別支援教育を支援する特別支援学校のセンター的機能

特別支援学校は特別支援教育のセンターとして，地域の通常の学校に対して必要な助言または援助を行うよう努めることとなっています。　　　（木舩憲幸）

> 4　中央教育審議会（2005）．「特別支援教育を推進するための制度の在り方について（答申）」（平成17年12月8日）

> 5　学校教育法第72条

> 6　学校教育法第81条

> 7　学校教育法施行規則第140条

> 8　学校教育法第81条

> 9　学校教育法第74条

2 特別支援学校（肢体不自由）の現状と課題

1 特別支援学校（肢体不自由）とは

○特別支援学校（肢体不自由）の目的

　学校教育法第72条では特別支援学校の目的について，「特別支援学校は，視覚障害者，聴覚障害者，知的障害者，肢体不自由者又は病弱者（身体虚弱者を含む。以下同じ）に対して，幼稚園，小学校，中学校又は高等学校に準ずる教育を施すとともに，障害による学習上又は生活上の困難を克服し自立を図るために必要な知識技能を授けることを目的とする。」と述べています。

　ここには2つの目的があげられています。第一は「準ずる教育」です。準ずる教育とは，たとえば特別支援学校の小学部では，小学校の各教科，道徳，特別活動，総合的な学習の時間と外国語活動について基本的には小学校学習指導要領に基づいて行う教育を意味しています。

　第二は「障害による学習上又は生活上の困難を克服し自立を図るために必要な知識技能を授けること」です。たとえば，肢体不自由という障害では，文字や文を書き写す際に手の動きに困難があることから時間が多くかかったり，あるいは書き写しが困難なこともあります。また，体育では走ったり跳ぶという運動が困難なこともあります。このような困難を克服して自立を図るための教育を意味しています。

　なお，第二の目的は特別支援学校では自立活動という指導領域で対応します。

○特別支援学校（肢体不自由）の教育課程の編成

　小学部・中学部・高等部によってやや違いはありますが，各教科，道徳，特別活動，総合的な学習の時間等の通常の学校の教育課程の内容に加えて，自立活動で編成されます。

○特別支援学校（肢体不自由）の教育領域の指定

　学校教育法第73条では特別支援学校の教育領域について，「特別支援学校においては，文部科学大臣の定めるところにより，前条に規定する者に対する教育のうち当該学校が行うものを明らかにするものとする。」と定めています。この条文によれば，1つの特別支援学校が1つまたは複数の教育領域を指定できます。たとえば，A特別支援学校では肢体不自由という1つの障害の教育領域を指定しており，B特別支援学校では肢体不自由と病弱の2つの障害に関する教育領域を指定しているということがあります。全国的には，3つ，4つ，

▷1　学校教育法第72条

▷2　学校教育法施行規則第126条（小学部）・第127条（中学部）・第128条（高等部）

▷3　学校教育法第73条

表Ⅳ-2-1　1つの障害種を対象とする特別支援学校（肢体不自由）における重複障害学級児童生徒数および在籍率（国・公・私立合計）

	小学部中学部	高等部	合　計
重複障害学級児童生徒数(人)	5,800	2,152	7,952
重複障害学級の在籍率（%）	87.5	79.7	85.3

出所：特別支援教育資料（令和2年度）より抜粋してまとめた

5つの障害に関する教育領域を指定している特別支援学校もあります。なお，5つの障害，つまり，視覚障害・聴覚障害・知的障害・肢体不自由・病弱のすべてを対象としている特別支援学校は，特別支援教育資料（令和2年度）によれば18校あります。[4]

> 4　文部科学省（2021）．特別支援教育資料（令和2年度）

2　特別支援学校（肢体不自由）の現状と課題

○特別支援学校（肢体不自由）の設置状況

特別支援教育資料（令和2年度）によれば，肢体不自由教育領域だけを指定している特別支援学校数は117校であり，肢体不自由と他の障害の複数の教育領域を指定している特別支援学校数は200校です。[5] なお，視覚障害教育領域だけを指定している特別支援学校数は62校，聴覚障害教育領域だけを指定している特別支援学校数は200校，知的障害教育領域だけを指定している特別支援学校数は562校，病弱教育領域だけを指定している特別支援学校数は58校です。[6] これらの校数から肢体不自由教育領域だけを指定している特別支援学校が多いか少ないかという判断は困難です。

> 5　同上

> 6　同上

○特別支援学校（肢体不自由）における障害の重複化

特別支援学校の小学部・中学部・高等部合計の重複障害学級在籍率は，特別支援学校（視覚障害）では28.6%，特別支援学校（聴覚障害）では22.9%，特別支援学校（知的障害）では16.0%，特別支援学校（病弱）では38.2%となっています。[7] 表Ⅳ-2-1からわかるとおり，特別支援学校（肢体不自由）の重複障害学級在籍率は85.3%であり，他の障害に対応する特別支援学校と比較してきわめて高いことがわかります。このことから特別支援学校（肢体不自由）における障害の重複化への対応が非常に重要な課題であることがわかります。

> 7　同上

○特別支援学校（肢体不自由）における重複障害等に対応した教育課程の必要性

特別支援学校学習指導要領によれば，重複障害に対応した複数の教育課程として，障害の状態により特に必要がある場合の教育課程，肢体不自由に知的障害を併せ有する場合には特別支援学校（知的障害）の各教科の代替による教育課程，自立活動を主とした教育課程，障害のため通学して教育を受けることが困難な場合には訪問教育の教育課程を編成することができます。　（木舩憲幸）

3 特別支援学級（肢体不自由）の現状と課題

1 特別支援学級とは

○特別支援学級とその対象

学校教育法第81条第2項では，「小学校，中学校，高等学校及び中等教育学校には，次の各号のいずれかに該当する児童及び生徒のために，特別支援学級を置くことができる。」とし，その対象を知的障害，肢体不自由，身体虚弱，弱視，難聴，その他障害のある者で，特別支援学級において教育を行うことが適当なものと定めています。

○特別支援学級の教育課程

▷1　学校教育法第81条

学校教育法施行規則によれば，特別支援学級では特に必要がある場合には，一人ひとりの障害の状態に合わせて特別の教育課程を編成することができます。

小学校学習指導要領（平成29年3月）の「第1章総則，第4児童の発達の支援，2特別な配慮を必要とする児童への指導」では，特別支援学級において実施する特別の教育課程の編成について以下の(ア)(イ)のように述べられています。

▷2　学校教育法施行規則第138条

(ア)障害による学習上又は生活上の困難を克服し自立を図るため，特別支援学校小学部・中学部学習指導要領第7章に示す自立活動を取り入れること。

(イ)児童の障害の程度や学級の実態等を考慮の上，各教科の目標や内容を下学年の教科の目標や内容に替えたり，各教科を，知的障害者である児童に対する教育を行う特別支援学校の各教科に替えたりするなどして，実態に応じた教育課程を編成すること。

2 特別支援学級（肢体不自由）の現状と課題

○特別支援学級（全障害種）と特別支援学級（肢体不自由）の比較

特別支援教育資料（令和2年度）に基づいて，特別支援学級（全障害種）と特別支援学級（肢体不自由）の学級数及び在籍者数を表Ⅳ-3-1に示しました。小学校，中学校ともに，特別支援学級（肢体不自由）の学級数は特別支援学級（全障害種）のほぼ4％台であり，特別支援学級（肢体不自由）の在籍者数は特別支援学級（全障害種）のほぼ1％台であることがわかります。

○特別支援学級（全障害種及び肢体不自由）に在籍する児童生徒の障害の重度化の現状

小学校と中学校について，特別支援学級（全障害種）と特別支援学級（肢体不

表IV-3-1　特別支援学級（全障害種）と特別支援学級（肢体不自由）の学級数及び在籍者数

	小学校		中学校		合計	
	学級数	在籍者数	学級数	在籍者数	学級数	在籍者数
特別支援学級（全障害種）A	48,848	216,708	20,630	83,802	69,478	300,510
特別支援学級（肢体不自由）B	2,339 (4.9%)	3,505 (1.6%)	836 (4.1%)	1,150 (1.4%)	3,175 (4.6%)	4,655 (1.5%)

注：（　）内の％は，B÷A×100
出所：文部科学省（2021）．特別支援教育資料（令和2年度）より作成

表IV-3-2　特別支援学級（肢体不自由）の障害の重度化

	小学校 特別支援学級		中学校 特別支援学級		合　計	
	全障害種	肢体不自由	全障害種	肢体不自由	全障害種	肢体不自由
第22条の3に該当する児童・生徒数（A）	15,858名	957名	4,914名	265名	20,772名	1,222名
特別支援学級在籍の全児童・生徒数（B）	199,504名	3,552名	77,112名	1,119名	276,676名	4,671名
A/B×100（%）	7.9	26.9	6.4	23.7	7.5	26.2

注：文部科学省（2020）令和元年度特別支援教育に関する調査結果について及び特別支援教育資料（令和元年度）に基づいてまとめた

自由）のそれぞれに在籍する全児童・生徒数と学校教育法施行令第22条の3に▷3
該当する中度から重度の児童・生徒数を表IV-3-2にまとめました。

　小学校の特別支援学級（全障害種）の学校教育法施行令第22条の3に該当する児童の割合は7.9％であり，中学校の生徒の割合は6.4％となっています。このことから特別支援学級（全障害種）に在籍する児童生徒の約7％が中度から重度の障害であることがわかります。

○特別支援学級（肢体不自由）の今後の課題

　特別支援学級（肢体不自由）に在籍する学校教育法施行令第22条の3に該当する中度から重度の児童生徒の割合は特別支援学級（全障害種）の約3倍強の割合であり▷4（表IV-3-2），このことから特別支援学級（肢体不自由）に在籍する児童生徒の障害が重い傾向にあることがうかがえます。特別支援学級（肢体不自由）教育課程の編成や教育内容・方法の配慮等について中・重度の肢体不自由に対応していくことが喫緊の課題といえます。

○特別支援学級（肢体不自由）を支える校内体制の構築

　特別支援学級（肢体不自由）における対応だけでは限界があるといえます。したがって，学校全体で取り組む校内支援体制の構築が必要であるといえます。

○通常の学級における肢体不自由教育の今後の課題

　参考までに，通常の学級に在籍する肢体不自由児童生徒の中で学校教育法施行令第22条の3に該当する児童生徒は小学校276名，中学校145名であり，中度から重度の肢体不自由の児童生徒が通常の学級に多く在籍している現状があります。

　通常の学級における肢体不自由の重複化の実態をふまえた教育内容・方法等の配慮が喫緊の課題といえます。
　　　　　　　　　　　　　　　　　　　　　　　　　　　　　　（木舩憲幸）

▷3　学校教育法施行令第22条の3
「法第75条の政令で定める視覚障害者，聴覚障害者，知的障害者，肢体不自由者又は病弱者の障害の程度は，次の表に掲げるとおりとする。」
以下，表より「肢体不自由者」についてのみ示した。
「一　肢体不自由の状態が補装具の使用によつても歩行，筆記等日常生活における基本的な動作が不可能又は困難な程度のもの
二　肢体不自由の状態が前号に掲げる程度に達しないもののうち，常時の医学的観察指導を必要とする程度のもの」

▷4　文部科学省（2020）令和元年度特別支援教育に関する調査結果について

通級による指導の現状と役割

① 通級による指導

○通級による指導とは

　通級による指導は，通常の学級に在籍する障害のある児童生徒を対象として，障害の状態に応じた特別の指導を特別の指導の場で行うことです。障害の状態に応じた特別の指導とは，障害による学習上又は生活上の困難を主体的に改善・克服し，自立し社会参加する資質を養うことをねらいとする指導であり，特別支援学校学習指導要領に定められている自立活動の指導にあたります。

　また，通級による指導では，この障害に応じた特別の指導（自立活動の指導）を中心として，特に必要のあるときには各教科の補充指導を含めることができます。通級による指導を行う特別の指導の場を通級指導教室と呼んでいます。通級による指導を受ける児童生徒はほとんどの授業を通常の学級で受け，必要に応じて通級指導教室で指導を受けます。

○通級による指導の対象

　通級による指導の対象は，通級による指導が開始された1993（平成５）年度には言語障害，情緒障害（自閉症を含む），弱視，難聴，肢体不自由，病弱及び身体虚弱でした。2006（平成18）年度からは，自閉症が情緒障害から独立し，また学習障害，注意欠陥多動性障害が加えられました。

○通級による指導の教育課程

　通級による指導においては，特別の教育課程によることができます。この特別の教育課程については，特別支援学校小学部・中学部学習指導要領を参考として実施することができます。

○自校通級と他校通級

　特別支援教育資料（平成29年度）によれば，小学校と中学校における通級指導教室の設置数は，小学校4,399校，中学校809校，合計で5,208校となっています。なお，特別支援学校においては75校に通級指導教室が設置されており，小学校・中学校と特別支援学校合計での設置数は5,283校となっています。

　平成29年度学校基本調査によれば，小学校数は20,095校，中学校数は10,325校，合計で30,420校となっています。したがって，通級指導教室の設置率は小学校で約21.9%，中学校で約7.8%，合計で約17.4%となっています。このことは通級指導教室の設置されていない小学校と中学校が多くあるということ，

▷１　学校教育法施行規則第140条

▷２　特別支援学校学習指導要領第７章「自立活動」

▷３　文部科学省（1993）．「通級による指導の対象とすることが適当な児童生徒について（通達）」（文初特第278号，平成５年１月28日）

▷４　文部科学省（2006）．「学校教育法施行規則の一部改正等について（通知）」（17文科初第1177号，平成18年３月31日）

▷５　文部科学省（1999）．「学校教育法施行規則の一部を改正する省令等の制定並びに高等学校，盲学校，聾学校，養護学校及び中等教育学校の教育課程の基準の改訂について（通知）」（文初高第457号，平成11年３月29日）

▷６　文部科学省（2018）．特別支援教育資料（平成29年度）

▷７　同上

▷８　文部科学省（2018）．平成29年度学校基本調査

そして通級による指導の対象となる児童生徒の在籍する小学校・中学校に通級指導教室がない場合には他の小学校・中学校に設置されている通級指導教室に通う場合も多くあるということを示しています。

◯他校通級

学校教育法施行規則第141条では，「（前略）他の小学校，中学校，中等教育学校の前期課程又は特別支援学校の小学部若しくは中学部において受けた授業を，当該小学校若しくは中学校又は中等教育学校の前期課程において受けた当該特別の教育課程に係る授業とみなすことができる。」と規定しています。このような場合を，他校通級と呼ぶことがあります。

▶9　学校教育法施行規則第141条

❷　通級による指導（肢体不自由）の現状と課題

◯通級による指導（肢体不自由）の現状

「令和元年度通級による指導実施状況調査結果について」によれば，通級による指導を受けている肢体不自由児童生徒数は，小学校82名，中学校38名，合計120名です。なお，通級による指導は通常の学級に在籍している障害のある児童生徒を対象としています。したがって，通級による指導（肢体不自由）を受けている児童生徒数が多いのか少ないのかを考える際には，通常の学級に在籍している肢体不自由児童生徒数を基にして考える必要があります。

通常の学級に在籍している学校教育法施行令第22条の3に該当する肢体不自由児は，2020（令和元）年5月1日現在で小学校で276名，中学校で145名です。学校教育法施行令第22条の3で規定する障害の程度は中度から重度に相当することから，軽度の肢体不自由のある児童生徒数はもっと多いことが予想できます。

▶10　文部科学省（2020）．「令和元年度特別支援教育に関する調査結果について」

◯通級による指導（肢体不自由）の今後の課題

上記のことから，通常の学級に在籍している肢体不自由児童生徒のなかで通級による指導を受けている肢体不自由児童生徒の数は少ないと考えることができます。

通常の学級に在籍している軽度・中度・重度のすべての肢体不自由児童生徒数と通級による指導のニーズについて早急に把握して，肢体不自由の通級による指導の充実をはかっていく必要があります。

◯通級による指導と特別支援教育のセンター的機能への期待

特別支援学級と通級による指導は，肢体不自由特別支援学校の設置校数が少ない現状の中で，通常の学級の担任教員と在籍する肢体不自由児童生徒の学習生活支援についてのセンター的機能を日常的に果たす場としての意義もあります。

（木舩憲幸）

小中学校等における肢体不自由児の教育的ニーズ

❶ 小中学校等における肢体不自由教育の現状

　特別支援教育資料（令和2年度）によれば，肢体不自由特別支援学級は，小学校において2,339学級・児童数3,505名，中学校において836学級・生徒数1,150名，合計3,175学級・児童生徒数4,655名となっています。今後さらなる肢体不自由特別支援学級の設置の促進が求められます。

　次に通級による指導を受けている肢体不自由の児童生徒数は，小学校82名，中学校38名，合計120名であり，その数の少ないことが注目されます。[▷1]

　[Ⅳ-4]で紹介したように，通常の学級に在籍している学校教育法施行令第22条の3に該当する肢体不自由児童生徒は，2020（令和2）年5月1日現在で小学校で276名，中学校で145名となっています。[▷2] 通常の学級に在籍している肢体不自由児童生徒の通級による指導のニーズについて早急に把握して，肢体不自由の通級による指導の充実をはかっていく必要があります。

❷ 小中学校等の教育課程の編成と肢体不自由児の教育的ニーズ

　小中学校等には通常の学級，特別支援学級，通級による指導があり，それぞれの教育課程があります。

○通常の学級の教育課程

　各教科・道徳・外国語活動・総合的な学習の時間・特別活動等で編成されます。[▷3]

○特別支援学級の教育課程

　基本的には小学校・中学校の学習指導要領に沿って教育が行われますが，児童生徒の障害の状態等から特に必要がある場合には，実態に応じて特別支援学校学習指導要領を参考とした特別の教育課程によることができます。[▷4][▷5]

○通級による指導の教育課程

　障害の状態に応じた特別の指導，いわゆる自立活動の指導を特別支援学校学習指導要領を参考として行うとともに，必要に応じて教科指導の補充を行う特別の教育課程によることができます。[▷6]

　このように小中学校等においては，各教科・道徳・外国語活動・総合的な学習の時間・特別活動・その他学校の教育活動全体を広く視野に入れて一人ひとりの教育的ニーズに対応していく必要があります。

▷1　文部科学省（2021）.特別支援教育資料（令和2年度）

▷2　文部科学省（2020）.令和元年度特別支援教育に関する調査結果について

▷3　学校教育法施行規則第38条（幼稚園）・第50条（小学校）・第72条（中学校）・第83条（高等学校）

▷4　学校教育法施行規則第138条

▷5　文部事務次官(1999).「学校教育法施行規則の一部を改正する省令等の制定並びに高等学校，盲学校，聾学校，養護学校及び中等教育学校の教育課程の基準の改訂について（通知）」（文初高第457号，平成11年3月29日）

▷6　学校教育法施行規則第140条

③ 小中学校等における肢体不自由児の教育的ニーズの実際

　小中学校等における肢体不自由児の教育的ニーズについて，教育内容・方法，支援体制，施設・設備という合理的配慮の3つの観点に基づいて考えてみます。

◯教育内容・方法の工夫

　教育内容については一人ひとりに合わせた内容の精選が求められます。また，教育方法については，各教科等で学習活動別に考える必要があります。国語，算数，理科，社会等の教科学習では，机上学習のための座位姿勢の保持への配慮，書字や計算が困難な場合には上肢の機能に応じた教材や機器の提供，書いたり計算したりする時間と量の調整等，体育では，歩く・走る・跳ぶ等の全身の粗大運動についての活動内容の精選や膝や肘等へのサポーターの使用による身体の保護等のニーズについての配慮等，また音楽，美術では演奏や制作等における手の微細運動や姿勢保持等に関する配慮等が必要です。

◯支援体制の整備

　教育的ニーズを把握し支援の内容・方法を検討するために，学校医等の学外関係者を含めたサポートチーム等を編成すること，また必要に応じて特別支援学校のセンター的機能を活用して支援を受けること，さらには外部専門家として理学療法士，作業療法士，言語聴覚士等の指導助言を活用すること，医療的ケアが必要な場合には医師や看護師等との連携も必要です。

　災害時や緊急時に備えて，移動の困難さをふまえた避難の方法や体制および避難後に必要となる支援体制の整備も求められます。

◯施設・設備の整備

　車いすや杖歩行等での学校生活に対応できるように，校内全体のバリアフリー化が必要です。具体例としては，教室配置の工夫，段差の解消，廊下の障害物除去，スロープ・手すり・自動ドア・エレベーターの設置，姿勢の変換と休憩のためのスペースの確保等の多様な整備があげられます。

　また，適切な移動方法の工夫と実際の移動の支援，下肢の不自由による転倒のしやすさへの配慮，車いす使用の場合には長距離移動時の介助者の確保について配慮する必要があります。食事については摂食・嚥下しやすい食事内容の工夫や使いやすい食器，トイレについては車いす等で使用できる広いスペースと上下式レバーの水栓等の使いやすい手洗い等を備えた洋式トイレの整備があげられます。

　災害時・緊急時に備えて，移動の困難さを考慮した避難経路の確保と必要な施設・設備の整備，災害等発生後の必要な物品の準備が必要です。

（木舩憲幸）

▷7　中央教育審議会初等中等教育分科会（2012），「共生社会の形成に向けたインクルーシブ教育システム構築のための特別支援教育の推進について（報告）」（平成24年7月23日）では，合理的配慮について次のように述べている。

『「障害のある子どもが，他の子どもと平等に「教育を受ける権利」を享有・行使することを確保するために，学校の設置者及び学校が必要かつ適当な変更・調整を行うことであり，障害のある子どもに対し，その状況に応じて，学校教育を受ける場合に個別に必要とされるもの」であり，「学校の設置者及び学校に対して，体制面，財政面において，均衡を失した又は過度の負担を課さないもの」』

6 特別支援教育に関わる法令

 日本国憲法と教育基本法

　1946（昭和21）年11月3日，日本国憲法は公布され，翌年5月3日に施行されました。日本国憲法では，国民の基本的人権の一つとして，国民の教育を受ける権利（社会権）を明示するとともに，義務教育の根拠を次のように示しました。「すべて国民は，法律の定めるところにより，その能力に応じて，ひとしく教育を受ける権利を有する。○2すべて国民は，法律の定めるところにより，その保護する子女に普通教育を受けさせる義務を負ふ。義務教育は，これを無償とする」（第26条）。

　日本国憲法の精神をふまえ，教育に関する基本的な理念と原則を示したのが教育基本法です。教育基本法は，1947（昭和22）年3月31日に公布されました。第3条では「すべて国民は，ひとしく，その能力に応ずる教育を受ける機会を与えられなければならないものであつて，人種，信条，性別，社会的身分，経済的地位又は門地によつて，教育上差別されない」として教育の機会均等に関する原則を示しました。第4条では，「国民は，その保護する子女に，9年の普通教育を受けさせる義務を負う」として義務教育を規定しました。

　日本国憲法および教育基本法において示された教育の理念と原則，また義務教育に係る規定は，原則として障害がある子どもの教育においても適用されるのです。

　なお，教育基本法は，2006（平成18）年12月22日に全面的に改正されました。第4条の第2項では「国及び地方公共団体は，障害のある者が，その障害の状態に応じ，十分な教育を受けられるよう，教育上必要な支援を講じなければならない」として，障害者に対する教育の機会均等について新たな規定が盛り込まれました。

 特別支援教育に関わる法令

○法令とは

　法令とは，一般的に国会が制定する法規範である「法律」と，行政機関が制定する法規範である「命令」を合わせたものです。法令には，法律＞命令（政令＞府省令）の優劣関係があり，下位の法令は上位の法令に反する効力を有しないとされます。ちなみに，日本国憲法は，国家の基本秩序を定める根本規範

であり，法令の最上位に位置づけられます。

◯特別支援教育に関わる法律と命令

法律は，国会の議決により成立する成文法の一形式であり，成立後は主任の国務大臣が署名し，内閣総理大臣が連署して，天皇が公布します。特別支援教育に関わる代表的な法律をあげると，学校教育の目的・目標を示した「学校教育法」，小学校や特別支援学校教諭免許状を規定した「教育職員免許法」，教育公務員の任免，服務および研修等を規定した「教育公務員特例法」，特別支援学校における学級定員を示した「公立義務教育諸学校の学級編制及び教職員定数の標準に関する法律」，保護者が負担する教育関係経費の補助を規定した「特別支援学校への就学奨励に関する法律」などがあります。

命令は，行政機関が制定する成文法の総称で，法律の範囲内で定められ，「政令」，「府省令」，「その他の命令」の3種類があります。政令は，内閣が制定する成文法で，法律の実施に必要な規則や法律が委任する事項を定めます。これは，日本国憲法第73条6号に基づきます。閣議により決定され，主任の国務大臣が署名し，内閣総理大臣が連署して，天皇が公布します。就学基準を規定した「学校教育法施行令」などがあります。府省令は，内閣総理大臣が発する成文法である内閣府令と，各省大臣が発する成文法である省令の総称です。ここでは省令について言及すると，各省大臣が発する成文法となります。その根拠は，国家行政組織法第12条1項に「各省大臣は，主任の行政事務について，法律若しくは政令を施行するため，又は法律若しくは政令の特別の委任に基づいて，それぞれその機関の命令として省令を発することができる」と定められています。省令には特別支援学校各学部の教育課程の編成について規定した「学校教育法施行規則」などがあります。

◯学習指導要領の位置づけ

法令ではないものの，特別支援教育においては，とりわけ特別支援学校幼稚部教育要領，同小・中学部学習指導要領，同高等部学習指導要領がきわめて重要となります。その理由は，特別支援学校学習指導要領等の総則に特別支援学校の目標が明示されているからです。

一般的には，学校教育の目的と目標は，学校教育法中に規定されています。小学校の目的は第29条，目標は第30条1項に，中学校の目的は第45条，目標は第46条にそれぞれ示されています。これに対して，特別支援学校では目的こそ同法第72条に示されていますが，目標は同法にはなく，学習指導要領等の総則に示されているのです。学校教育法施行規則第129条では，特別支援学校学習指導要領等を教育課程の基準としています。この規定から，基本的には学習指導要領等は法的拘束力を有するとみなされるのです。

（安藤隆男）

個別の教育支援計画に基づく連携

 個別の教育支援計画

　肢体不自由をはじめ障害のある人が関わる関係機関が連携して，障害のある人一人ひとりのニーズに応じた支援が充実できるように計画を立てています。この計画のことを「個別の支援計画」といいます。個別の支援計画は，障害のある人が生まれてから亡くなるまでの一生涯を通じて支援していく計画です。この中で，学齢期に教育機関が中心となって，福祉・医療・労働などの関係機関に働きかけながら，現在から学齢期以降の将来を見据えた長期にわたる教育的な支援を計画することを，「個別の教育支援計画」といいます。

　学校教育では，各教科や道徳，特別活動，自立活動など日々の授業をはじめ学校教育全般の活動において，障害のある幼児児童生徒一人ひとりの状態に応じたきめ細やかな指導が行えるよう，指導目標や指導内容，指導方法などを計画する「個別の指導計画」があります。さらに，在学中から卒業後の就労や地域で生活する上での支援体制などを計画した「個別の移行支援計画」も作成しています。これらはそれぞれ関連し合いながら作成されています（図Ⅳ-7-1参照）。

　実際に「個別の教育支援計画」を記載するにあたっては，いくつかの大切な要素があります。まず，学校教育が主体的になり，障害のある幼児児童生徒が学校生活をはじめ日常生活全般において困難とされる部分を改善しようとする際に，教育や福祉，医療，労働などの分野から想定される要望を書き出していきます。この要望をもとに，保護者や支援に携わる関係機関が相談し，子どもの様子をふまえながら支援目標を設定していきます。設定された支援目標に向かって教育や福祉，医療，労働などの各関係機関がお互いの役割を確認しながら取り組む具体的な支援内容を明記していきます。さらに，各関係機関の支援内容を実際に実施する者も記載するとさらによいでしょう。

　最後に，これらの支援計画の実施状況を確認し，必要に応じて修正していく作業，いわゆる「P-D-C-A サイクル」が実施できる体制を整えていくことも必要です。これによって，より子どもの様子に応じた支援の質の向上につながることでしょう。

▶1　文部科学省（2009）http://www.mext.go.jp/b_menu/shingi/chousa/shotou/054/shiryo/__icsFiles/afieldfile/2009/06/04/1247282_1.pdf

▶2　P-D-C-A サイクル　P は Plan で目標設定，D は Do で目標に向かって実践，C は Check で実践の中で子どもの様子を把握しながら設定目標の的確性を確認，A は Action で必要に応じて修正を行い再実践，を表し，この一連の流れをくり返すこと。

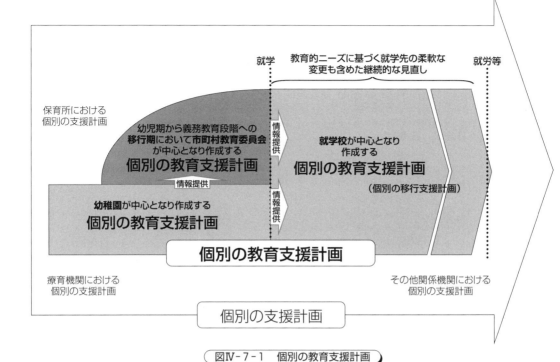

就学　　　教育的ニーズに基づく就学先の柔軟な　　就労等
　　　　　変更も含めた継続的な見直し

保育所における
個別の支援計画

幼児期から義務教育段階への
移行期において**市町村教育委員会**
が中心となり作成する
個別の教育支援計画

情報提供

就学校が中心となり
作成する
個別の教育支援計画
（個別の移行支援計画）

情報提供

情報提供

幼稚園が中心となり作成する
個別の教育支援計画

個別の教育支援計画

療育機関における
個別の支援計画

その他関係機関における
個別の支援計画

個別の支援計画

図Ⅳ-7-1　個別の教育支援計画

出所：文部科学省（2009）

② 関係者との連携

　「個別の教育支援計画」は，学校教育で作成されている「個別の指導計画」や「個別の移行支援計画」をもとに，障害のある幼児児童生徒が福祉・医療・労働などの関係機関を利用する上で円滑になるよう，「つなぐ」視点を大切にし作成しています。

　障害のある幼児児童生徒一人ひとりに応じて学校教育や他の関係機関が行ってきた環境整備や配慮点などをもとに共通した関わり方をめざしていくことが特徴だと考えます。特に，肢体不自由のある幼児児童生徒にとっては，言語性機能や運動性機能との間に発達のアンバランスが予想されるため，「**療育**」[3]という視点が必要となります。

　このように，「療育」という観点からも，保護者をはじめ，福祉・医療・労働などの関係機関との連携体制が肢体不自由のある幼児児童生徒にとって主体的にさらなる豊かな生活を送るための支援体制として大切といえるのではないでしょうか。その際は，個人情報保護に十分留意して連携先との「つなぐ」視点の意図を明確にし，引き継ぎ内容等についても保護者の理解を得たうえで進めていくことが大事である。

（里見達也）

▶3　療育
「医療」と「教育」，「職能技能（就労に向けたリハビリ）」との連携体制により，肢体不自由のある人たちが豊かな生活を送れるような支援をすること。

参考文献

　七木田敦（編著）（2008）．キーワードで学ぶ障害児保育入門　保育出版社

TEA BREAK 4

肢体不自由児の学習上の困難に対する通常学級教師の気づきと支援

肢体不自由というのは，複雑多岐にわたっているものを包括した名称ですが，教育の立場から考えますと，肢体不自由児とは，運動障害があるために教育上特別な配慮を必要とする児童生徒であるといえます。

その教育ですが，本質的には障害のない子どもと何ら変わるものはなく，教育目標も，小・中学校の教育目標と根本的に違いません。しかし，肢体不自由に伴って生じる学習上・生活上の困難を改善・克服するために，一人ひとりの状態に即したきめの細かい指導が必要になってきます。このことを十分ふまえて，小・中学校の教育の目標と肢体不自由教育の目標の両面を有機的に統合した次のような教育が行われます。

1 肢体不自由がもたらす困難と配慮

①上肢の障害によって授業に及ぼす影響と工夫

○不随意運動によって，微細な運動ができないために，鉛筆を用いた筆記ができない場合もあります。

☆このような子どもたちの場合，頭の位置によって不随意運動が出やすくなるので，頭の位置固定や肩，利き手ではないほうの腕を固定するような工夫をする必要があります。また，書くことだけをめあてにするのではなく，補助・代替コミュニケーション手段を子どもの状態に合わせて工夫する必要があります。

☆姿勢機能とポジショニングの状態を改善し，PC画面やボードを視線や上肢等でポインティングしたり，キーボードやスイッチを押したりするのに必要な運動機能へのアプローチをすることも大切です。

②下肢の障害によって授業に及ぼす影響と工夫

○移動運動等の困難があるために学習参加の制限があることがあります。

☆場の移動が難しい場合，遠隔コミュニケーション手段，ネットサービス等の利用をするのもよいでしょう。

☆個に応じたルールや課題を設定（競争の距離等）し，跳躍運動等機能上困難な児童は教育課程上取り扱わないようにして，別課題を準備する必要があります。

③体幹保持の困難によって授業に及ぼす影響と工夫

○体幹保持が困難なために，疲れやすい，見えにくい，活動しにくいことによって書字や読字等の技能の習得に時間がかかる場合があります。

☆PT，OTと連携し，姿勢保持の訓練，机・椅子・座位保持装置等の工夫をする必要があります。また，他児と同様の成果を求めるのではなく，集中できる時間に活動したり，繰り返し行ったり，時間をかけて行ったりする等の授業時間の配分を工夫する必要があります。

④経験不足による授業に及ぼす影響と工夫

○興味の幅が狭い，時間の意識が弱い，受け身で自信がなかったりすることによって，学習に興味がわかなかったり，内容が理解できなかったりするために注意の集中ができない場合があります。

☆具体物を使って操作する経験の機会を多く設け，繰り返し学習できるような計画をたて，具体的・直接的な活動を豊富に取り入れる必要があります。

⑤視覚認知等障害によって授業に及ぼす影響と工夫

○文字の形状認知の困難さ，眼球運動の問題からくる

行飛ばし等により，文字を読むことができなかったり，文章の内容がわからなかったりすることがよくあります。

☆教師が見るポイントを指し示す，文字を拡大する，印をつける，プリントのフォントを変える，画面のコントラストの調整をするなどして，見やすい条件を作ることが大切です。また，眼球運動の問題にはビジョントレーニング等も取り入れ，背景にある困難さの改善を図ることも必要かもしれません。

○図形の認知能力の問題から図形の位置関係がわからない，見えにくい，測定器具の数値が読めない等の問題が現れます。

☆図形の拡大，形ごとに色分け，辺・頂点など構成ごとに色分け等工夫し，見やすくしたり，実物モデルを用い，実際に触る活動を取り入れたりすることが大切です。

2　通常学級での指導と配慮

①特別な目で見ない

　脳性まひや四肢形成不全等の子どもの場合には，初対面では手足の形などに目を向け，何か違った子どもであるかのような印象を受け，戸惑うことがあるかもしれません。しかし，手足やその他に障害はあっても，他の子どもと同じように成長発達する面をもっていますし，心理的にも共通のニーズをもっています。決して，特別な人間ではないという態度で接することが大切です。

②できるだけ，障害のない子どもと集団の遊びや行動を共にする機会をつくる

　学級の子どもたちの中には，肢体不自由のある子どもとの関わりを躊躇する子どももいます。また肢体不自由のある子どもはみんなと一緒に遊んだり，競争し

たりすると，取り残されたり，仲間はずれにされることが多かったりします。教師はできるだけ集団の一員として，一緒に遊んだり，行動を共にするようにしたり，学級の子どもたちに指導する必要があります。

③子どもの特性をよく知って気長に指導し，遊び方を教える

　肢体不自由があり，知覚障害などを併せ有していると，学習のレディネスが阻害され，学習に困難をきたす子どもがたくさんいます。それぞれの状態を的確に把握し，根気強くゆったりとした指導が必要です。

④自分でできることは，1人でするようにさせる

　肢体不自由のある子どもの場合，動作がみんなより遅かったり不正確だったりする場合が多く見られます。何かにつけて，子どものできることまで手助けして，かえって自主性や独立心を阻害してしまうことがあります。できるだけ，子どものできそうなことは，時間がかかってもひとりでできるようにします。どんなことが，どの程度，どんな方法でできるのかということをよく理解しておく必要があります。一つひとつのやり方を具体的に教え練習させ，やればできるという成就感を味わうことができるようにします。

⑤子どもの障害の程度，能力，興味などを理解する

　子どもの知能，言語能力，運動能力をはじめ，障害の程度や興味・関心などを理解して，少しでもよい面やがんばった面があったら，みんなの前でほめるようにします。あいさつができた，がんばって絵をかいたなど，ほめる機会はいろいろあると思います。肢体不自由があっても，運動会で完走し，みんなに努力とがんばりの尊さを教えた例も数多くあります。よい面は大いに認め，子どもの情緒の安定を図るとともに，さらに意欲を高めるようにします。　　　（中尾繁樹）

第3部

肢体不自由教育の専門性と授業づくり

医療的ケアに関する制度的な経緯及び近年の動向と課題

❶　医療的ケアとは

　「医療的ケア児及びその家族に対する支援に関する法律」では,「医療的ケア」とは,「人工呼吸器による呼吸管理,喀痰吸引その他の医療行為をいう」とされています。一般的には,医療的ケアとは,病院などの医療機関以外の場所（学校や自宅など）で日常的に継続して行われる,喀痰吸引や経管栄養,気管切開部の衛生管理,導尿,インスリン注射などの医行為を指し,病気治療のための入院や通院で行われる医行為は含まれないものとされています。

　また,医師及び看護師などの免許を有さない者による医行為は,医師法第17条及び保健師助産師看護師法第31条その他の関係法規によって禁止されています。ここにいう医行為とは,医師の医学的判断及び技術をもって行わなければ,人体に危害を及ぼし,又は,危害を及ぼすおそれのある行為を反復継続する意思をもって行うこととされています。

❷　医療的ケアに関する制度的な経緯

　文部科学省では,厚生労働省と各都道府県教育委員会の協力を得て,1998（平成10）年度から,盲・聾・養護学校における医療ニーズの高い児童生徒等に対する教育・医療提供体制の在り方について,モデル事業を10県に委嘱して実施しました。具体的には,**教員による3つの行為**の実施の可能性や,看護師による対応を含めた体制,看護師と教員との連携に関する実践研究が行われました。

　2003（平成15）年度からは,実施対象を全国に拡大し,関係者・関係機関の連携の在り方を含めたモデル事業として展開され,1998（平成10）年度から始まったモデル事業の成果が整理されました。

　モデル事業の成果を受けて,2004（平成16）年度から厚生労働省に設置された「在宅及び養護学校における日常的な医療の医学的・法律学的整理に関する研究」において,指示系統が不明確であるなどの課題はあるが,モデル事業の下では,関係者の協力により3つの行為は概ね安全に行い得ることが実証され,教育面での成果として授業の継続性の確保,登校日数の増加,児童生徒等と教員の信頼関係の向上等の意義が確認されました。その後,2004（平成16）年10月20日に文部科学省から,各都道府県等に「盲・聾・養護学校におけるたんの

▷1　**教員による3つの行為**
たんの咽頭前の吸引,留置されている管からの注入による栄養,自己導尿の補助。

吸引等の取扱いについて（通知）」が出され，看護師が常駐することや必要な研修を受けること等を条件として，**実質的違法性阻却**の考えに基づいて特別支援学校の教員がたんの吸引や経管栄養を行うことはやむを得ないとする考えが示されました。これ以降，特別支援学校では看護師を中心としつつ，教員と看護師の連携による実施体制の整備が急速に進みました。なお，これまで自宅等において子どもに対し，その保護者が医療的ケアを実施できるのは，当該行為の違法性が阻却（正当化）される場合の要件（目的の正当性，手段の相当性，法益衡量，法益侵害の相対的軽微性，必要性・緊急性）を満たすと考えられているからです。

2012（平成24）年4月には，社会福祉士及び介護福祉士法の一部が改正され，これまで実質的違法性阻却の考え方に基づいて医療的ケアを実施してきた特別支援学校の教員についても，医行為のうち，たんの吸引等の**5つの特定行為**[3]に限り，研修を終了し，都道府県知事に認定された場合には，「認定特定行為業務従事者」として，一定の条件の下で制度上実施することが可能となりました。そのため文部科学省では，前年の2011（平成23）年12月「特別支援学校等における医療的ケアへの今後の対応について（通知）」により，新制度下において特別支援学校が医療的ケアを行うに当たっての基本的な考え方や，体制整備を図るうえで留意すべき点，小・中学校等において医療的ケアを実施する際に留意すべき点等について示しました。

3 医療的ケアの近年の動向と課題

2012（平成24）年の制度改正以降，特別支援学校だけでなく，小・中学校等においても医療的ケアを必要とする児童生徒等が年々増加するとともに，人工呼吸器の管理等の特定行為以外の医療的ケアを必要とする児童生徒等が学校に通うようになるなど，環境が変化してきました。このような状況を踏まえ，文部科学省において，2017（平成29）年10月に「学校における医療的ケアの実施に関する検討会議」を設置し検討を重ねて，2019（平成31）年2月に報告され，同年3月に「学校における医療的ケアの今後の対応について（通知）」により，小学校等を含む全ての学校における医療的ケアの基本的な考え方や医療的ケアを実施する際に留意すべき点等について各教育委員会等に示しました。なお，本通知により2011（平成23）年12月の「特別支援学校等における医療的ケアへの今後の対応について」（通知）は，廃止となりました。

2021（令和3）年6月に「医療的ケア児及びその家族に対する支援に関する法律」が成立し，同年9月に文部科学省から，法の趣旨を踏まえた取組に関する留意事項等を各教育委員会等に通知しました。今回の法制定は，医療的ケア児やその家族が，個々の医療的ケア児の心身の状況等に応じた適切な支援を受けられるようにすることが重要な課題となっていることを踏まえ，基本的な理

▶2 **実質的違法性阻却**
違法と思われる行為であっても，その行為が正当化されるだけの事情が存在するか否かの判断を実質的に行い，正当化されるときには違法性が阻却されるという考え方。

▶3 **5つの特定行為**
口腔内の喀たん吸引，鼻腔内の喀たん吸引，気管カニューレ内の喀たん吸引，胃ろう又は腸ろうによる経管栄養，経鼻経管栄養。

参考文献
公益財団法人日本訪問看護財団（2020）．文部科学省令和元年度 学校における医療的ケア実施体制構築事業「学校における教職員によるたんの吸引等（特定の者対象）研修テキスト（例）」
文部科学省（2019）．「学校における医療的ケアの今後の対応について」（通知）2019（平成31）年3月20日
文部科学省（2021）．「小学校等における医療的ケア実施支援資料——医療的ケア児を安心・安全に受け入れるために」

念，国，地方公共団体等の責務，保育及び教育の拡充に係る施策その他必要な施策等について定めることにより，医療的ケア児の健やかな成長を図ることや，その家族の離職の防止に資し，もって安心して子どもを生み，育てることができる社会の実現に寄与することを目的としたものです。

　また，文部科学省では，2021（令和3）年6月に小学校等や教育委員会等における具体的な医療的ケアに関する体制の整備等の参考となるよう「小学校等における医療的ケア実施支援資料〜医療的ケア児を安心・安全に受け入れるために〜」を作成しました。加えて，2021（令和3）年8月に学校教育法施行規則の一部を改正し，学校の指導・運営体制の強化・充実を図るため，医療的ケア看護職員などの支援スタッフの名称及び職務内容を規定しました。

　このように，近年の医療的ケアに関する課題は，幼稚園，小・中学校等及び教育委員会における体制整備の構築が急務となっています。また，特別支援学校も含め，保護者の付き添いがなくても適切な医療的ケアその他支援を受けられるようにするとともに，付き添いの協力を得ることについては，本人の自立を促す観点からも，真に必要と考えられる場合に限るよう努めていくことが重要となっています。

❹ 近年の学校における医療的ケアに関する資料

　近年の学校における医療的ケアに関する推移と学校で実施されている医療的ケアの項目については，資料（図V-1-1，2，3）を参照してください。

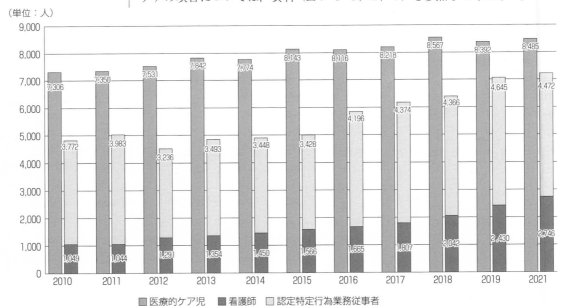

図V-1-1　特別支援学校における医療的ケアに関する推移

注：(1)　調査対象
　　　　〜2018：公立の特別支援学校（2011は岩手県，宮城県，福島県，仙台市は調査対象外）
　　　　2019〜：国公私立の特別支援学校
　　(2)　認定特定行為業務従事者の数
　　　　2010，2011：医療的ケアに関わっている教員数。
　　　　2012〜：認定特定行為業務従事者として医療的ケアを行っている教員数。
　　　　（調査期日　2012：10月1日，2013〜2015：9月1日，2016，2017：年度中に認定特定行為業務従事者として実際に医療的ケアを実施する者（予定を含む）。
　　(3)　2020は新型コロナウイルス感染症の感染状況を踏まえ，学校の負担軽減の観点から調査を実施していない。

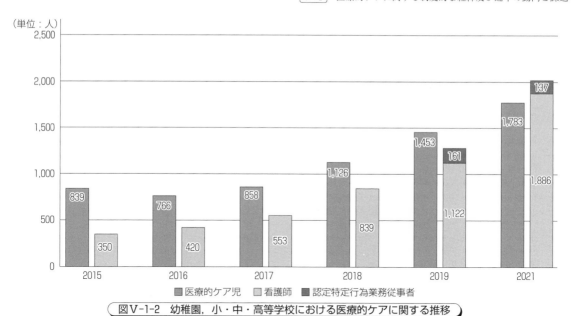

図V-1-2 幼稚園，小・中・高等学校における医療的ケアに関する推移

注：(1) 調査対象
    2015：公立の小学校，中学校（中等教育学校の前期課程を含む）
    2016，2017：公立の小学校，中学校（義務教育学校，中等教育学校の前期課程を含む）
    2018：公立の幼稚園（幼稚園型認定こども園を含む），幼保連携型認定こども園，小学校，中学校，高等学校（通信制を除く），義務教育学校，中等教育学校
    2019，2021：国公私立の幼稚園（幼稚園型認定こども園を含む）小学校，中学校，高等学校（専攻科を除く），義務教育学校，中等教育学校
    (2) 認定特定行為業務従事者の数は，2019より調査
    (3) 2020は新型コロナウイルス感染症の感染状況を踏まえ，学校の負担軽減の観点から調査を実施していない。

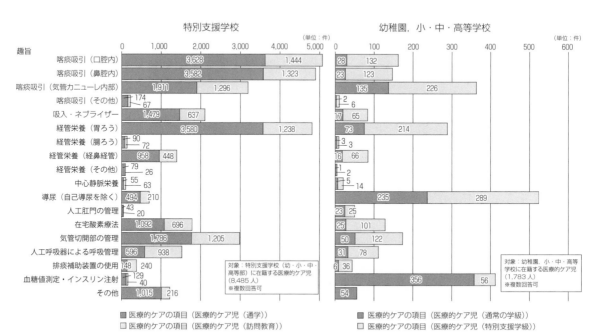

・特別支援学校において実施されている医療的ケアは，延べ31,018件であり，行為別にみると，喀痰吸引（口腔内）5,072件，喀痰吸引（鼻腔内）4,905件，経管栄養（胃ろう）4,818件，喀痰吸引（気管カニューレ内部）3,207件の順に多い。
・幼稚園，小・中・高等学校において実施されている医療的ケアは，延べ2,641件であり，行為別にみると，導尿524件，血糖値測定・インスリン注射412件，喀痰吸引（気管カニューレ内部）361件，経管栄養（胃ろう）287件の順に多い。

図V-1-3 学校で実施されている医療的ケアの項目

（菅野和彦）

摂食障害と食事指導

▷1　誤嚥
息をするときは空気が鼻腔，口腔から気管へ入る。食物のときは食道へ入る。食べ物を飲み込むとき，普通は気道反射（▷6を参照）で気管の入り口を塞ぎ食べ物が肺へ落ちないようにするが，その反射がにぶくなって食べ物が気管に落ちてしまうことをいう。

▷2　意識障害
意識障害は，意識がはっきりしない状態で，昏睡・傾眠・譫妄（せんもう）・朦朧（もうろう）などの諸型がある。覚醒の状態（意識のある状態）が通常ではないこと。

▷3　胃食道逆流症
胃の噴門の形態異常あるいは機能不全のために，胃の内容が病的に食道に逆流することによって生じる様々な症状をきたす病態のことをいう。逆流は胃液のみのことも，食事内容を伴うこともある。

▷4　チューブ栄養
噛んだり飲み込んだりすることが難しい人はチューブを使って食物や水分を胃に取り入れる。チューブ栄養には，マーゲンチューブという管を鼻から通す方法とお腹からチューブを直接胃に接続する方法がある。

▷5　ミキサー食
噛む力が弱く，飲み込むことが困難な方のために食べ物の形状を残さないペース

❶　食事は楽しみ，コミュニケーションの場！

　食事を口からとることが困難な状態を総称して摂食障害といいます。一般的には，食事は楽しみ，コミュニケーションの場，そして子どもの成長に必要な栄養摂取等の意味をもちます。しかし，重度・重複障害児は噛んだり（咀嚼），飲み込んだり（嚥下）しにくかったり，要求を伝えにくかったりして，楽しいはずの食事が苦難の業になっていることも珍しくありません。

　また，介助者にとっても食べさせにくかったり，子どもの反応や表現が読み取りにくかったりして，食事介助は時間がかかるだけでなく精神的にも負担が多い仕事になっている場合もたくさんあります。

　咀嚼・嚥下は一連の動作であり，**誤嚥**[1]は生命と直接かかわります。どの機能に障害があるか，子どもの口唇，舌，顎の動きはどうか，など細かい観察とそれに基づく食事指導の工夫が大切です。

　摂食障害に加えて**意識障害**[2]，呼吸不全，**胃食道逆流症**[3]などが併発すると**チューブ栄養**[4]や**ミキサー食**[5]へと切り替えるきっかけとなってしまいます。チューブ栄養等が続くと，ビタミン，亜鉛等の微量元素，食物繊維不足を起こしやすくなります。水分やエネルギーの過不足にも注意し，血液検査による定期的なチェックも重要です。

❷　食事指導をするにあたって

　食事指導をするにあたっては，意識が明瞭であること，鼻呼吸ができること，**気道反射**[6]があることを確認してからはじめる必要があります。

　実際に食事の指導を行う場合には，口唇，舌の動き，あごの機能を評価し，摂食機能に応じた食形態を考慮して進めていきます。

　食べることに時間がかかったり（1回の食事は45分以内とする），むせたりすることが多い（誤嚥の可能性がある）場合は無理に口から食べさせようとせずに，医師や看護師等に相談しましょう。

❸　食事指導を行うときに配慮すべきこと

○過敏性の除去

　顔や口の周囲に触れられると嫌がって泣きだしたり，反り返ったりする場合

があります。このような状態を過敏といいます。過敏は心理的な拒否によっても起こりますが，痙攣を起こす場合がありますので，過敏除去練習は理学療法士や言語聴覚士と方法を相談しながら行いましょう。

○ 心理的配慮

楽しく食事ができるような雰囲気づくりへの配慮をしましょう。表情や口の動かし方をよく観察し，子どもの食べるペースに合わせて行います。「アーンして」「今度は○○だよ」「美味しいね」などの声かけを行ったり，食物が見えるように目の高さに持っていったりします。色やにおいなどを伝えることも大切です。

○ 食物の形状

特に水やお茶などの水分は誤嚥しやすいです。コーンスターチや市販のとろみ剤など安全に水分摂取ができるような工夫が必要です。とろりとした液体，ペースト状態，舌で押しつぶせる柔らかさ，みじん切り，ひと口サイズ，ひと口でかじりとれる柔らかさと大きさ，手づかみで食べられる堅さと大きさというように摂食機能の状態に合わせて段階的に食物の形状も変えていきます。個々の子どもへの適用は病院や施設の栄養士や看護師に相談するとよいでしょう。

○ 食事姿勢

頭や肩にかけて広がっている咀嚼や嚥下に使う筋肉をリラックスさせて，食べやすい状態を整えることが大切です。一般的には肩，腰，膝，足首の関節を軽く折り曲げ，からだ全体が丸くなるような姿勢をとらせ，上半身をやや起こした方が緊張がとれ，嚥下しやすくなり，誤嚥も防ぎやすくなります（図V-2-1）。

○ 頭やあごを支える

子どもの頭やあごを支えると，固形物を食べるための舌の動きを促すことができます。介助者の腕や指で頭の角度やあごの動きをコントロールします（図V-2-2）。

④ 注意しましょう

むせることは誤嚥のサインですが，感覚まひがあるとむせなくても誤嚥していることがあるので注意が必要です。慎重に食事指導は計画されるべきで自己流で進めることは危険です。多職種連携のチームアプローチでの取り組みが望まれます。

（押木利英子）

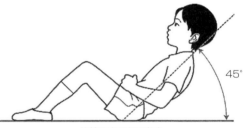

体幹の床からの角度

図V-2-1 咀嚼や嚥下に適した姿勢

全身をリラックスさせて，噛んだり飲み込んだりしやすい姿勢です。いすや枕等を利用してこの姿勢がとれるよう工夫します。からだが小さければ抱っこもいいでしょう。

出所：愛媛県重症心身障害児（者）を守る会（2001）

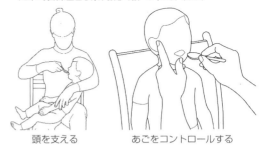

頭を支える　　　あごをコントロールする

図V-2-2 頭やあごを支える

出所：Bower（著）上杉（監訳）（2014）

ト状にした食事のことをいう。

▷6　気道反射
食べ物を飲み込むとき，自動的に気管の入り口を塞ぎ食べ物が肺へ落ちないように気管の入り口に蓋（咽頭蓋）をする反射である。

▷7　重症心身障害児(者)のための医療──保健マニュアルと療育マップ　全国重症心身障害児（者）を守る会愛媛県支部

▷8　Bower, E.（著）上杉雅之（監訳）（2014）．脳性まひの家庭療育（原著第4版）医歯薬出版

（参考文献）

金子芳洋（監修）（2007）．障害児者の摂食・嚥下・呼吸リハビリテーション　医歯薬出版

江草康彦（監修）（2011）．重症心身障害療育マニュアル　第2版　医歯薬出版

3　排便の障害と指導

❶　便秘が及ぼす心身への影響

　一般に習慣化した便秘は身体面，心理面の両面にわたり多くの支障が起こります。慢性的な便秘は頭痛や腹痛の原因になり，不機嫌や食欲不振を起こしやすくなります。腸閉塞・腎盂腎炎の原因になりやすく，てんかんを誘発する恐れもあります。ガス（おなら）発生で周囲に不快感を与える，情緒の不安定に陥りやすいなど便秘はよいことがありません。重度・重複障害児の便秘は放置すると習慣化慢性化しやすく，保護者・介護者や本人にとって大きな悩みになります。

　重度・重複障害児は異常に筋緊張が高まったり，あるいは低下したりする**病的運動パターン**◁1に支配されるため，運動や遊びが不活発になります。座位や立位など起きあがった姿勢をとる機会が少なく，排便に必要な腹圧がかかりにくいのです。重度・重複障害児の便秘は早期からの医療的リハビリテーションで介入すると改善するといわれています。しかし，食事内容や抗てんかん薬の服用，季節による発汗量などの影響も大きく，多職種が連携して多面的な生活上の関わりをすることが重要です。

❷　排便運動のメカニズム

　食事をして食べ物が胃に入ると，胃—小腸反射や胃—大腸反射が起こります。これにより大腸に連続的な強い**蠕動運動**◁2が起こり内容物の消化が進み水分が吸収され，上行結腸→横行結腸→下行結腸→S状結腸→直腸へと進み便が出てきます。便が直腸にたまると腸壁が伸張されて，このときの伸長刺激が「便意」として大脳皮質に伝えられ，排便運動として「いきみ」が起こります。「便意」という感覚や知覚がきっかけとなって半随意的または随意的な「いきみ」という排便運動が起こるのです。

　便を排泄するにはいくつかの条件が必要です。トイレで便座に座れることや頭を重力に逆らってあげていられること（**抗重力伸展活動**◁3）があります。頭のコントロールは声帯を閉鎖して呼吸を止め随意的に「いきむ」ために必要な条件です。さらに腹圧を高めるためには骨盤底筋群・腹筋・背筋が同時に協調して働き，ただ一か所肛門括約筋だけが緩んで開かなければならないのです。

◁1　**病的運動パターン**
上位脳の障害により非対称性緊張性頸反射（ATNR）や陽性支持反射などの原始反射がいつまでも残存し，複合して反り返りや非対称的な病的な運動様式になることをいう。

◁2　**蠕動運動**
腸の輪筋がミミズなどの虫のように動くことで，腸に入ってきた食べ物が肛門から排便するまで，内容物を移動させる役割をしている。

◁3　**抗重力伸展活動**
臥位より座位へ，座位より立位へとより重心の高い姿勢を保持することが運動の高度化には必要である。そこで必要なのが重力に抗して頭やからだを中間位に保つために必要な筋活動であり，その総称である。

③ 重度・重複障害児になぜ便秘が多いのか

口腔周辺にまひがあり食事が思うようにとれない子どもでは一日の食事量や水分が不足し，胃─小腸反射や胃─大腸反射が起こりにくくなります。

この結果，「便意」を起こす情報が大脳皮質にまで充分に伝達されないということになります。また，覚醒の乏しい子どもでは「便意」としての感じ方が弱く起こりにくいという状態があります。

また，全身の筋緊張が異常に高かったり，あるいは低かったりして頭部のコントロールができないことや座位がとれないと声帯を閉じにくく腹圧を高めることができないため「いきむ」運動が獲得しにくくなります。

また，「いきむ」運動をしはじめると**連合反応**と呼ばれる過緊張で両下肢が伸展・交叉してしまい，排泄に望ましい姿勢がとりづらいという直接的な理由もあります。

さらに，重度・重複障害児では抗てんかん薬を服用する子どもが多く，この副作用として腸の蠕動の低下や覚醒の低下が起こり便秘傾向が強められることがあります。ここでは，なかなか「いきむ」ことが難しい小さな子どもに対する簡単なアプローチの方法を示しました（図Ⅴ-3-1）。

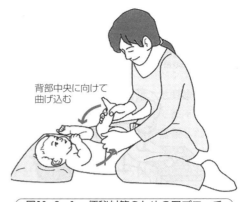

背部中央に向けて曲げ込む

図Ⅴ-3-1　便秘対策のためのアプローチ

大きな枕に上半身を乗せて寝かし，左右対称姿勢にします。膝付近を握りゆっくり曲げ込みます。腹圧がかかるように曲げ込んだら2〜3秒そのままにします。おむつを替える毎に10回ずつ実施するとよいでしょう。

④ 便秘改善のためには食事と運動が大切

重度・重複障害児の便秘を改善するための基本は食事と運動です。

食事面では水分補給や食物繊維の多い野菜や海草類の摂取が重要です。食事はゼリー状やクリーム状にして半流動食にしたり，コップやスプーンの形状や材質を考慮したりして摂取量の増加に努力します。

運動面では，規則正しい生活リズムや外出や集団参加などで不足しがちな1日の運動量を増やすことを心がけます。さらに，いすや**起立板**などを利用して座位や立位をとり，頭部のコントロールや体幹の安定性を促して「便意」や「いきみ」につなげます。

医療上での投薬（緩下剤）や便秘対策を目標にした運動療法の実施，腹部マッサージなども総合的に考えて取り入れることもあります。

直接的方法には浣腸，綿棒での肛門刺激，摘便など有効な方法があります。

（押木利英子）

▷4　連合反応
広義ではからだの一部を使って動作をすると，無意識に別のからだの部分にも不必要に力が入ってしまうことをいう。

▷5　起立板
プロンボード（腹臥位板），スーパインボード（仰臥位板），スタビライザー（骨盤帯付長下肢像具＋固定版）などといわれているものを指します。いずれも立位に近い姿勢をとらせ，抗重力伸展活動（▷3参照）を促すことを目的にしている。

参考文献
古沢正道（2006）. 重症脳性麻痺児の便秘体操. はげみ　2・3月号，No.306.
川越博美ほか（編）（2005）. 小児・障害児看護　日本看護協会出版協会

呼吸障害と姿勢づくり

1　健康管理に重要な呼吸障害の予防

　子どもの呼吸器疾患による死亡は，医療の充実により減少したとはいえ，重度・重複障害児では異常な**姿勢筋緊張**[1]や**呼吸パターン**[2]のため，肺炎や気管支肺炎などにより重篤な状態に陥りやすく，呼吸機能への積極的な対応はきわめて重要です。

　重度・重複障害児の死因の40％は肺炎です。痰が出しにくい，呼吸が浅く弱い，かぜをひくとすぐに肺炎になる，**喘息発作**[3]で呼吸がしにくい等が代表的な症状です。全身の筋緊張を緩めて協調した深い胸腹式呼吸を促し，呼気力を強めて痰の喀出をすすめることでこれらの予防に努めます。呼吸障害の予防や改善は重度・重複障害児の健康管理を考える上で最も基本的で重要なことです。

2　呼吸機能の獲得過程

　正常児では生後3か月くらいまでは浅くて速い腹式呼吸が中心です。胸郭の厚みが薄く横隔膜が高い位置にあります。からだの支えが不安定なのでその腹式呼吸は不規則になりやすいのです。腹ばいやお座りができる5，6か月頃には腹筋が働くようになり横隔膜が引き下げられます。それに伴って肋骨の上下運動ができるようになり，胸式呼吸に必要な機能が発達しはじめます。8〜10か月以降，両手での支えがなくてもお座りが安定してくると腹筋の活動とともに肋骨の上下運動がますます盛んになり胸式呼吸ができるようになります。これ以降は胸・腹式呼吸を状況に応じてうまく使い分け呼吸を確保するようになります（表Ⅴ-4-1）[4]。このように姿勢や運動の発達と呼吸機能は切っても切れない関係にあるのです。

表Ⅴ-4-1　年齢によるバイタルサインの正常値

年　齢	呼吸数	SD	心拍数	SD	血圧（収縮期）
〜3か月	30〜60	10	90〜180	25	50〜70
3〜6か月	30〜60	10	80〜160	22	70〜95
6〜12か月	25〜45	8	80〜140	20	80〜100
1〜3歳	20〜30	5	75〜130	17	80〜110
3〜6歳	16〜24	4	70〜110	15	80〜110
6〜10歳	14〜20	3	60〜90	15	90〜120

出所：長井（2005）

③　姿勢づくりの重要性

　異常な姿勢筋緊張によって思うよう
に動けず，異常な姿勢を強いられる重
度・重複障害児には，本児に代わって
介助者がいろいろな姿勢をとらせ，頭
やからだを起こしておくことや手足の
動く感覚を教える必要があります。こ
のような姿勢づくりをポジショニング

チルト
（椅子全体の角度が変わる）

リクライニング
（背もたれの角度が変わる）

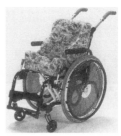
座位保持装置付き
車いす

図V-4-1　椅子の傾斜角度

出所：穐山・川口（編著）（2002）

といいます。正常な運動発達を経験していない重度・重複障害児に対するポジ
ショニングは主に臥位や座位で行われます。ポジショニングは様々な目的で行
われますが，ここでは主に呼吸機能との関連で説明します。

④　姿勢づくりの実際

○仰臥位姿勢（仰向け）

　一番やりやすい姿勢ですが反り返りの強い子どもはますます緊張を強めてし
まいます。痰・唾液が喉にたまりやすい，呼気（息を吐くこと）がしにくいな
どの特徴があります。大きな枕やクッションを頭や下肢に差し込んで上半身を
やや起こし，からだが丸くなるようにするとよいでしょう。ハンモックの利用
もお勧めです。

○側臥位姿勢（横向き）[5]

　緊張がゆるみやすい姿勢です。痰や唾液が喉にたまるのを防いだり，胸郭が
前後に動きやすくなったりするのでお勧めです。下側になる腕が圧迫され循環
障害を起こさないように気をつけます。

○腹臥位（うつぶせ）[6]

　大きな枕やロールを胸の下に入れてあげると，頭を上げたり，両手を動かし
やすい姿勢になります。痰・唾液が喉にたまらない，呼気がしやすい，胸郭や
肺が広がりやすいなどの利点があります。

○座位（お座り）

　座位保持装置[7]や車椅子などを使用します。頭のコントロールやからだの安定
性を促すのに適し，深呼吸がしやすい，唾液を飲み込みやすい，視野が広がるな
どの利点があります。座面の素材や**傾斜角度**[8]などの工夫も大切です（図V-4-1）[9]。

⑤　実施するときの注意

　ゆっくりとからだを動かしてリラクゼーションを図りながら行います。介護
者は絶えず子どもに関心をもち，顔色や呼吸パターンを確認しながら行います。
毎日，継続的に行うとより効果的です。　　　　　　　　　　　　（押木利英子）

▶5　⇨ V-5 参照。

▶6　同上参照。

▶7　**座位保持装置**
座位保持装置は障害児に良
座位姿勢を提供するための
道具である。使用する本人
の生活上のハンディを軽減
し使い勝手がよくなるよう
デザインされる個別対応の
テクニカルエイドであり，
車いすや座いすに適応する。

▶8　**傾斜角度**
車いすの背もたれや座面の
傾斜角度を示す。背もたれ
をリクライニングしたり座
面の前方を上げたりすると，
直立座位よりもやや仰向け
の姿勢に近くなり，全身の
リラクゼーションや嚥下が
容易になる。

▶9　穐山富太郎・川口幸
義（編著）（2002）．脳性麻
痺ハンドブック　医歯薬出
版

参考文献

　古沢正道（1993）．神経
発達学的治療概念にもとづ
く重症脳性麻痺児の呼吸訓
練　理学療法学，**20**（3），
193-197．

　金子断行（1994）．重症
脳性麻痺児の呼吸に対する
理学療法　理学療法学，**21**
（2），128-131．

　川越博美ほか（編）（2005）．
小児・障害児看護　日本看
護協会出版協会

5　ポジショニングと変形・側弯

▷1　⇨ Ⅴ-4 参照。

▷2　**変形**
関節を形成する骨や軟部組織に異常な外力が加わって起こる関節の形態異常のことをいう。重度・重複障害児の場合，不良姿勢が長時間続くことで股関節や胸郭などに変形が顕著に生じる。

▷3　**拘縮**
関節の周りについている筋肉や靭帯などの軟部組織に本来の柔軟性がなくなり固くなり，関節の動く範囲が狭くなること。

▷4　**脱臼・亜脱臼**
関節が過伸展（過剰に伸びる），過屈曲（過剰に曲げる）された結果，関節を構成する骨が外れ，もとの正常な状態にもどらない状態をいう。完全に関節が外れたものを完全脱臼，位置が

① あらゆる機能の基盤になるポジショニング

　正しい姿勢の保持（ポジショニング）は呼吸障害や摂食障害などの二次障害を予防するだけでなく，からだの動きと関連し QOL（Quality of Life）の援助のためにも大切です。生活上，よい姿勢が保たれるか否かは呼吸機能の予後にも大きく影響します。

　重度・重複障害児の多くは寝たままの姿勢を続けたり，お座りがやっとなどの低いレベルの運動発達に滞っていることがほとんどです。運動発達が未発達であるということは，姿勢や運動の適正なコントロールを行う上位脳の機能が乏しく，脊髄や脳幹などの脳の低いレベルの神経支配が優位であることを示しています。這う，座る，立つなどの動きができないだけでなく，反り返る，からだの一部に異常に力が入る，または力が抜けてしまうなど異常な筋緊張に支配されてしまい，リラックスできない，姿勢が保てないなどの問題が出てきてしまうのです。このことは，誰よりも障害児本人にとって一番の困りごとでしょう。

　自分ではからだを動かすことのできない障害児は仰臥位（仰向け）や特異な姿勢のまま長い時間寝かされていると関節の**変形・拘縮**，骨の変形，股関節脱臼・亜脱臼等を起こし，全身的な問題発生の原因になります（図Ⅴ-5-1）。重度・重複障害児では体幹（からだ）の**側弯**変形や股関節の脱臼等が代表的なものです。

② ポジショニングの基本事項

　それぞれの子どもの運動障害や変形・拘縮を考慮してリラックスできる姿勢をとらせることです。クッション・枕，毛布，タオルなどが使われます。ベッド素材も考慮しましょう。しかし，たとえどんなによい姿勢でも2時間同じ姿勢でいることのないようにしましょう。姿勢を変えるとき，縮んでいるからだや手足をゆっくり伸ばしてあげましょう。よい運動刺激にもなります。

　その子どもに関わるすべての人々が同じ目的・方針でポジショニングを行うことが大切です。

図Ⅴ-5-1　変形や側弯の危険性がある姿勢

手足を動かしたり姿勢を変えたりすることができない子どもが，仰向け姿勢のままでいることが多いと，からだが平らに押しつぶされた状態になり，変形や側弯が進行する危険性があります。

出所：Teresa ほか（著）今川（監訳）（2008）

横向き

抱っこ

うつぶせ

図V-5-2 ポジショニングの例

出所：江草（監修）（2000）

③ ポジショニングの実際の方法

仰臥位，側臥位，腹臥位などでからだがリラックスできるようにします。からだのねじれや反り返りなどでからだと床（ベッド）に空間ができる場合は，枕，タオル，クッション等を利用してできる限りからだが床や座面に接している面をたくさんとるようにして，安定した姿勢にします。不自然な異常姿勢を緩め，左右対称的な姿勢に近づけることが基本です（図V-5-2）。[7]

○仰臥位（仰向け）

そのままでは反り返りや緊張を高めやすい姿勢です。全身を屈曲させるような姿勢をとらせリラックスできるように心がけます。幼児であれば浮き輪やタオルを巻いて輪を作りその中に寝かせるのもよいでしょう。タオルや毛布でハンモックを作り，時々乗せて動かしてあげるのもよい方法です。肩を反らせないようにして両手を前に出します。力が入らず脚が開いてしまうような場合は膝の下に，緊張で両下肢が交叉してしまう場合は股間にクッションを入れると良肢位になります。[8]

○側臥位（横向き）

反り返る傾向の強い子どもではそのままではますます緊張を強めてしまいます。背中に沿ってクッションを当てる，下肢が交叉しないように股間に枕を差し込む，上肢はクッションを抱え込ませるなどをして側臥位でも緩やかな対称的な姿勢をとらせるように工夫しましょう。仰臥位よりも慣れれば緊張がとれやすい方法です。

○腹臥位（うつぶせ）

胸の下に大きな枕や三角マットを入れ両手を前に出させると背中が伸びた姿勢になりやすくなります。頭を上げたり，両手を動かしやすくもなります。床面は固めにし，口がふさがれていないかは絶えず確認しましょう。

○抱っこ

抱っこはスキンシップやコミュニケーションを育む上でもとてもよい方法です。リラックスできやすい姿勢を作り，緩やかに揺すったりとんとんと軽く叩いたりすると表情までリラックスします。

（押木利英子）

ずれた程度のものを亜脱臼という。

▷5　Teresa, E. P. ほか（著）今川忠男（監訳）（2008）．脳性まひ児の24時間姿勢ケア　三輪書店

▷6　側弯
重度・重複障害児によくみられる体幹の変形の1つ。体幹を構成する椎間関節の連続した変形により脊柱がSカーブやCカーブ状に変形する。強い側弯変形があると，肺や胃腸などが押しつぶされ呼吸機能低下など深刻な問題も発生する。

▷7　江草安彦（監修）（2000）．重症心身障害通園マニュアル　医歯薬出版

▷8　骨盤のねじれや股関節の開きが悪い不良姿勢が続くと次第に下肢が交叉し股関節が脱臼するようになる。この状態は「風に吹かれた股関節」ともいわれている。

（参考文献）
Teresa E. P. ほか（著）今川忠男（監訳）（2008）．脳性まひ児の24時間姿勢ケア　三輪書店
川越博美ほか（編）（2005）．小児・障害児看護　日本看護協会出版協会

6 感覚過敏の理解と対応

　肢体不自由の子どもや肢体不自由を主とした重複障害の子どもの中には，触られること等に，極度に敏感な場合があります。大人の身体接触や衣服などの特定の素材で触れられると過剰に反応してしまいます。また，音に敏感で特定の音に強く反応してしまったりして，不随な筋緊張や反射的行動が生じることがあります。不快な肌触りや不快な音のために，心理的にも混乱してしまうことがあり，「**感覚処理障害**」ともいいます。

1 感覚過敏と感覚防衛

　一般的に，触られることに対する異常な敏感さ，また音に対する異常な敏感さを「過敏」「**感覚過敏**」といいます。それぞれの感覚の種類に応じて「触覚過敏」「聴覚過敏」などと区別します。さらに，過剰な反射的反応や強い拒否が生じることを「**感覚防衛**」といい，「触覚防衛」「聴覚防衛」などと表現することがあります。この防衛は，「耳や目をふさぐ」「身体接触を嫌う」「服や靴下を脱ぎたがる」などの特徴的な行動として示される場合があます。

2 脳性まひの子どもの感覚過敏

　脳性まひの子どもで，**口腔**内感覚に過敏さを示す場合があります。介助されながらの食事で，食べ物やスプーンが口や舌に触れると，反射的に噛むような動きが生じてしまう場合があります。また，歯磨きをしようとすると，歯ブラシが口腔内に触れることで，歯ブラシを噛んだりと強い拒否を示す場合があります。これらは，口腔内触覚過敏の例です。

　脳性まひの子どもの場合には，基本的には筋緊張が高く，不随意的な動きが多いことがあります。様々な刺激に過剰に反応してしまう傾向があります。突然の音や特定の音もこの刺激に含まれます。周囲の状況をよく見ていて予測ができれば，過剰な反応は少なくなります。しかしながら，突然の人のくしゃみなどに不随な反射的行動が生じて，姿勢を崩したり，ひっくり返ったりする場合があります。

3 過敏さをどう理解するのか

　一つの理解の仕方が，「**感覚のフィルター機構**」の障害という捉え方です。外界を適切に感覚で捉え知覚し認知するためには，その刺激の強さを「処理で

▷1　**感覚処理障害**
詳しくは以下のサイトに紹介されている。
http://www.sensory-processing-disorder.com/index.html

▷2　**感覚過敏**
（hypersensitivity）
▷3　**感覚防衛**
（sensory defeniveness）
感覚刺激に対して過度の反応や恐れ，逃避行動を示す状態。

▷4　**口腔**
舌や歯を含めた口の中のことで，鼻の中や咽奥に連なる部分をいう。

▷5　「感覚のフィルター機構」の障害
功刀浩ほか（2007）．統合失調症とうつ病におけるプレパルスインヒビションと関連指標──予備的報告 精神医学，**49**(3)，253-260.

きる程度」に調整することが必要になります。強すぎる刺激や弱すぎる刺激は処理できません。許容範囲内の強い刺激などに対して適切に処理できる刺激になるように，人は「フィルター機能」を働かせ調整しています。何らかの理由で，このフィルターが機能しなかったり，特定の刺激を簡単に通過させてしまうことで，刺激が処理できる範囲を超えて，強すぎる状況になってしまい，感覚過敏が生じると考えられます。またこのフィルターを有効に機能させるためにはその準備が必要なのですが，予測が立たない突然の刺激には無防備になってしまうことも原因の一つです。この調整に関しては，**注意**という機能も関係するのはそのためです。

> 6　注意
> 対象に意識の焦点を合わせること。期待や構えにもつながる。

❹ 過敏さにどう対応するのか

　適切にフィルターを機能させ，処理できるように刺激を調整することが必要になります。そのためには，刺激は強すぎず，処理できる程度の刺激を用い，下記の点を配慮して練習することになります。だからといって子どもがいやがるのに無理に練習することは避けなければいけません。

---

① 驚かない程度の刺激（強さ，特性，刺激する部分を調整）からはじめる。
② 十分に予告して刺激を与える。
③ 少しずつ慣れていく時間を確保し，大丈夫という安心感を高める。
④ 場合によっては，本人が刺激を選択することも試みる。

　脳性まひの子どもで，口腔内感覚に過敏さを示す場合は，①手指による圧迫刺激，②歯肉マッサージ，③歯ブラシによるブラッシング等を工夫して，過敏さの除去に取り組みます。金子ら（1993）は重症心身障害児に顔面・口唇・口腔内に過敏現象を認めることが非常に多く，摂食障害に対するアプローチにおいては「過敏性の除去」は重要な位置を占めるとしています。

　このように特定の刺激を少しずつ試したり，刺激を次第に強くしたり，特性を強調したりして，刺激に対する過剰な敏感さを除去することを，「**脱感作**」といいます。「脱感作療法」「系統的脱感作法」という場合もあります。

　他方で，聴覚過敏などは場合によっては脱感作が困難な場合もあります。その場合には，苦手で不快な聴覚刺激を避けるために，周囲が音を調整したり，ヘッドフォンなどを活用して対応することも必要になります。

（徳永　豊）

> 7　金子芳洋・向井美恵・尾本和彦（1993）．食べる機能の障害　その考え方とリハビリテーション　医歯薬出版

> 8　脱感作
> 刺激と反応のつながりを低下させ，刺激に対する過敏性を減弱させること。除感作，減感作ともいう。

7 発作の理解と対応

常日頃の状態と違ったエピソードが，手足の動きや意識の上で起こることを「発作」といいます。手足の力が抜ける脱力発作もありますが，実際の発作の多くは筋肉が強直や痙攣を示し，意識消失など意識が変化することが多く，主な疾患として「**てんかん**」があります。それ以外にも，不整脈により脳に酸素が供給されなくなる場合に意識消失＝失神が起きたり，また低血糖が起こり脳神経細胞の栄養供給が低下すると痙攣を起こします。これらの現象は稀で，平常の状態とは異なり「発作」といわれます。これらの発作に遭遇した場合，痙攣を起こし意識を失ったりしている人に遭遇した場合には，まずは頻度が最多の「てんかん」を考えることになります。

▷1　てんかん
てんかんの定義は「種々の成因によってもたらされる慢性の脳疾患であって，大脳ニューロンの過剰な発射に由来する反復性の発作（てんかん発作）を特徴とし，それにさまざまな臨床症状及び検査所見がともなう」とされる。異常な電気現象が運動を司る脳内部位を巻きこむと，手足が動き，意識を司る部位を巻き込めば，意識が混濁したり消失したりする。視覚関連の脳部位を巻き込むと，光が見えたりすることもある。

1 てんかんの種類

以下の発作型が分類されています（図Ⅴ-7-1）。

・部分発作：脳のある部分から異常な電気現象が起こり，脳内で一定の広がりをもつと様々な症状が出ます。てんかん全体の75％は部分発作といわれています。木にたとえれば枝葉に当たる脳部位から電気現象が起こりつつ，異常電気現象はその範囲に留まることもありますが，それが脳の幹にあた

・部分発作（電気的興奮の広がりにより，症状が変化する）
　単純部分発作（①）　局所的神経細胞群が電気的興奮を
　　　　　　　　　　　起こす。場所により症状は異なる。
　　　　　　　　　　　例：手がぴくぴく，光が見える

　複雑部分発作　　　　意識を司る脳幹網様体が巻き込まれると
　　　　　　　　　　　意識は混濁など変容する。
　　　　　　　　　　　例：口や手をもぞもぞさせつつ，意識はぼんやり

　二次性全般化部分発作（②）
　　　　　　　　　　　脳全体が電気的嵐に巻き込まれ，
　　　　　　　　　　　意識は消失し，手足は強直あるいは
　　　　　　　　　　　間代動作を示す。

・全般発作（③）　ミオクロニー発作　　全身性間代発作
　　　　　　　　　純粋小発作　　　　　全身性強直間代発作（大発作）
　　　　　　　　　全身性強直発作　　　脱力発作

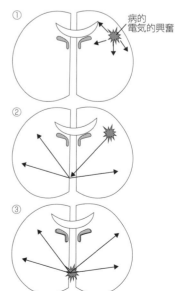

① 病的電気的興奮
②
③

図Ⅴ-7-1　てんかん──発作型による分類

る部分まで下りたり，より広がれば，起始部分以外の枝葉である脳全体に電気発火を起こすに至ると考えられています。

(1)単純部分発作：たとえば手を司る脳表の神経細胞群の電気現象では，手がリズミカルに動いたり，固まったりします。

(2)複雑部分発作：意識を司る脳部位を巻き込んでの電気現象では，意識混濁を起こすなど，意識は変容します。同時に手足や口周辺をもごもごと動かすことがみられる場合があり，自動症といわれます。

(3)二次性全般化部分発作：電気現象の広がりとともに，図V-7-1の図のように①→②→③と症状が大きくなります。②は脳全体に電気現象が広がり（二次性に全般化する），その後全身性強直間代性痙攣（大発作）[2]に至ります。最初全身を突っ張っての強直姿勢となり，その後全身をぴくんぴくんとさせる間代性痙攣を起こし，電気現象が終息すると全身脱力し入眠します。痙攣自体は1〜2分以内のことが多いです。

・全般発作：発作の起始部は脳内の深いところにあります。木にたとえれば，幹にあたる部分から電気現象が起こり，その後瞬時に枝葉である脳全体へ電気が到達し，木全体が電気発火現象に巻き込まれた状態といえます。[3]

2　脳性まひなど脳疾患に伴うてんかんとてんかん発作への対応

一般人口のなかでのてんかん頻度は全年齢では1％と言われています。脳性まひ全体では，約3人に1人がてんかんであり，高頻度に合併します。[4]脳性まひの各タイプに伴うてんかん頻度は以下です。脳障害の部位が脳表神経細胞であれば，てんかん合併は高くなると想像されます。

・四肢まひ−60％：脳表の神経細胞の広範な部分が障害されているので，部分発作が出現・合併しやすい状態です。広範な脳障害に伴う四肢まひでは，てんかん合併が多くなります。

・両まひ−20％：未熟児出生に合併しやすい痙性両まひでは，脳室周囲の白質部（脳表の神経細胞から出ている，運動システムを構成する神経線維である錐体路が通っている部位）が障害を起こしますが，脳表の神経細胞が障害されることが少ないので，神経細胞起源のてんかん合併は少なくなります。

・片まひ−20％弱：まひ側と反対側脳の脳表の神経細胞障害や錐体路障害が原因と推測できます。四肢まひに比較し，てんかん合併は少なくなります。

てんかん発作への対応としては図V-7-1に示した点に注意する必要があります。

（東條　惠）

図V-7-1　てんかん発作への対応としての注意点

① 仰向け姿勢でなく横向き姿勢を取り，発作による口腔内の嘔吐物による気道閉塞を起こさないように見守る。
② 嘔吐時は窒息を防ぐ必要がある。口腔内を傷つけないように，口の中の嘔吐物を掻き出す。嘔吐物がなければ，口腔内は触らない方がよい。
③ 衣服は緩め，全身のリラックス状態を保つ。
④ 入眠したら，そのまま就床まで見守る。
⑤ 痙攣が5分以上続いたら，医療機関への受診を考える（たいていの発作は3分以内に収まる）。
⑥ 発作時に口腔内へタオルなどを入れることはしてはいけない。むしろ，そのことによる窒息など事故のリスクが高まる。舌を大きく嚙んだり，そのことで窒息する等の事故が起きることはまずない。

▷2　発作の中でも全身性強直間代発作を「大発作」と呼ぶ。頻度の多い大発作には，部分発作の二次性全般化したものと，全般発作に属するものの2種類がある。

▷3　以下のごとく，様々な現象が起こる。
① 全身性強直発作（全身が硬く突っ張る），② 全身性間代発作（全身がぴくんぴくんと動く），③ 全身性強直間代発作（大発作），④ ミオクロニー発作（全身がぴくんと動く），⑤ 脱力発作など

▷4　東條惠（1996）．脳性まひに合併するてんかん──とくに新生児けいれんの有無による違いについて　小児科臨床，49，267-273.

参考文献

丸山博（1974）．リハビリテーション医学全書15　医歯薬出版，pp.149-154.

外部専門家の導入と連携

▷1　文部科学省特別支援教育課（2007）．特別支援学校医療的ケア実施体制状況調査

▷2　**理学療法士**（Physical Therapist：PT）
　身体に障害のある者に対し，機械・設備を用いた運動療法や温熱・光線・電気などを用いた物理的療法によって，その基本的動作能力の回復，疼痛の軽減，障害の予防と矯正をめざす理学療法を専門に行う。

▷3　**作業療法士**（Occupational Therapist：OT）
　身体または精神に障害のある者に対し，基礎的な運動機能の改善を図りながら，日常生活動作から社会的活動に必要な諸動作までを習得させる作業療法を専門に行う。

▷4　**言語聴覚士**（Speech Therapist：ST）
　言語に障害のある者に対し，改善や補償手段の習得を図る治療・訓練で，脳性まひ児にはコミュニケーション行動の促進と発声発語訓練とさらにトーキングエイドなどの器械によるコミュニケーションの指導を行う。

▷5　**臨床心理士**（Clinical Psychologist）
　臨床心理士は，文部科学省より認可された「財団法人日本臨床心理士資格認定協会」が認証する資格である。専門的業務は，臨床心

❶　外部専門家を導入しなければならない理由とその経緯

　肢体不自由教育はほかの領域に先駆けて，外部専門家との連携の下で教育指導がなされてきました。肢体不自由児の主たる障害としての運動障害への対処として，整形外科医の指示に基づいて支援がなされてきました。すなわち，教科指導の中に，「体育・機能訓練（中学部では「保健体育・機能訓練」）」という教科があり，運動障害の軽度な者は体育の授業を受け，障害の重度な者は整形外科医の指示により，体育担当の教員等が運動障害の訓練を行ってきた経緯があります。

　その後，1979（昭和54）年の養護学校（現在の特別支援学校）教育義務制実施により，それまで就学猶予・免除されていた重度の脳性まひ児や医療的ケアを要する重度重複障害児が教育の対象となってきました。脳性まひ児の増加（近年では脳性疾患の増加）もあり，肢体不自由児教育における障害の重度重複化のためには，従前の教科を中心とした指導だけでは限界があり，教育課程に各教科，道徳，特別活動に新たに「養護・訓練」（現「自立活動」）が設置されることになりました。

　さらに，表Ⅴ-8-1に示されるように，特別支援学校では，経管栄養，喀痰の吸入，導尿などの医療的ケアを要する児童生徒がもっとも多い状況であり，医療専門家等の外部専門家との連携，協働が重視されることになりました。

❷　どのような外部専門家と連携をとるのか

○外部専門家とは

　外部専門家には，児童生徒の主治医，医療的ケアを必要とする児童生徒に対する指導を教師に行う教育委員会や特別支援学校から派遣された医師である巡回指導医，看護師，**理学療法士**，**作業療法士**，**言語聴覚士**，食事や排泄等の介助を行う介護福祉士さらに**臨床心理士**などの有資格者等があります。

　北海道，大阪府，兵庫県などでは外部専門家の中でも，理学療法士，作業療法士や言語聴覚士が配置されています。その中には，自立活動教諭免許をもっている人とそうでない人とがいますが，そうした免許をもっていない教員による指導を学校で受けることになります。また，学校を早退したり，休んだりしても病院で外部専門家によるリハビリを受けているケースもあります。

表V-8-1　特別支援学校に在籍する医療的ケア児の数（医療的ケア項目別）

（令和元年11月1日現在）

医療的ケア項目	喀痰吸引（口腔内）		喀痰吸引（鼻腔内）		喀痰吸引（気管カニューレ内部）		喀痰吸引（その他）		吸入・ネブライザー		在宅酸素療法		パルスオキシメーター		気管切開部の管理		人工呼吸器の管理		排痰補助装置の使用	
通学・訪問教育の別	通学	訪問教育	通学	訪問教育	通学	訪問教育	通学	訪問教育	通学	訪問教育	通学	訪問教育	通学	訪問教育	通学	訪問教育	通学	訪問教育	通学	訪問教育
国立	3				3				1				1		5					
公立	3,507	1,532	3,267	1,327	1,750	1,354	400	160	1,287	750	960	754	2,381	1,311	1,760	1,301	475	1,027	150	225
私立					1						1				1					
計	3,510	1,532	3,267	1,327	1,754	1,354	400	160	1,288	750	961	754	2,382	1,311	1,766	1,301	475	1,027	150	225
	5,042		4,594		3,108		560		2,038		1,715		3,693		3,067		1,502		375	

医療的ケア項目	経管栄養（胃ろう）		経管栄養（腸ろう）		経管栄養（経鼻）		経管栄養（その他）		中心静脈栄養		導尿		人工肛門の管理		血糖値測定・インスリン注射		その他	
通学・訪問教育の別	通学	訪問教育	通学	訪問教育	通学	訪問教育	通学	訪問教育	通学	訪問教育	通学	訪問教育	通学	訪問教育	通学	訪問教育	通学	訪問教育
国立	1										7		1					
公立	3,337	1,317	68	60	1,002	518	22	11	41	53	455	214	52	38	93	21	701	149
私立					1						1							
計	3,338	1,317	68	60	1,003	518	22	11	41	53	463	214	53	38	93	21	701	149
	4,655		128		1,521		33		94		677		91		114		850	

【参考】特別支援学校に在籍する医療的ケア児の傾向
〇昨年度同様，①喀痰吸引（口腔内），②経管栄養（胃ろう）を必要とする医療的ケア児が多かった。
　（昨年度）⇒①口腔・鼻腔内吸引（咽頭より手前）（通学：3,257人，訪問教育：1,170人）
　　　　　　②経管栄養（胃ろう）（通学：3,173人，訪問教育：1,237人）

〇「通学する医療的ケア児」より「訪問教育を受けている医療的ケア児」の数の方が多い医療的ケア項目は，①人工呼吸器の管理，②排痰補助装置の使用，③中心静脈栄養の順であった。
　（昨年度）⇒①人工呼吸器の管理（通学：498人，訪問教育：934人）
　　　　　　②喀痰吸引（気管カニューレ内部）（通学：532人，訪問教育：618人）

〇外部専門家との連携における教師の役割

　外部専門家との連携は必要だけれども，運動・動作や姿勢，移動，食事，排泄等の指導は，理学療法士や作業療法士や介護福祉士に，医療的ケアは看護師や保護者に任せ，教師はそれらの業務に対しては素人であるので，教科指導だけをやればよいという風潮が一部にみられますが，それは望ましいことではありません。自立活動にも明記されているように，肢体不自由児の運動・動作や姿勢，身辺自立，言語コミュニケーションへの支援は教師の行う重要な教育活動として位置づけられなければなりません。

〇肢体不自由教育教員の専門性

　さらに，Lim & Ando（2010）が肢体不自由教育教員の専門性について，「専門知識と技能」「仕事の理解」「協働」「教育に対する熱意」「子どもの健康ケア」をあげ，特に「協働」では，同僚との協働だけでなく，保護者や子どもの教育的ニーズを的確に捉え，医療専門家等の情報を基にして，個別の指導計画を立案する力が要求されるとしています。

（舛地勝人）

理査定，臨床心理面接，臨床心理的地域援助などである。

【参考文献】

Lim, Y. & Ando, T.(2010). Effects of teaching experience and curriculum on teacher's professionalism in education of children with severe and multiple disabilities. *THE JAPANESE JOURNAL OF SPECIAL EDUCATION*, **47**(6), 483-494.

TEA BREAK 5

ロボットが教室にやってくる！
——筑波大学山海教授開発の HAL とは

1 肢体不自由児者の歩行を支える

　肢体不自由とは，四肢（肩関節から手指の部分を指す上肢および股関節から足指の部分を指す下肢）や体幹（胸部や腹部の内臓器をのぞく上半身）の運動機能に障害がある状態をいいます。一口に肢体不自由といっても，その運動機能の障害の範囲や程度は様々ですが，肢体不自由を有する方の多くは歩くことに何らかのむずかしさを抱えています。

　自分の意思で歩くことは，身体面では足の硬さや変形を予防することにもつながりますし，認知面では自分の興味や関心を広げることにもつながるなど，生活の質（QOL）を向上させるという点においてとても重要であると考えられています。

　そのような様々な面で重要な役割を果たす歩行にむずかしさを抱える肢体不自由児者の歩行を補助するための主な機器として，歩行器やクラッチ，車いす等が幅広く使用されています。これらには，使用する人それぞれの障害の程度や状態に合わせた様々な形や使い方があります。

　ところで近年，歩行を助ける機器として，医療分野や福祉分野で注目されているのが，装着型のロボットスーツ HAL®（Hybrid Assistive Limb，以下 HAL）です。そこで，このコラムでは，筑波大学山海嘉之教授が開発した HAL について紹介します。

2 HAL とは

　HAL は，体に装着することにより，身体機能を拡張したり，増幅したりすることができるもので，筑波大学の山海教授によって開発され，研究が続けられています。

　ロボットスーツの重要な活用分野の一つには，歩行や姿勢保持等の運動機能に障害を有する肢体不自由を有する方の歩行支援があります（図6）。装着した人の身体機能を強化，拡張，補助するためのロボットスーツである HAL は，まひ等で動かない神経や筋運動を補助し，歩行や移動を支援するために活用が期待されています。

　HAL はただ単に装着した人の神経や筋運動を補助するだけではなく，装着した人の意思に基づいた随意運動と呼ばれる運動を支援するように開発されています（林ほか，2011）。

　HAL の研究では，装着する人の意思を読み取るために，生体電位信号（BES：Bioelectrical Signal）を用いています。BES は，神経や筋運動を反映した信号の一つであり，関節運動が困難なほど筋力が弱い状況でも計測が可能であるといわれています。この信号から運動意思を抽出して運動アシストを行えば，自力運動が困難な方の随意的な運動訓練を実現する有力なアプローチとなり得ます（林ほか，2011）。

　しかし，脳性まひは，脳の損傷によって，自分の意思に反した不随意運動を伴うことがあるため，HAL が BES を読み取ることはむずかしいと想定されています。そこで HAL の研究では，脳性まひを有する方の BES から本人の意思に基づいた随意的な操作を判別し，歩行の実現を支援する手法を開発しており，そ

の有効性は極めて高いといえます（林ほか，2011）。

3　HAL を用いた歩行支援

　HAL を用いた歩行支援では，自力での運動が困難な重度対まひの方に対する歩行支援（林ほか，2011）や，脳性まひの方に対する動作訓練（武富・山海，2012），ALS（筋萎縮性側索硬化症）の方に対する歩行訓練（正垣ほか，2021）などが行われています。

　HAL を装着した歩行支援中，装着した人は下肢での体重支持を認識していたという結果が出ています（武富・山海，2012）。そのため，車いす等で生活している肢体不自由を有する方が，日常の生活ではなかなか感じることがむずかしいであろう下肢の感覚が刺激されていると考えられます。

　また，HAL を装着して歩行を繰り返すことで，未装着時における動作の改善も期待できると報告されています（武富・山海，2012）。

4　教室に HAL がやってくる！？

　HAL を用いた歩行支援は，コストや安全性の面からもリハビリテーション等の医療現場や介護等の福祉分野の実用性や有用性が期待され，実際の現場で活躍している例もあります。

　地域の小・中学校や特別支援学校に在籍する肢体不自由児の多くは脳性まひを中心とする脳性疾患を原因としています。脳性疾患の特徴は多種多様であり，より多くの適用試験を行うことが必要であると言われています（武富・山海，2012）。今後も研究が進み，脳性疾患を含めた肢体不自由児の症状の共通点と個別に対応すべき点が確認されていくことでしょう。

　HAL を用いた歩行訓練が教室で行われる日もそう

図6　HALを使用した歩行支援（左：HAL未装着時，右：HAL装着時）

出所：武富・山海（2012）

遠くないかもしれません。

（池田彩乃）

参考文献

　林知広・岩月幸一・山海嘉之（2011）．神経・筋活動の制御に支障がある重度対麻痺患者の脚上げ意思推定と歩行アシスト　日本機械学会論文集Ｃ編，**77**（774），439-449.

　正垣明・吉田貴信・川端太嗣・下之園俊隆・影山恭史（2021）．2種類の HAL®治療と作業療法の併用が有効であった筋萎縮性側索硬化症の一症例　作業療法，**40**（4），488-495.

　武富卓三・山海嘉之（2012）．ロボットスーツ HAL による脳性麻痺患者の歩行支援に関する研究　生体医工学，**50**（1），105-110.

教育課程の基準と学習指導要領

1 教育課程とは

○用語について

「教育課程」という用語が公的に用いられたのは，1951（昭和26）年改訂の学習指導要領でした。戦前から戦後初期にかけては「学科課程」や「教科課程」という用語が用いられており，学科や教科の構成や配当時間を示すものでした。それに対し昭和26年改訂の学習指導要領（一般編）では，「児童や生徒たちが望ましい成長発達を遂げるために必要な諸経験をかれらに提供しようとする全体的計画」として，教科以外の教育内容も含む用語として「教育課程」が使われることになりました。戦前の教育においても教科以外の活動がなかったわけではありませんが，戦後の教育において道徳や特別活動等の教科以外の学習が重視されてきたことがこうした用語の使い方に表れています。これ以後，学校における教育の全体計画として「教育課程」という用語が定着してきました。

○学校における教育課程とは

特別支援学校学習指導要領の解説には，教育課程について次のように説明されています。

「学校において編成する教育課程については，学校教育の目的や目標を達成するために，教育の内容を児童生徒の心身の発達に応じ，授業時数との関連において総合的に組織した各学校の教育計画である」。

すなわち，教育課程は，各学校が行う教育の全体計画であり，学校教育の目標，教育の内容，授業時数を考慮して編成されるものです。

学校教育の目的や目標は，教育基本法および学校教育法に規定されています。教育基本法には，教育の目的（第1条）や目標（第2条），義務教育の目的（第5条第2項）等の規定が置かれ，これらをふまえ学校教育法には，特別支援学校の目的（第72条）に関する規定が置かれています。

教育の内容については，学校教育法施行規則および学習指導要領に教育課程を編成する各教科等の構成や，各教科等の目標および内容，指導計画作成上の留意点などが示されています。各学校では，これらの規定を十分に研究し，児童生徒や学校・地域の実態をふまえて具体的な指導内容を組織することになります。

授業時数については，学習指導要領の総則に取扱いが定められています。特

▷1　1951（昭和26）年改訂の学習指導要領
国立教育政策研究所学習指導要領データベース
https://erid.nier.go.jp/guideline.html（2022年12月15日閲覧）

▷2　安彦忠彦（2006）．改訂版教育課程編成論　放送大学教育振興会

▷3　特別支援学校教育要領・学習指導要領解説総則編（2018）．開隆堂出版

別支援学校の小学部・中学部の場合，各学年の総授業時数は小・中学校の総授業時数に準じますが，各教科等の年間の授業時数は各学校で定めることなどが示されています。このほか自立活動の授業時数や授業の1単位時間などの規定に従い各学校で適切に定めることになります。

❷　教育課程の基準と学習指導要領

前項で教育課程を編成する際に法令等の定めがあることに触れましたが，ここで法令や学習指導要領の関係を整理しておきましょう。

まず，学校教育法第77条に，特別支援学校の教育課程等については，幼稚園，小学校，中学校，高等学校に準じて，文部科学大臣が定めるとの規定があります。この規定を受けて学校教育法施行規則に，特別支援学校小学部，中学部，高等部それぞれの各教科等の構成等教育課程編成に関する重要事項が定められています。そして，第129条には，特別支援学校の教育課程等について，学校教育法施行規則に定めるもののほか「……教育課程の基準として文部科学大臣が別に公示する……学習指導要領によるものとする」と規定されています。ここに教育課程の基準としての学習指導要領の法的根拠があります。

では，なぜ教育課程の基準が必要なのでしょうか。法律に定める学校の教育は，公教育として，公の性質を有するものですから，全国的に一定の水準を確保し，全国どこにおいても同水準の教育を受けることのできる機会を確保することが求められます。特別支援学校も，学校教育法第1条に小・中学校等とともに規定される学校ですから，この点に変わりがありません。そのため，特別支援学校における教育の目的や目標を達成するために学校において編成，実施される教育課程について，国として一定の基準を設けて，ある限度において国全体としての統一性を保つことが必要となります。

一方，教育は，その本質からして児童生徒の障害の状態，発達の段階や特性，学校や地域の実態などに応じて効果的に行われることが大切であり，また，各学校において教育活動を効果的に展開するためには，学校や教師の創意工夫に負うところが大きいものです。

このような観点から，学習指導要領は，すべての児童生徒に対して確実に指導しなければならない内容が示される一方，示されていない内容を加えて指導することができること，授業の1単位時間や授業時数の標準が示される一方，それらを弾力的に運用することができることなど，各学校が守らなければならないことと同時に各学校が創意工夫できることを示すものとなっています。

（下山直人）

▷4　授業時数の標準
小学校については，学校教育法施行規則第51条に規定される別表第1。
中学校については，学校教育法施行規則第73条に規定される別表第2。

▷5　公の性質に関する文部科学省の法令解釈
広く解すれば，おおよそ学校の事業の性質が公のものであり，それが国家公共の福利のためにつくすことを目的とすべきものであって，私のために仕えてはならないという意味。狭く解すれば，法律に定める学校の事業の主体がもともと公のものであり，国家が学校教育の主体であるという意味。
https://www.mext.go.jp/b_menu/kihon/about/004/a004_06.htm（2022年12月15日閲覧）

▷6　学習指導要領の基準性
特別支援学校小学部・中学部学習指導要領（2017）第1章第3節3の(1)のア及びイの規定参照。

2 教育課程の原理と編成

① 教育課程編成の原則

　学校における教育課程編成の原則について，特別支援学校小学部・中学部学習指導要領には次のように示されています。

　「各学校においては，教育基本法及び学校教育法その他の法令並びにこの章以下に示すところに従い，児童又は生徒の人間として調和のとれた育成を目指し，児童又は生徒の障害の状態や特性及び心身の発達の段階等並びに学校や地域の実態を十分考慮して，適切な教育課程を編成するものとし，これらに掲げる目標を達成するよう教育を行うものとする。」▶1

○教育課程編成の主体

　「各学校において……適切な教育課程を編成する」と示されていることから明らかなように，教育課程を編成する主体は各学校です。このことは，各学校が校長を責任者▶2として教職員の協力の下に教育課程を編成することを意味しています。

○法令等に従うこと▶3

　各学校において編成される教育課程については，教育基本法及び学校教育法その他の法令▶4に定めがありますから，こうした法令等に従って編成しなければなりません。「この章以下に示すところ」とは，言うまでもなく学習指導要領の総則，各教科等の規定を指しています。

○人間として調和のとれた育成を目指し，児童生徒や学校等の実態を十分考慮すること

　児童生徒の障害の状態や特性および心身の発達の段階等は多様であり，これらを踏まえることなしに教育を行うことはできません。また，学校の施設・設備，教職員の人数や専門性，教材の整備状況等，さらには学校の立地条件や地域にある教育資源の状況等を考慮することも教育計画を立てる上では重要なことです。各学校においては，児童生徒の実態はもちろんのこと学校や地域の実態を十分考慮して教育課程を編成する必要があります。

　「児童又は生徒の人間として調和のとれた育成」とは，知・徳・体のバランスのとれた「生きる力」の育成であり，知識および技能の習得，思考力，判断力，表現力等の育成，学びに向かう力や人間性等の涵養という，資質・能力を偏りなく身に付けることを意味しています。

▶1　特別支援学校小学部・中学部学習指導要領（2017（平成29）年4月告示）第1章第2節の1

▶2　校長の職務
「校長は，校務をつかさどり，所属職員を監督する」（学校教育法第82条：同法第37条の準用規定）。この規定は，教育課程編成の権限と責任が校長にあることを示すとともに，校長が所属する教職員に編成作業を分掌させることがきることを示している。

▶3　⇨Ⅳ-6 参照。

▶4　その他の法令としては，学校教育法施行規則，地方教育行政の組織及び運営に関する法律などがある。

　各学校では，以上述べたような点を踏まえて教育課程を編成し，教育基本法^{▶5}等法令に掲げる目標の達成を目指して教育を行うことが求められています。

② 教育課程の編成

　教育課程は，各学校が教育目標の達成を目指して，どのような教育を行うのか，その全体計画を示したものです。

　教育課程の編成に当たっては，まず，各学校が児童生徒や学校の実態等を踏まえて具体的な教育目標を定めることが大切です。次に，その目標を達成するために各教科等の教育内容を選択・組織し，授業時数を定めて教育課程を編成していきます。

③ 学校の教育目標の設定

　法令等に定められた目標は一般的なものです。各学校においては，児童生徒および学校や地域の実態等を分析して教育課題を明確にし，具体的な教育目標を設定する必要があります。

　学校において，教育目標を設定する際には次のような手順が考えられます。

・教育基本法や学校教育法に掲げられる目的や目標，学習指導要領に定められている特別支援学校各部の目標や各教科等の目標等を確認する。
・教育委員会の方針等^{▶6}を確認する。
・児童生徒の障害の状況や発達の段階，特性ならびに学校や地域の実態，進路の状況等から教育課題を検討する。
・教職員の願い，保護者や地域の人々の願いを考慮する。

　以上のことを踏まえて学校の教育目標を設定します。特別支援学校の場合には，幼稚部，小学部，中学部，高等部等各部の教育目標，必要に応じて児童生徒の発達段階に応じた目標等を検討します。

④ 各教科等の教育内容の選択

　次に，学校の教育目標を達成するために各教科等の内容を選択し，基礎的・基本的な内容や重点を置くべき内容等を明確にしていきます。

○教育課程を構成する各教科等

　教育課程を構成する各教科等については学校教育法施行規則^{▶7}に定められています。たとえば，特別支援学校の小学部の教育課程は，国語，社会，算数，理科，生活，音楽，図画工作，家庭，体育および外国語の各教科，特別の教科である道徳，（以下，「道徳科」という），外国語活動，総合的な学習の時間，特別活動ならびに自立活動（以下，各教科等）によって編成されることが示されています。また，知的障害の児童を教育する場合には，生活，国語，算数，音楽，図画工作および体育の各教科^{▶8}，道徳科，特別活動ならびに自立活動で編成し，

▶5　法令等に掲げられている目標
教育基本法第2条：教育の目標。
学校教育法第21条：義務教育の目標
学校教育法第23条：幼稚園教育の目標
学校教育法第30条：小学校教育の目標
学校教育法第46条：中学校教育の目標
学校教育法第51条：高等学校教育の目標
特別支援学校幼稚部教育要領：特別支援学校幼稚部の目標
特別支援学校小学部・中学部学習指導要領：特別支援学校小学部及び中学部の目標
特別支援学校高等部学習指導要領：特別支援学校高等部の目標

▶6　教育委員会と学校の関係
公立の学校の場合，教育委員会は，学校の教育課程に関する事務を管理，執行し，法令又は条例に違反しない限度において教育課程において必要な教育委員会規則を定めるものとされている（地方教育行政の組織及び運営に関する法律第21条第5号及び同第33条第1項）。

▶7　教育課程の構成する各教科等に関する学校教育法施行規則の規定
　小学校　　第50条
　中学校　　第72条
　高等学校　第83条
　特別支援学校小学部　第126条
　同中学部　　第127条
　同高等部　　第128条
▶8　知的障害の児童を教育する場合の教科
「生活」「国語」等小学校と

必要がある場合には外国語活動を加えることができると示されています。

○各教科等の目標，内容

　各教科等の目標，内容および指導上の留意点については，学習指導要領に定められています。ただし，知的障害のない児童生徒を教育する際に取り扱う国語や算数等の各教科については，小学校等の各教科と同じものであり，特別支援学校の学習指導要領に目標や内容等は記載されていません。そのため，小学校学習指導要領等を参照しなければならないことに留意してください。

○内容等の取扱いの原則 ▷9

　特別支援学校の小学部と中学部については，次のように示されています。

- ・学習指導要領に示された各教科等の内容は原則としてすべての児童生徒に指導すること。また児童生徒の学習状況などに応じて学習指導要領に示していない内容を加えて指導することも可能であること（学習指導要領の基準性）
- ・学習指導要領に示した各教科等の内容に掲げる事項の順序は，特に示す場合を除き指導の順序を示すものではないこと
- ・知的障害の特別支援学校において，各教科の指導を行うに当たっては，学習指導要領に示された各教科の段階に示す内容を基に，児童生徒の知的障害の状態や経験等に応じて，具体的に指導内容を設定すること

○重複障害者等に関する教育課程の取扱い

　重複障害者等の指導に当たっては次のような特例が設けられています。

- ・障害の状態により特に必要がある場合には，各教科等の目標および内容に関する事項の一部を取り扱わないこと。各教科の目標および内容の一部または全部を当該学年より前の各学年の目標および内容の一部または全部によって替えることができること ▷10
- ・重複障害者のうち知的障害を併せ有する者については，各教科の目標および内容に関する事項の一部または全部を，知的障害の特別支援学校の各教科の目標および内容に関する事項の一部または全部に替えることができること。小学部については外国語科と総合的な学習の時間を，中学部については外国語科を設けないことができること
- ・重複障害者のうち，障害の状態により特に必要がある場合には，自立活動を主として指導を行うことができること ▷11

⑤ 授業時数の配当

　授業時数については，学校教育法施行規則に小学校 ▷12，中学校 ▷13 の年間の総授業時数および各教科等の年間授業時数について定めがあります。

　特別支援学校の小学部，中学部については学習指導要領において小学校，中学校の総授業時数に準ずること，各教科の授業時数については各学校で適切に

同じ教科名であっても，学習指導要領に示されている目標および内容等は異なる点に留意。

▷9　内容等の取扱いの原則
ここに示したもののほか特別支援学校の小学部については，「学年の目標及び内容をまとめて示した教科の内容の取扱い」，同中学部については，「選択教科を開設する際の留意事項」等が示されている。また，小学部，中学部それぞれに，「知的障害者である児童（生徒）に対する教育を行う特別支援学校における各教科等の取扱い」等が示されている。

▷10　重複障害等に関する教育課程の取扱い
ここに示したほか，中学部の各教科および道徳科の目標および内容に関する事項の一部または全部を，小学部の各教科および道徳科の目標および内容に関する事項の一部または全部によって替えられる規定などがある。

▷11　自立活動を主とした指導
特に必要がある場合には，各教科，道徳科，外国語活動もしくは特別活動の目標および内容に関する事項の一部または各教科，外国語活動もしくは総合的な学習の時間を自立活動に替えることができる。道徳科及び特別活動の全部は替えられないことに留意する必要がある。

▷12　学校教育法施行規則第51条別表第1

▷13　学校教育法施行規則第73条別表第2

定めることが示されています。各教科等の授業時数を各学校で定めることがで
きるとされているのは，特別支援学校には自立活動の指導があるため，各教科
等の年間の授業時数を調整する必要があるためです。

　また，重複障害者を教育する場合や訪問教育の場合には，特に必要があると
きには実情に応じた授業時数を定めることができることとされています。

　このような規定を踏まえ，各教科等に年間の授業時数を割り当てていきます。
また，年間の授業時数の範囲内で，学期，月，週ごとの各教科等の授業時数を
定めていきます。

⑥ 指導内容の組織

　各教科，道徳科，外国語活動，総合的な学習の時間，特別活動および自立活
動について，内容相互の関連を明確にし，発展的，系統的な指導ができるよう
指導内容を配列し，組織します。また，指導の効果を考慮して，合科的・関連
的な指導[14]や各教科等を合わせた指導等について検討します。

○各教科および各教科等を合わせた指導（授業に関する特例）

　特別支援学校においては，特に必要がある場合，各教科を合わせて授業を行
うことができます[15]。また，知的障害や重複障害がある児童生徒に対する授業に
おいては，各教科だけではなく，道徳科，外国語活動，特別活動及び自立活動
も合わせて授業を行うことができます[16]。

⑦ 教育課程の評価と改善

　教育課程は，学校教育目標を達成するための計画ですから，一定期間の実践
を評価して，必要に応じて改善を図る必要があります。評価の観点を定め，資
料を収集し，教育目標の達成状況などを評価します。問題点については，原因
と背景を検討しながら改善案を作って実施することが求められます[17]。

○カリキュラムマネジメント

　2017（平成29）年に改訂された学習指導要領では，教育課程の評価と改善に
関する取り組みを含めて，「カリキュラム・マネジメント」を行うよう努める
ことが強調されています。

　カリキュラム・マネジメントには，次の三つの側面があります。

・児童生徒や学校，地域の実態を適切に把握し，教育の目的や目標の実現に必
　要な教育の内容等を教科等横断的な視点で組み立てていくこと

・教育課程の実施状況を評価してその改善を図っていくこと

・教育課程の実施に必要な人的または物的な体制を確保するとともにその改善
　を図っていくこと

（下山直人）

▷14　合科的・関連的指導
合科的な指導とは，単元ま
たは1コマの時間の中で，
複数の教科の目標や内容を
組み合わせて学習活動を展
開するもの。
関連的指導とは，教科別に
指導するにあたって，各教
科等の指導内容の関連を検
討し，指導の時期や指導の
方法などについて相互の関
連を考慮して指導するもの。

▷15　学校教育法施行規則
第130条第1項

▷16　学校教育法施行規則
第130条第2項

3 障害特性をふまえた教科指導Ⅰ

① 各教科の目標設定と学習評価

　肢体不自由のある子どもが学ぶ各教科は，基本的には，小学校，中学校，高等学校（以下，小学校等）の各教科と同一です。ただし，知的障害を伴う場合は，小学校等の各教科に替えて知的障害特別支援学校の各教科を指導することができます。ここでは，肢体不自由のある子どもに対する小学校等の各教科の指導について述べます。

　小学校等の各教科の学習評価については，**目標準拠評価**[1]が重視されています。目標準拠評価では，指導に先立って，子どもの実態や次に達成をめざす目標が学習指導要領に示された各教科の目標系列のどの段階に位置づくのかを把握することが重要になります。授業では，学習指導要領の目標系列における子どもの目標の位置づけをふまえて，単元（題材）目標と**評価の観点**[2]別の評価規準を設定します。**評価規準**[3]を設定する具体的な手順については，国立教育政策総合研究所が参考資料を示していますので参照してください[4]。授業後の学習評価では，授業中の子どもの姿を予め設定しておいた評価規準に照らして，目標の達成状況を評価することになります。

　肢体不自由のある子どもに小中学校等の各教科を指導する場合，その目標および内容は通常の子どもたちと共通です。しかし，上肢を意のままに動かせない，筋緊張のためにスムーズに音声を発することができない等，個々の子どもの多様な実態を考慮することが求められます。肢体不自由のある子どもに対する各教科の指導に際しては，個々の実態が学習活動に及ぼす影響を把握した上で，授業を通して引き出したい具体的な姿を個別に文章化しておくこと（**個別の評価基準**[5]の設定）が重要になります。

② 肢体不自由のある子どもの障害特性

　肢体不自由のある子どもは，上肢操作や移動，体幹保持の困難のほか，目と手の協応動作の困難，図地関係の逆転，空間認知の困難，発声や発語器官の運動の困難など，様々な障害を随伴する場合が多くみられます。したがって，肢体不自由のある子どもに対する各教科の指導においては，障害特性が学習に及ぼす影響を把握し，それに対応する指導の工夫を図ることが求められます。表Ⅵ-3-1にその例を示しました。

▷1　**目標準拠評価**
学習指導要領に示された目標に照らして学習の達成度をみる評価。

▷2　**評価の観点**
「知識・技能」「思考・判断・表現」「主体的に学習に取り組む態度」の3観点。

▷3　**評価規準**
「何を評価するのか」を示した質的な判断の根拠。

▷4　国立教育政策研究所（2020）「指導と評価の一体化」のための学習評価に関する参考資料

▷5　**個別の評価基準**
目標規準をより具体的に，量的・段階的に示したもので，「個別の指導計画」で押さえられている個々に必要な手だて・配慮も表記に盛り込んだ「目指す姿」。

表Ⅵ-3-1 障害特性に対する指導の工夫および配慮の例（上肢障害の場合）

学習に及ぼす影響	指導の工夫および配慮の例
文字を書くことが難しい	・書くこと自体が目標ではない授業では書字量を最小限にする 　（プリントの活用や教師による代筆，計算時の電卓の利用等） ・パソコン等の代替機器の活用
手指を使った作業が難しい	・道具の改良，補助具の利用 ・作業手順の単純化 ・不随意的な動きにも対応した作業スペースの確保
時間がかかる	・授業計画段階での目標の重点化，作業時間確保

表Ⅵ-3-2 肢体不自由のある子どもに教科指導を行う際の配慮事項

① 体験的な活動を通して言語概念等の形成を的確に図り，児童の障害の状態や発達の段階に応じた思考力，判断力，表現力等の育成に努めること。
② 児童の身体の動きの状態や認知の特性，各教科の内容の習得状況等を考慮して，指導内容を適切に設定し，重点を置く事項に時間を多く配当するなど計画的に指導すること。
③ 児童の学習時の姿勢や認知の特性等に応じて，指導方法を工夫すること。
④ 児童の身体の動きや意思の表出の状態等に応じて，適切な補助具や補助的手段を工夫するとともに，コンピュータ等の情報機器などを有効に活用し，指導の効果を高めるようにすること。
⑤ 各教科の指導に当たっては，特に自立活動の時間における指導との密接な関連を保ち，学習効果を一層高めるようにすること。

❸ 肢体不自由のある子どもに教科指導を行う際の配慮事項

　特別支援学校小学部・中学部学習指導要領第2章各教科には，肢体不自由のある子どもに教科指導を行う際の配慮事項として表Ⅵ-3-2の5点が示されています。

　②の指導内容の精選に関する内容や④の機器等の活用，⑤の自立活動における指導との関連については，従来の学習指導要領においてもその必要性が明記されてきました。先に述べたように，肢体不自由のある子どもは様々な学びにくさに直面します。一方で，肢体不自由のある子どもは各教科に加え自立活動の指導を受けることから，通常の子どもたちに比してより少ない授業時数の中で，通常の子どもたちと同じ各教科の目標を達成しなければなりません。よって，教師には，各教科の内容を通して目標を達成できるよう指導内容を精選することが求められます（②）。また，機器等の活用については，各教科の授業の目標を吟味し，その目標を達成するために必要な手だてとして適切に活用することが重要です（④）。さらに，自立活動の時間に培った力の定着や，その力を発揮して各教科の学びをより確かなものにするためには，各教科と自立活動の指導の関連を図ることが不可欠です（⑤）。

❹ 肢体不自由のある子どもの表現する力の育成

　2008（平成20）年3月告示の学習指導要領では，基礎的な知識・技能の定着，学習に取り組む意欲を養うこととともに，「知識・技能を活用し，自ら考え，判断し，表現する力」の育成が重視され，様々な表現のしにくさを抱える肢体

不自由のある子どもの指導で必要となる配慮として①が新設されました。

　書く，描く，組み立てる等，各教科の授業で思考し判断したことを表現する方法は多様です。その各場面において，肢体不自由のある子どもは表現したいのにうまくいかない事態に直面することが想定されます。上肢操作に困難を伴う場合，効果的に伝えるための文章構成のアイデアをもっていても，「書く」ことの負担から短い作文で済ませてしまう子どもがいます。構音障害のためスムーズに「話す」ことが難しい子どもには「表現したいことの大体を伝えることでよしとせざるを得ない」経験が少なくありません。空間認知に困難を伴う場合，表現したい形や図を思うように描けないこともあります。

　また，「表現する力」を発揮するためには「思考・判断」の学習が十分に成立していることが前提となります。しかし，情報の入力や整理に困難を抱える子どももいます。図─地の弁別の困難ゆえに，教科書の文章を読むことや提示された資料から必要な情報を探し出すこと自体に大きな負荷がかかっている場合があります。上肢操作の困難から，思考したことや表現したいことの要点や構成をメモに取ることができないために，自らの考えを十分に整理できないまま，発表の機会を迎える場合も想定されます。

　肢体不自由のある子どもの「表現する力」をはぐくむためには，表現に至る各々の段階での困難に焦点を当てた工夫が欠かせません。

⑤ 肢体不自由のある子どもが示す認知面の困難

　肢体不自由のある子どもの中には，視力には問題がないのに，視覚を十分に活用できないことや視知覚認知の発達の異常が原因で，文字の弁別や認知が難しかったり，再生が困難であったりする子どもがいます（③）。このような困難を抱える子どもたちに対する指導の工夫の必要性については昭和30年代後半から指摘されていましたが，教育実践の現場で十分に継承されなかった経緯があります。

　たとえば，子どもたちが各教科の学習場面で示す困難は以下の通りです。

　図─地の弁別がうまくいかないために，読んでいる場所を見失う，文字飛ばしや行飛ばしをしてしまうことがあります。また，定規や分度器の目盛り，グラフ，地図，統計資料，楽譜等，同時に提示された多くの情報から必要な情報を読みとることに困難を示します。部分への注意を払うことができずに，似た漢字（「旅」と「族」）や形の似たアルファベット（「b」と「d」）を混同し，「b」と「6」を区別できないために数学の方程式で誤答することもあります。

　また，空間における位置関係を把握することが苦手なために，文字の形を整えることができなかったり，罫線やマス目のない白紙に文章を書く場合に，どこから書き出したらよいのか困惑し，配置や文字の大きさのバランスを取ることが難しいことがあります。筆算の方法は理解しているのに書くと位がずれて

しまい誤答してしまう，グラフの構造は理解していても多くの罫線が交差するグラフ用紙上に座標を記すことができない等の困難もあります。このほかにも，理科では，実験器具相互の位置関係を把握して実験装置を組み立てることや，空間図で示された天体の位置や動きを理解する学習で苦労する，社会では，身近な地域の調査学習で校外に出た際に，周囲の位置関係を把握しながら移動することが難しい，等があげられます。さらに，図工・美術では，顔を描く際に顔の輪郭に対して的確な位置に目や鼻を配置して描くこと，三次元の世界を二次元に再構成すること，等で困難がみられます。

　実際の授業における手だてとしては，「情報量を整理すること」「色や太さ，コントラストを工夫して注目してほしい箇所を目立たせること」「デジタルカメラを活用する，等して，三次元を二次元に再構成する手がかりを提示すること」「子どもが比較的得意とする聴覚情報，ことばを用いて適切に指示を添えること」等があげられます。また，「本人の身体感覚を十分に使って位置や方向を確かめたり，視点の変化による形の見え方の違いに気づかせること」も重要です。なお，ことばによる指示情報が増え過ぎてしまうと，その情報の中から大事な点を聞き取る，読み取ることが難しくなるため，ポイントを的確に簡潔に伝える工夫が必要です。工夫の詳細については，文献[6]を参照してください。

６ 同単元異目標による指導の必要性

　特別支援学校（肢体不自由）における各教科の授業では，同学年の学習集団でも，当該学年の目標の達成をめざす子どもと下学年の目標を適用した学習に取り組む子どもが，同一集団で学んでいることも少なくありません。このように個々の実態に幅のある集団の授業では，**同単元異目標**[7]による展開の工夫が求められます。実態に幅のある集団の授業を一人の教師が担当する際に，個々の子どもに個別に課題を用意して個々に対応することに終始してしまうと，集団のもつ良さを生かせないだけでなく，待ち時間が増えたり，集中が途切れてしまったりすることで，自らの課題に十分に取り組むことのできない子どもが出てきてしまいがちです。同じ単元や題材の学習の中で，個々の実態に応じた目標を設定し（実態によっては単元（題材）目標を数種類設定することもあります），子どもから引き出したい姿を個別に具体化しておくことが，多様な個々の実態に応じた授業を成立させるためには不可欠です。

　肢体不自由のある子どもたちに対する各教科の指導では，個の実態への対応と同時に個々の多様性にも応じなければなりません。様々な制約の中で個々の子どもの各教科の力を最大限に伸ばすためには，学習指導要領に示された各教科の目標や内容を正確に理解しておくことが前提となります。個々の実態への柔軟な対応を担う教師には，一層の教科の指導力が求められます。　（一木　薫）

▶6　筑波大学附属桐が丘特別支援学校（2008）．肢体不自由のある子どもの教科指導Q＆A——「見えにくさ・とらえにくさ」をふまえた確かな実践　特別支援教育における肢体不自由教育の創造と展開　ジアース教育新社
筑波大学附属桐が丘特別支援学校（2011）．「わかる」授業のための手だて——子どもに「できた！」を実感させる指導の実際　特別支援教育における肢体不自由教育の創造と展開　ジアース教育新社

▶7　同単元異目標
同じ単元の中で，個々の目標が学習指導要領のどこに位置づくかを見極めて展開の工夫を図る指導。

障害特性をふまえた教科指導Ⅱ
肢体不自由をふまえた体育の指導等

 体育科の指導を通して育てたい力

　肢体不自由のある子どもの指導で困難が想定される教科の一つに体育科があります。小学校の体育科は，「体つくり運動」「器械運動」「陸上運動」「水泳運動」「ボール運動」「表現運動」「保健」（以上，第5学年および第6学年の場合）の内容から構成されます。上肢操作に障害を伴う場合，たとえばマットや鉄棒，跳び箱運動を扱う「器械運動」で困難が想定されます。下肢に障害があり車椅子を使用している場合は，「陸上運動」の走り幅跳びや走り高跳びを授業で扱うことは難しくなります。このような場合，「児童又は生徒の障害の状態により特に必要がある場合には，各教科及び外国語活動の目標及び内容に関する事項の一部を取り扱わないことができる」とした「重複障害者等の教育課程の取扱い」▷1を適用することになります。

▷1　特別支援学校学習指導要領第1章総則第8節重複障害者等に関する教育課程の取扱い

　しかし，その適用の判断に際しては，体育科の目標で重視していることは，技能面だけではないことを十分に理解しておくことが重要です。小学校学習指導要領（2017（平成29）年告示）では，「体育や保健の見方・考え方を働かせ，課題を見付け，その解決に向けた学習過程を通して，心と体を一体として捉え，生涯にわたって心身の健康を保持増進し豊かなスポーツライフを実現するため」に育成する資質・能力として観点別に目標を示しています。体育科で育む資質・能力は，運動の技能だけではなく，運動への関心や自ら運動をする意欲，運動の楽しさや喜びを味わえるよう自ら工夫する力も含まれます。これらの資質や能力を育てるためには，子どもの心身の発達的特性を把握し，個々の能力や適性，興味・関心等に応じた学習内容を検討し，運動の楽しさや喜びを味わい，自ら考えたり工夫したりしながら運動の課題を解決するような学習活動の展開や学習評価の工夫を図ることが求められます。

　肢体不自由のある子どもの体育の指導については，これらの趣旨をふまえ，重複障害者等に関する教育課程の取扱いを適用するのか，ルールや手だての工夫により個々の実態に即した目標設定が可能なのか，丁寧に検討することが重要です。

2 目標を吟味することが重要

　たとえば，器械運動の学習指導では，子どもたちが自己の能力に適した技に取り組んだり，その技を習得したりすることが課題に取り上げられます。そこ

表Ⅵ-4-1 「器械運動」の評価規準（例）

主体的に学習に取り組む態度	運動に積極的に取り組もうとし，約束を守り助け合って運動をしようとしていたり，仲間の考えや取組を認めようとしていたり，場や器械・器具の安全に気を配ったりしている。
思考・判断・表現	自己の能力に適した課題の解決の仕方や技の組み合わせ方を工夫しているとともに，自己や仲間の考えたことを他者に伝えている。
知識・技能	マット運動では，回転系や巧技系の基本的な技を安定して行ったり，その発展技を行ったり，それらを繰り返したり組み合わせたりしている。

出所：国立教育政策研究所教育課程研究センター（2020）

で，教師には，個々の子どもが自己の技能に応じた技を選択したり，必要な補助具を活用して取り組むことができるように配慮することが求められます。実際の評価で重視するのは表Ⅵ-4-1の点です。また，短距離走・リレー，走り幅跳びや走り高跳びを扱う陸上運動系の領域では，走・跳の運動を行うための基本的な動きの習得や，自己の能力に適した課題の設定と記録の更新が重視されます。個々の子どもが自己の能力と向き合いながら次の目標の達成に向けて練習の仕方を工夫できるように指導することが重要になります。

上肢障害や下肢障害のために，鉄棒運動や跳び箱運動，走り幅跳び等，扱うことが難しい場合もあります。しかし，運動の楽しさを味わうことや安全確保の姿勢，自己の能力に応じた課題の設定やその達成に向けた練習の工夫，そして自己記録の更新等の側面は，障害の状態に応じた取り組みが可能です。教師には目標の吟味と指導の工夫が求められます。

> 2 国立教育政策研究所教育課程研究センター（2020）「指導と評価の一体化」のための学習評価に関する参考資料（小学校体育）

3 特別支援学校（肢体不自由）における体育指導の実際

小学校第5学年および第6学年のボール運動では，主にバスケットボールやサッカー，バレーボールが扱われます。肢体不自由のある子どもの場合，通常のルールや道具では難しいことが少なくありません。そこで，肢体不自由特別支援学校では，次のような工夫も実践されています。たとえば，バスケットボールの場合，各チームに通常のゴールとそれよりも低いゴールの2つのゴールを設け，個々のプレーヤーの上肢操作の実態に応じて，どちらのゴールにシュートを放つのか，また，それぞれの得点のカウントの仕方について独自のルールを考案することがあります。サッカーでは，車椅子サッカーが行われています。車椅子の足台の周囲にバンパーを装着することで，衝突時の衝撃の軽減やボールが足台の下に入り込む事態の回避を図ります。バレーボールでは，通常のボールを風船に替えてゲームが行われます。通常のボールではボールのスピードに上肢操作が追いつかない子どもも，風船を用いることで球の動きに合わせたポジション移動や上肢の動きを発揮することができます。

これらの授業で達成を目指す目標は通常の体育科と共通です。肢体不自由の子どもの学びにくさは，各教科で求める技能の習得の側面で注目されがちです。しかし，技能の側面だけを重視する教科はありません。教師による各教科の目標の吟味が大変重要です。

（一木 薫）

5 肢体不自由者と各教科等を合わせた指導

1 知的障害特別支援学校の各教科と各教科等を合わせた指導

　肢体不自由のある子どもが知的障害を併せ有する場合は，小学校等の各教科に替えて知的障害特別支援学校の各教科を指導することができます。実際の指導では，国語や算数といった各教科別に指導する場合もあれば，各教科，道徳，特別活動および自立活動の一部または全部を合わせて指導する場合もあります（図Ⅵ-5-1参照）。この各教科等を合わせた指導は，指導形態の一つであり，学校教育法施行規則第130条第2項に「特別支援学校の小学部，中学部又は高等部においては，知的障害者である児童若しくは生徒又は複数の種類の障害を併せ有する児童若しくは生徒を教育する場合において特に必要があるときは，各教科，道徳，外国語活動，特別活動及び自立活動の全部又は一部について，合わせて授業を行うことができる」と示されていることに拠るものです。

　「何を（教育内容）」「どのように（指導形態）」指導すると，子どもの力を確実に伸ばすことができるのか，的確な判断が求められます。

2 知的障害教育における各教科等を合わせた指導

　知的障害教育では，戦後の「**水増し教育**▶1」に対する反省から，昭和30年代に，知的障害のある子どもの将来の生活に向けて必要な教育内容の検討が図られま

▶1　水増し教育
学年を下げた各教科の内容を丹念に繰り返し指導する教育。

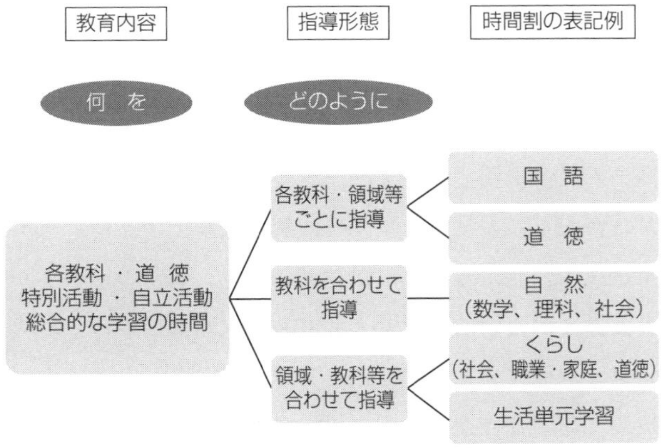

教育内容	指導形態	時間割の表記例
何　を	どのように	

各教科・道徳　特別活動・自立活動　総合的な学習の時間

　各教科・領域等ごとに指導
　　国　語
　　道　徳

　教科を合わせて指導
　　自　然（数学、理科、社会）

　領域・教科等を合わせて指導
　　くらし（社会、職業・家庭、道徳）
　　生活単元学習

図Ⅵ-5-1　教育内容と指導形態

（注）図中の「自然」や「くらし」は（　）内の教科や領域を合わせた
　　　指導の一例である。時間割上の名称は，各学校で設定することが
　　　できる。

した。その代表的なものが，教育内容を「生活」「生産」「健康」「情操」「言語」「数量」の6つの領域に分けて示した「六領域案」です。また，子どもたちに生活に役立つ力を身につけさせる方法として，指導内容を生活を通して具体的・総合的に与える方法が開発されました。これが，各教科等を合わせた指導であり，その代表的な指導形態が「日常生活の指導」「遊びの指導」「生活単元学習」「作業学習」です。

特別支援学校学習指導要領は「各学校が各教科，道徳，特別活動及び自立活動の全部又は一部を合わせて指導を行う場合には，各教科，道徳，特別活動及び自立活動のそれぞれの目標及び内容を基に，児童又は生徒の知的障害の状態や経験等に応じて，具体的に指導内容を設定するものとする」と示しています。各教科等を合わせた指導では，個々の子どもの実態に応じた単元を各教科等の目標および内容をふまえて教師が設定します。教師の設定する単元が，子どもの学習内容を左右します。各教科別の指導以上に単元設定の力が求められる指導形態です。よって，授業で設定した指導内容のそれぞれについて，各教科等の目標および内容のどの部分をもとにしたものなのか，教師間で共有し，保護者への説明ができるよう，子どもの実態把握から単元や指導内容の設定に至る道筋を明確にしておくことが重要です。

❸ 肢体不自由に対応した指導の必要性

現在，知的障害を伴う肢体不自由のある子どもの指導に，この各教科等を合わせた指導形態を取り入れている学校は少なくありません。子どもが見通しをもって主体的に取り組む活動を中核に据える生活単元学習や作業学習は，その活動の中で子ども自身が試行錯誤や軌道修正を図りながら課題を解決していくプロセスを保障することができれば，子どもたちに確かな学力をもたらすでしょう。しかし，知的障害を伴う肢体不自由のある子どもの場合，肢体不自由の障害特性から，主体的に動くこと自体に制約が生じることが少なくありません。知的障害のある子どもの実態に応じた教育の必要性から開発された領域・教科を合わせた指導形態を，そのまま用いるのではなく，動作の不自由や言語障害等を考慮した単元設定や活動内容の選定が不可欠です。

各教科等を合わせた指導形態は，各学校が必要に応じて選択するものです。知的障害を伴う子どもには各教科等を合わせた指導を行うことを国が規定しているわけではありません。各教科等における個々の実態把握と目標設定を行った上で，教科別に指導するのか，合わせて指導するのか，最適な指導形態を特別支援学校が責任をもって選択することになります。

（一木　薫）

6 自立と社会参加を目指す
総合的な学習の時間

1 総合的な学習の時間とは

　総合的な学習の時間は，国際理解教育や情報教育，環境教育等を行う社会的要請が強まる中，教科等の枠を超えた横断的・総合的な学習を推進する必要性が高まったことを背景に，1998（平成10）年に告示された学習指導要領で新設されました。その後，2003（平成15）年の一部改正を経て，2008（平成20）年の学習指導要領改訂では，各教科の学習活動を通して基礎的・基本的な知識・技能の定着や習得した知識・技能の活用を図り，総合的な学習の時間には一つの教科等の枠に収まらない複合的な問題に探求的に取り組む学習活動を充実させることが明示されました。学習指導要領（2017（平成29）年告示）では，「探究的な見方・考え方を働かせ，横断的・総合的な学習を行うことを通して，よりよく課題を解決し，自己の生き方を考えていくため」に，「(1)探究的な学習の過程において，課題の解決に必要な知識及び技能を身に付け，課題に関わる概念を形成し，探究的な学習のよさを理解するようにする」「(2)実社会や実生活の中から問いを見いだし，自分で課題を立て，情報を集め，整理・分析して，まとめ・表現することができるようにする」「(3)探究的な学習に主体的・協働的に取り組むとともに，互いのよさを生かしながら，積極的に社会に参画しようとする態度を養う」ことを目標として掲げています。

2 総合的な学習の時間における探求的な学習

　総合的な学習の時間における探求的な学習について，小学校学習指導要領解説の総合的な学習の時間編は「問題解決的な活動が発展的に繰り返されていく一連の学習活動」であり，「物事の本質を探って見極めようとする一連の知的営み」であると示しています（図Ⅵ-6-1）。自ら課題を設定し，収集した情報を整理・分析し，明らかになった考えや意見等をまとめて表現する。そこから新たな課題を発見し，さらなる問題解決に取り組む。総合的な学習の時間の指導では，この一連の学習活動を十分に保障することが求められます。

　肢体不自由のある子どもの場合，上肢操作や移動の困難，認知面の困難，言語障害等がそれぞれの学習活動に影響を及ぼすことが想定されます。よって，個々の子どもに想定される学習上の困難をふまえ，一連の学習活動を成立させるための手だての工夫を図ることが重要です。

▷1　文部科学省（2008）. 小学校学習指導要領解説総合的な学習の時間編

③ 各学校の創意工夫が求められる

　総合的な学習の時間については，各教科のように学習指導要領に具体的な目標や内容が示されず，各学校が地域や子どもの実態等に応じてそれらを設定する点が特徴的です。指導計画の作成にあたっては，まず，学習指導要領に示された総合的な学習の時間の目標をふまえ，自校の総合的な学習の時間の目標を設定します。学校教育目標やめざす子ども像に向けて，各教科や道徳，自立活動等で育成する力を確認した上で，総合的な学習の時間で育てたい子どもの姿

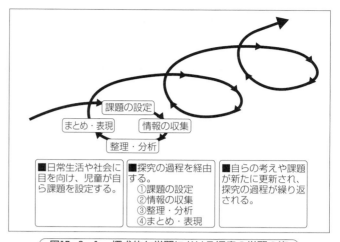

図Ⅵ-6-1　探求的な学習における児童の学習の姿
出所：文部科学省（2008），p.13より引用

を検討します。次に，その総合的な学習の時間でめざす姿に向けて子どもに育みたい資質や能力，態度について具体化を図ります。活動内容の検討に際しては，課題設定から問題解決や探究活動に至る過程に，体験活動や調査，発表や討論等の機会を位置づけることや，他者と協同して問題解決に取り組む機会の確保，地域の学習環境等の積極的な活用を図ることが重要とされています。

　肢体不自由特別支援学校に在籍する子どもの中には，小学部から高等部までの在籍が可能な環境の中で進路について考える機会が乏しかったり，大人との接点が多い日常生活の中で主体的に判断する機会が限定されがちな子どももいます。そこで，子どもが自己の将来を主体的に考え，その実現に向けて必要な情報を収集し，自らの生活を見直す学習活動を取り入れた，キャリア教育として展開される授業実践もみられます。卒業時までにめざす子ども像に向けて，総合的な学習の時間に育む必要のある資質や能力および態度は何か。また，それらを育成するためにはどのような単元を設定するとよいか。各学校が地域や子どもの実態等に応じて創り上げる教育実践が総合的な学習の時間です。

　肢体不自由のある子どもの授業では，子どもの実態に応じた手立てを講じることや，授業時の子どもの反応に応じて柔軟に関わり方を工夫することが大切です。そのためにも，総合的な学習の時間を通して子どもから引き出したい姿を予め教師間で共有した上で，授業に臨むことが肝要です。

（一木　薫）

7 高等部卒業後の進路の実態と課題

1 進路の実態

　文部科学省の学校基本調査により[注1]，1995年から5年ごとの肢体不自由生徒の特別支援学校高等部卒業後の進路をまとめたのが図Ⅳ-7-1です。また，障害種別の高等部の卒業生の就職率を1985年から5年ごとにグラフにしたのが図Ⅳ-7-2です。

　図Ⅳ-7-1を見ると，進学の進路をとる卒業生は一貫して1～2％台となっています。また，専修学校を含めた職業訓練機関への進路をとる卒業生は1995年は8.0％いましたが，次第に低下して2020年には1.3％に低下しています。一方，社会福祉施設等の進路をとる卒業生は2005年までは65％より少ない状態でしたが2010年からは80％を超えています。また，その他の進路を取る卒業生は2010年以降減少しています。その分を社会福祉施設等が受け入れていることが推定されます。

　図Ⅳ-7-2で就職する卒業生の就職率の変化を他の障害種別と比較して見てみると，1980年には24.5％あった就職率が1990年以降に下がり始めて2020年には4.2％にまで落ちています。他の障害種別と比較しても，近年では，肢体不自由生徒の特別支援学校の就職率はもっとも低くなっています。

2 進路に関わる課題

　社会福祉施設等への進路をとる卒業生が85％まで増えたのは，障害の重度・

▷1　https://www.mext.go.jp/b_menu/toukei/chousa01/kihon/1267995.htm

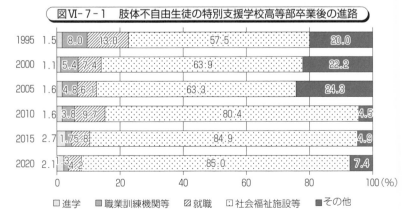

図Ⅵ-7-1　肢体不自由生徒の特別支援学校高等部卒業後の進路

（注）四捨五入のため各区分の比率の計は必ずしも100％にならない。
　　進学：大学等進学者
　　職業訓練機関等：専修学校・公共職業能力開発施設等入学者
　　就職：雇用契約が1年未満ないしフルタイム勤務相当でない有期雇用労働者を含まない
出所：文部科学省学校基本調査より5年毎の数値を参照して作成した。

重複化と医療的ケアの必要な卒業生が増え
てきたためと考えられます。卒業後の社会
福祉施設等への進路を検討する際にも，学
校で行われてきた医療的ケアの取り組みが
進路先の施設においてもスムーズにできる
ように，医療的ケアを含む「移行支援計
画」を立て，在学時から進路先の社会福祉
施設や医療機関と連携をはかることが欠か
せません。今後，医療的ケアが実施できる
介護職員等のいる生活施設や通所施設を児
童生徒や地域の関係機関の人々と共に整備
していくことが課題となっています。

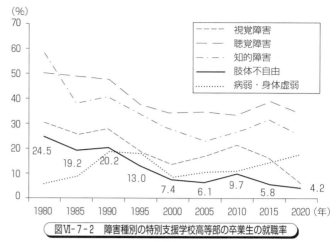

図Ⅵ-7-2 障害種別の特別支援学校高等部の卒業生の就職率

出所：文部科学省特別支援教育資料より作成

教育訓練機関等や就労への進路をとる卒業生が就職に必要な力として，市川
(2010)[2]は**職業リハビリテーション**[3]の視点から「職務遂行に必要な技能」，「基
本的な労働習慣」，「日常生活・社会生活面の能力」の３つをあげています。

「職務遂行に必要な技能」は，職務が求める知的能力や作業能力あるいは対人
サービスのコミュニケーション能力などです。肢体不自由の児童生徒は，就労に
あたって移動能力と作業能力が制約となります。これらの困難を補う方法として，
Assistive Technology（AT：支援技術）や Information and Communication Tech-
nology（ICT：情報や通信に関する技術）の利用があります。AT は肢体不自由など
の障害のある人の機能を補い改善する機器や道具あるいは仕組みやサービスのす
べてを含みます。ICT は，テレワークによる障害者雇用などを実現する技術です。

「基本的な労働習慣」には，仕事に対する意欲や責任感，一定時間の労働を
続ける体力，職場の規則を遵守することなどがあります。体力と集中力を養う
ことが大切ですが，障害の状態から体力や集中力が短時間しか維持できない場
合があります。その時には，パートタイムや在宅就労などの自分に合った多様
な就労形態を選ぶのもひとつの方法です。なお，職場の対人関係や職場規則の
遵守という社会的な側面の学習には，系統的な「**社会性と情動の学習**（SEL：
Social-Emotional Learning）[4]」のカリキュラムが必要です。

「日常生活・社会生活面の能力」は，健康管理や生活リズムの確立，食事・
排泄・入浴・更衣・整容・移動などの**日常生活動作**[5]，買い物や金銭管理，掃除，
洗濯，服薬管理，交通機関を使うなどの**手段的日常生活動作**[6]を含む能力で，職
業生活を支えるものです。けれども，これらの能力すべてを身につけていなけ
ればならないわけではありません。障害が重度であっても，自分の困難を自覚
して必要な援助を求め，将来にわたって身体の基本動作と健康状態を整え，持
続可能な形で「日常生活と就労を含む社会生活」をあつらえることができる
「自己決定」の力を育むことが大切です。　　　　　　　　　　（宮﨑　昭）

▷2　市川浩樹（2010），
就職するために必要な力を
育てる　肢体不自由教育，
193．6-11．

▷3　**職業リハビリテー
ション**
「障害者に対して職業指導，
職業訓練，職業紹介，その
他この法律に定める措置を
講じ，その職業生活におけ
る自立を図ることをいう。」
障害者の雇用促進等に関す
る法律（1987）。

▷4　**社会性と情動の学習**
情動の認知と扱い方ならび
に他人との共感的な思いや
りのある対人関係を学ぶ学
習のこと。社会的に成功す
ることに関連があるこころ
の知能（Emotinal Intelli-
gence：EI）を高めるため
に必要な学習内容として，
多くの教育プログラムが開
発実践されて効果を上げて
いる。

▷5　**日常生活動作**（ADL
：Activities of Daily Liv-
ing）

▷6　**手段的日常生活動作**
（IADL：Instrumental Ac-
tivity of Daily Living）

8　進路指導

1　進路指導とは

▷1　文部省（1983）．進路指導の手引——高等学校ホームルーム担任編　日本進路指導協会

　文部省（1983）[1]は、「進路指導は、生徒の一人ひとりが、自分の将来の生き方への関心を深め、自分の能力・適性等の発見と開発に努め、進路の世界への知見を広くかつ深いものとし、やがて自分の将来への展望を持ち、進路の選択・計画をし、卒業後の生活によりよく適応し、社会的・職業的自己実現を達成していくことに必要な、生徒の自己指導能力の伸長を目指す、教師の計画的、組織的、継続的な指導・援助の過程である」としています。

2　進路指導の内容

▷2　文部省（1994）．進路指導の手引——中学校学級担任編　三訂版

　文部省（1994）[2]は進路指導の具体的な活動内容として6点を挙げています。

ア．個人資料に基づいて生徒理解を深める活動と、正しい自己理解を生徒に得させる活動

イ．進路に関する情報を生徒に得させる活動

ウ．啓発的経験を生徒に得させる活動（職場体験等を含む）

エ．進路に関する相談の機会を生徒に与える活動

オ．就職や進学等に関する指導・援助の活動

カ．卒業者の追指導に関する活動

　自己理解は進路指導の前提条件です。自立活動の健康の保持に関して、(1)生活のリズムや生活習慣の形成に関すること、(2)病気の状態の理解と生活管理に関すること、(3)身体各部の状態の理解と養護に関すること、(4)健康状態の維持・改善に関することの学習が大切です。特に医療的ケアの必要な児童生徒では必須といえましょう。

　また、肢体不自由の状態が軽度で健康にも問題がない卒業生でも、数年経ってから母校を訪ねてきたときに、身体の緊張が強くなって痛みを訴えていたり、胃潰瘍になったりしていることがあります。学校教育の間に、将来にわたって自分の健康状態を維持改善していく態度を養っておくことが基本です。その上で、日々の活動や社会参加の体験の中で、ほかの人と違う自分固有の得意なことや苦手なこと、将来の希望と現実にできること、希望と現実のギャップを埋

めるのに必要な時間や費用や努力，喜びを感じる余暇の過ごし方，就労に向けた職業適性などを理解し，持続可能な人生設計を考えていけることが進路指導の基盤となります。

　進路に関する情報を生徒に得させる活動は，進路指導の中心的な行事として，進路先のガイダンス，見学会や体験学習会など，多くの時間がとられています。そして，進路希望先を考える機会を与え，三者面談などを通じて進路を選択・決定していくことが多く行われています。自立を目指す進路指導のプロセスの中で，この時の「自己決定」がきわめて重要です。

　自立生活（IL：Independent Living）運動の父と呼ばれるエドワード・ロバーツは，重い障害があっても管理され保護されるだけでなく，将来の自分の人生をどう設計するか自己決定する権利があると主張しました。自己決定に必要な「インフォームド・コンセント」の観点からすると，進路指導に改善すべき点が見えてきます。本人の納得に至るには，自己理解に関する情報，進路先についての十分な啓発的経験，親と生徒の意見の違いや迷いが納得できるまで進路に関する相談の機会があったかどうかなどが問われます。卒業者の追指導をしてみると，本人の納得と同意に至るプロセスで改善すべき課題が見えてくることも少なくありません。

③　肢体不自由生徒の進路指導の課題

　宮崎（1987）[3]は，どのような障害の状態が将来の就職に関連するのか卒業生を対象に統計的に判別分析をして検討しました。その結果，主として知的能力と移動動作を基盤として手の動作の程度が就職できるかどうかに影響していました。

　一方，知的能力も移動能力も高いにもかかわらず就職につながらなかった事例を検討したところ，持続して課題に取り組めず，信頼しあえる対人関係がもてないという特徴がありました。他方，知的能力にも移動能力にも困難を抱えながら就職できた事例を検討したところ，自分のペースに合った学習を進め，職業訓練機関にて課題に取り組む努力を続けていたという特徴が認められました。そこから，自分の障害の状態について自己理解を進めると共に，自分に合ったペースで適切な課題に取り組み，それを解決する努力を継続的にしていく態度を養うことが大切だとしています。

　また，卒業後の進路を見据えた移行支援計画を作成していくことが大切です。そのためには，家庭および地域や福祉，労働等の業務を行う関係機関との連携と利用の仕方のガイダンスならびに実地の体験学習が重要になります。

（宮﨑　昭）

▶ 3　宮崎昭（1987）．高等部の生徒の実態と進路（昭和61年度教育方法等改善研究報告書）小学部，中学部，高等部一貫の養護・訓練の指導法の開発——発達を促進するための指導課題の設定と系列化　筑波大学附属桐が丘養護学校，pp.22-26.

キャリア教育

① キャリア教育とは

　中央教育審議会 (2011)[1]「今後の学校におけるキャリア教育・職業教育の在り方について（答申）」は，キャリア教育を「一人一人の社会的・職業的自立に向け，必要な基盤となる能力や態度を育てることを通して，キャリア発達を促す教育」とし，キャリア発達を「社会の中で自分の役割を果たしながら，自分らしい生き方を実現していく過程をキャリア発達という」と定義しています。また，職業教育は，「一定又は特定の職業に従事するために必要な知識，技能，能力や態度を育てる教育」として，キャリア教育に含まれるものとしています。

　人が，誕生から乳幼児期，児童期，青年期，成人期，老年期を通じて，子（息子・娘），学生，職業人，配偶者，ホームメーカー（家庭を切り盛りする人），親，余暇を楽しむ人（充電中も含む），市民，年金受給者という九つの役割を通じて人生を形作る様子を，スーパー (Super, D., 1980)[2] は「ライフキャリアの虹」という図で表しました。また，政府，地方公共団体，経済界，労働界の代表が集まったワーク・ライフ・バランス推進官民トップ会議 (2007)[3] は，仕事と生活の調和（ワーク・ライフ・バランス）憲章を決定し，「国民一人ひとりがやりがいや充実感を感じながら働き，仕事上の責任を果たすとともに，家庭や地域生活などにおいても，子育て期，中高年期といった人生の各段階に応じて多様な生き方が選択・実現できる社会」の推進を掲げています。

　このように，キャリア教育は，職業教育を含みながらも，広く個人の健康と私的生活を含めた自分らしい持続可能な生き方を学ぶ教育と考えられます。

② キャリア教育の内容——「基礎的・汎用的能力」とは何か

　中央教育審議会 (2011) は，就職の際に重視される能力や内閣府の「人間力」，経済産業省の「社会人基礎力」，厚生労働省の「就職基礎能力」などを参考に，「分野や職種にかかわらず，社会的・職業的に自立するために必要な基盤となる能力」として４項目からなる「基礎的・汎用的能力」を示しています。

　第一は「人間関係形成・社会形成能力」です。多様な他者の考えや立場を理解し，相手の意見を聴いて自分の考えを正確に伝えることができるとともに，自分の置かれている状況を受け止め，役割を果たしつつ他者と協力・協働して社会に参画し，今後の社会を積極的に形成することができる力です。

▷1　中央教育審議会 (2011).「今後の学校におけるキャリア教育・職業教育の在り方について（答申）」

▷2　Super, D. (1980). A life-span, life-space approach to career development. *Journal of Vocational Behavior*, **16**, 282-298.

▷3　ワーク・ライフ・バランス推進官民トップ会議 (2007). 仕事と生活の調和（ワーク・ライフ・バランス）憲章

第二は、「自己理解・自己管理能力」です。自分が「できること」「意義を感じること」「したいこと」について、社会との相互関係を保ちつつ、今後の自分自身の可能性を含めた肯定的な理解に基づき主体的に行動すると同時に、自らの思考や感情を律し、かつ、今後の成長のために進んで学ぼうとする力です。

第三は「課題対応能力」です。仕事をする上での様々な課題を発見・分析し、適切な計画を立ててその課題を処理し、解決することができる力です。

第四は「キャリアプランニング能力」です。「働くこと」の意義を理解し、自らが果たすべき様々な立場や役割との関連をふまえて「働くこと」を位置づけ、多様な生き方に関する様々な情報を適切に取捨選択・活用しながら、自ら主体的に判断してキャリアを形成していく力です。

③ キャリア教育を進める上での課題

国際生活機能分類（ICF）は、障害の状態について「できる」レベルと「している」レベルを区別しています。「できる」レベルの教育を進めるには体験的学習が必要です。そのために、職場体験学習などによって基礎的・汎用的能力を学ぶことが広く実施されています。職場体験では、問題を起こさないことを大切にするのではなく、問題への対処方法を予防的に系統的に学習する機会を設け、実際の職場体験では自分に合った問題に向き合いながら、支援を受けて問題解決を「できる」ようになる体験学習が重要です。

また、日常生活で「している」レベルまで学習を定着させるには、できる活動を普段から実践して身につける教育が必要になります。そのためには、ボランティアや奉仕活動などの社会貢献活動を普段から実践することなどが推奨されます。

一方で、仕事には、働くことを通じて収入を得るという側面があります。報酬がなくても生きがいや社会貢献のために働くのはボランティアや奉仕活動です。自分の意に沿わない仕事でもがんばるのはお金という報酬を得るためです。

こうした仕事を通じて収入を得るなどの**金銭管理の教育**[14]は、将来の生活を支える重要な学習内容です。近年では、金融教育としてその重要性も指摘されています。

しかし、職場体験学習の多くは金銭との関連が少なく、中学生や高校生はアルバイトが禁止されているなど、金銭管理学習の日常生活への展開には課題があります。肢体不自由であっても、インターネット等の情報化社会の中で収入を得る機会を開拓したり、福祉サービスを利用するなど、金銭管理に関するキャリア体験を普段から身につけることはひとつの課題といえます。

（宮﨑　昭）

▶ **4　金銭管理の教育**
渡辺（2006）は、小・中・高等学校における金銭生活に関する研究で、小遣いを定期的にもらっている小学生が半数以上で、貯金の大切さや浪費の戒めも認識するが、友人や広告に左右されて主体的な金銭の使い方をしていなかったとしている。また、多くの高校生は、将来の就労の理由として、お金がないと生活できないことをあげており、高校生の金銭管理の学習への希望は高く、高校生時代は実践的な金銭教育に適した時期であるとしている。
肢体不自由の児童生徒においても、小・中学部段階のお小遣いとその使い方、中・高等部段階でのより高額の消費に対する貯蓄と消費の金銭感覚をたかめること、さらにインターネットショッピングの利用やアルバイト経験で収入を得る体験なども重要になると考えられる。また、高等部を卒業した後の生活を考えると、障害者年金の申請、医療や各種の福祉サービスの利用に際しての負担軽減措置の利用、あるいは成年後見制度の利用による財産管理など、人生を豊かに過ごすためにより幅広い金銭管理を「自己決定できること」が必要になる。
渡辺彩子（2006）．小・中・高等学校における金銭管理学習プログラムの開発　科学研究費助成事業データベース　研究概要（最新報告）

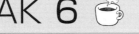

小学校教師は個別の指導計画をどう理解しているか

1 通常の学級にひろがる個別の指導計画

インクルーシブ教育システムの促進や特別支援学級，通級による指導等の充実により，今や通常の学校は特別支援学校よりも多くの障害のある児童生徒が学ぶ場となっています。通常の学校において，いかに特別支援教育の質を担保するかは喫緊の課題であるといえます。このような現状の中，2017年告示の小学校等学習指導要領では，通常の学級に在籍する障害のある児童生徒についても，適切かつ具体的な個別の指導計画の作成に努めることの重要性が示されました。

2 個別の指導計画は誰がどのようにつくる？

個別の指導計画を作成することについては学習指導要領に明示されているものの，構成概念や具体的な方法については示されていません。これは，「個別の指導計画の作成の手順や様式は，それぞれの学校が児童生徒の障害の状態，発達や経験の程度，興味・関心，生活や学習環境などの実態を的確に把握し，自立活動の指導の効果が最もあがるように考えるべきもの」（文部科学省，2017）という考え方からきています。そのため，誰がどのような方法で作成するのかについても定められていません。しかし，個別の指導計画は児童生徒の実態を把握し，課題を抽出して目標を立てるという手順で作成することをふまえると，対象となる児童生徒の担任教師が作成にかかわることが自然であるといえます。つまり，通常の学級に在籍する児童生

徒に対する個別の指導計画の場合は，通常学級の担任教師が作成にかかわることで，効果的な個別の指導計画が作成できます。

「平成30年度特別支援教育に関する調査の結果について」によると，通常の学級に在籍する幼児児童生徒における個別の指導計画の作成率は83.3％（通級による指導を受けている児童生徒を除く）でした。一見すると，個別の指導計画の作成自体は，通常の学級において着実に浸透していることがうかがえます。しかしながらこの割合は，学校等が個別の指導計画を作成する必要があると判断した者に対する作成率である点に留意する必要があります。小・中学校等の通常の学級における個別の指導計画の在り方を検討する必要があります。

そこで，このコラムでは小学校の先生が個別の指導計画についてどのように理解しているかを調査した研究結果を紹介します。

3 小学校の先生は個別の指導計画をどのように理解しているか

公立の小学校12校の先生169名を対象としたアンケート調査（Ikeda & Ando, 2012）では，「個別の指導計画という言葉を聞いたことがありますか」という問いに対して，159名（94％）の先生が「ある」と回答しました（図7）。また，「これまでにどの程度個別の指導計画の作成に関わったことがありますか」という問いに対しては，「全く関わったことがない」または「ほとんど関わったことがない」という先生は81名

（51％），「少し関わったことがある」または「十分に関わったことがある」という先生が78名（49％）でした（図8）。ほとんどの先生が個別の指導計画を知っているものの，実際に関わったことのある先生は約半数という結果となっています。

次に，同じ先生方に個別の指導計画に対するイメージをSD（Semantic Differential）法によってお聞きしました。SD法とは，反対の意味を持つ形容詞対（たとえば，「大きい―小さい」など）を用いて，どちらの形容詞が「個別の指導計画」という用語のイメージにより近いか，という判定をしてもらう方法です。

その結果，小学校の先生は「個別の指導計画」に対するイメージとして，「細かい」「個別的な」「基本的な」「必要な」「綿密な」「具体的な」「根気強い」「詳しい」「大切な」「大変な」「丁寧な」「苦しい」「計画的な」というイメージを抱いていることがわかりました。「基本的な」「必要な」「詳しい」「計画的な」というイメージは，個別の指導計画の本質や意義に関わるものです。小学校の先生の，個別の指導計画の意義や本質に対する理解度はなかなか高いといえるかもしれません。その一方で，「大変な」「苦しい」といった多忙感や負担感を表わすイメージも抱いていました。

これは2012年に行われた研究の結果であり，通常の学級に在籍する幼児児童生徒における個別の指導計画の作成率が8割を超える現在の状況とは異なることが予想されます。通常の学級の先生の個別の指導計画に対する理解やイメージ，態度等に関する継続した検証とともに，多忙な職務に追われる先生方の現状をふまえた個別の指導計画の在り方について研究を続けていく必要があるといえるでしょう。

（池田彩乃）

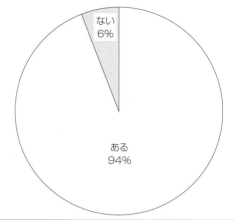

図7　個別の指導計画という言葉を聞いたことがありますか？

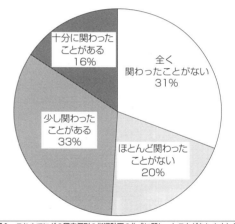

図8　これまでにどの程度個別の指導計画の作成に関わったことがありますか？

参考文献

　Ikeda, A., & Ando, T. (2012). Teachers' Attitudes Toward Individual Teaching Plans in Elementary School : Semantic Differential. *The Japanese Journal of Special Education*, **49**(6), 685-699.
　文部科学省（2012）．通常の学級に在籍する発達障害の可能性のある特別な教育的支援を必要とする児童生徒に関する調査結果について
　文部科学省（2017）．小学校学習指導要領
　文部科学省（2019）．平成30年度特別支援教育に関する調査の結果について

自立活動とは

① 自立活動の歴史と理念

○自立活動の成立まで──養護・訓練

　自立活動は，それまでの養護・訓練に代わって成立した領域です。養護・訓練は，1971（昭和46）年に告示された盲学校，聾学校，養護学校学習指導要領等において，新たに設けられた領域です。1956（昭和31）年に公立養護学校整備特別措置法が公布されて以降，全国に養護学校の整備が急速に進みました。この間，医療の進歩や公衆衛生予防に係る制度の整備なども相まって，養護学校に就学する児童生徒の障害の状態は劇的に変化することとなりました。とりわけ，肢体不自由養護学校では脳レベルでの疾患である脳性まひの割合が増大し，障害の重度化，重複化が顕在化することとなりました。養護・訓練は，わが国の特殊教育における新たな課題である児童生徒の障害の重度化，重複化に直面する中で成立したのです。

▷1　⇨ Ⅲ-5 参照。

▷2　⇨ Ⅰ-6 参照。

○養護・訓練の理念

　1971年に施行された養護学校（肢体不自由教育）小学部・中学部学習指導要領に着目して，養護・訓練の理念を理解しましょう。

　第一は，養護・訓練の目標に掲げられた，「心身の障害の状態を改善し，…（略）」の文言です。「障害の状態を改善」するとは，障害による学習上または生活上の困難を改善することを意味します。改訂前の養護学校小学部学習指導要領肢体不自由教育編では，特別の指導として機能訓練を位置づけ，医師の処方に基づき，特別の技能を有する教職員が個々の児童生徒の障害の改善を図るよう指導するとしました。一方，養護・訓練は，「障害を改善」するのではなく，障害による学習上または生活上の困難を，児童生徒が主体的に改善することを明確に意図したものです。

　第二は，養護・訓練の指導計画の作成に関する次の文言です。「養護・訓練の時間の指導は，専門的な知識・技能を有する教師が行なうことを原則とし，学校において，全教師の協力のもとに養護・訓練に関する指導体制を整え，効果的な指導を行なう」とされました。指導の主体は，全教師との連携協力を前提にして専門的な知識・技能を有する教師としたのです。

　この学習指導要領の改訂にあたり，特殊教育の目標は，学習指導要領の総則に新たに，「肢体不自由に基づく種々の困難を克服するために必要な知識，技

能，態度，および習慣を養うこと」と明示されました。養護・訓練の目標は，学校教育法第71条の特殊教育の目的の後段部分や，特殊教育の目標と内容を整合させたと理解できます。養護・訓練は，教育課程の編成の一領域にとどまらず，特殊教育の新たな課題に対応すべく成立した領域といえます。

○養護・訓練が内包した課題

養護・訓練は，時代の新たな課題に対応すべく成立しましたが，次の課題を抱えることになりました。

第一は，養護・訓練の名称です。本来，養護・訓練は，児童生徒の主体的な学習活動のはずですが，その名称から，教師は訓練者で，児童生徒は被訓練者としての構図を描きやすいとの指摘です。第二は，障害種による養護・訓練の理解と取り組みに差異があることです。特に知的障害教育では，養護・訓練の成立時に，教科・生活科の新設に傾注していました。知的障害教育では，養護・訓練の理解と取り組みに他の障害教育領域との違いが生じていたのです。

2　自立活動の成立

養護・訓練は，特殊教育の発展と充実に多大な貢献をしましたが，内包した課題はその後も解消されないままでした。新たな世紀を間近に控えた1999（平成11）年の学習指導要領では，児童生徒の主体的な学習活動であることをよりわかりやすくするために，名称等が改訂されました。自立活動の成立です。

○名称の変更──「養護・訓練」から「自立活動」へ

名称は，「自立活動」としました。自立とは，「幼児児童生徒がそれぞれの障害の状態や発達段階等に応じて，主体的に自己の力を可能な限り発揮し，よりよく生きていこうとすること」です。多様な状態にある子どもすべてを，自己の力を主体的に発揮できる存在と位置づけた意義は深いといえます。活動とは，子どもの主体的な学習活動であり，また教師の主体的な指導活動であるのです。

▷3　⇨Ⅶ-2参照。

○目標，内容の改訂

目標では，「個々の児童又は生徒が自立を目指し，障害に基づく種々の困難を主体的に改善・克服するために必要な知識，技能，態度及び習慣を養い，もって心身の調和的発達の基盤を培う」としました。「個々の」「自立を目指し」「主体的に」の語を追加したほか，「障害の状態」を「障害に基づく種々の困難」としました。なお，現行学習指導要領では，これを「障害による学習上又は生活上の困難」と改めました。

内容は「身体の健康」を「健康の保持」に，「心理的適応」を「心理的な安定」に，「環境の認知」を「環境の把握」に，「運動・動作」を「身体の動き」に，「意思の伝達」を「コミュニケーション」に改めました。保持，把握などを用い，主体が子どもにあることがわかるように工夫しました。なお，自立活動の指導にあたり，個別の指導計画の作成が義務づけられました。　　（安藤隆男）

▷4　2009（平成21）年3月告示の特別支援学校小学部・中学部学習指導要領等では，新たに「人間関係の形成」が加わり6つの内容となった。

自立活動の指導と個別の指導計画

 個別の指導計画作成の義務づけと背景

　自立活動は，1999（平成11）年の盲学校，聾学校及び養護学校学習指導要領の告示により成立しました。自立活動の指導計画の作成と内容の取扱い等では，「自立活動の指導に当たっては，個々の児童又は生徒の障害の状態や発達段階等の的確な把握に基づき，指導の目標及び指導内容を明確にし，個別の指導計画を作成するものとする」として個別の指導計画の作成が義務づけられました。

○個別の指導計画の意義

　ここで注目するのは，個別の指導計画は自立活動の指導で作成するとしたことです。現行特別支援学校小学部・中学部学習指導要領総則によれば，「自立活動の指導は，障害による学習上又は生活上の困難を改善・克服し，自立し社会参加する資質を養うため，自立活動の時間はもとより，学校の教育活動全体を通じて適切に行うものとする。特に，自立活動の時間における指導は，各教科，道徳科，外国語活動，総合的な学習の時間及び特別活動と密接な関連を保ち，個々の児童又は生徒の障害の状態や特性及び心身の発達の段階等を的確に把握して，適切な指導計画の下に行うよう配慮しなければならない」とされます。自立活動の指導における作成は，自立活動の時間における指導（以下，時間の指導とします）を含む学校の教育活動全体を適用範囲とします。時間の指導を中核にしつつも，各教科等との関連を十分に踏まえながら統一感のある指導の具現化を目指したのです。

○義務づけの背景

　個別の指導計画の作成を義務づけた背景としては，自立活動という領域の特徴を挙げることができます。自立活動は，教科とは大きく異なり，指導すべき内容が学習指導要領に示されていません。自立活動の6つの内容は，指導内容ではなく，人間としての基本的な行動を遂行するために必要な要素であり，障害による学習上又は生活上の困難を改善するために必要な諸要素から構成されたものです。そのため，内容は「区分」といわれています。指導内容は，一人ひとりの子どもの実態等に応じて選定するもので，あらかじめ障害種等によって決まっているものではないのです。一人ひとりの実態等が異なれば，指導内容も異なりますし，自立活動の指導が各学校，各教師の裁量に委ねられる分，個別の指導計画を作成することで説明責任を果たすことになるのです。

　肢体不自由教育では，子どもの障害が重度化，重複化する中で養護・訓練が成立した当初から，一人ひとりの子どもの実態等をふまえて，個別に指導計画を作成していましたので，その実績から作成の義務づけは混乱なく受け入れられました。なお，個別の指導計画作成の義務づけにより，自立活動の時間に充てる授業時数は，子どもの障害の状態に応じて適切に定めるとしました。

❷　個別の指導計画作成と活用

◯作成の手順

　個別の指導計画作成の手順は，特別支援学校学習指導要領に「第2に示す内容の中からそれぞれに必要とする項目を選定し，それらを相互に関連付け，具体的に指導内容を設定するものとする。個別の指導計画の作成に当たっては，次の事項に配慮するものとする」とされました。すなわち，子どもの実態等の把握に基づき，自立活動の各区分から必要な項目を選び，関連づけて指導内容を導き出すのです。

◯指導内容と区分・項目

　個別の指導計画作成において重要な概念は，区分と項目です。区分は前述のように，すべての子どもにおしなべて適用すべきもので，障害種と関連づけられるものではありません。脳性まひだから「身体の動き」を，発達障害だから「人間関係の形成」を，心臓病だから「健康の保持」を取り扱えばよいとするのは，自立活動の基本的な考え方にはなじみません。

　現在6区分に27項目が示されています。養護・訓練の成立時は4区分12項目であったのが，のちに4区分18項目，そして自立活動の成立時は5区分22項目でした。項目は，この間，倍増しています。養護・訓練の成立から半世紀以上が経過しました。準ずる教育を行うことに主眼が置かれた時代から，障害の重度化，重複化や発達障害などの新たな対象が加わり，まさに多様な状態像にある子どもたちを前に，一人ひとりのニーズに対応した指導内容を設定するために，項目を増やしてきたといえます。料理にたとえれば，区分はたんぱく質などの栄養素に，項目は各栄養素の食材になります。多様なニーズに応えるために，全ての栄養素に豊富な食材を用意する必要があったのです。個別の指導計画の書式は，国は示さないとし，子どもの実態等をふまえて各学校が主体となって決定することとしました。

◯個別の指導計画の活用

　個別の指導計画は，作成することが目的化されてはいけません。授業との接続を明確にして，授業に活かすことが求められます。そして，授業で得られた記録をフィードバックして，子どもの実態や指導目標，指導内容を見直すことが大切になります。個別の指導計画と授業との一体化が求められるのです。

（安藤隆男）

▷1　養護・訓練の時間に充てる授業時数は，小・中学部で週3時間，高等部で年間105時間（週3時間に相当）を配当していた。

▷2　現行の特別支援学校学習指導要領等において，区分は次の6つである。
1．健康の保持
2．心理的な安定
3．人間関係の形成
4．環境の把握
5．身体の動き
6．コミュニケーション

3　自立活動の指導法１：身体の動きの指導と評価

▷1　側弯
脊椎（背骨）が柱状につながった状態を脊柱といい，この脊柱が湾曲した状態を側弯という。
⇨ Ⅴ-5 参照。

▷2　尖足
足関節が足底の方へ屈曲した位置に拘縮したものを尖足という。歩くとき，かかとを地面につけることができずに，足先で歩くような状態になる。

▷3　たとえば，小柳津和博・森﨑博志（2009）．自立活動の五つの区分における動作法の教育的効果──呼吸やコミュニケーションに変化があった重度重複障害児の事例　障害者教育・福祉学研究，5，51-57．

▷4　写真の短下肢装具を使用している子どもが多く見られる。

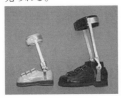

▷5　写真の PC ウォーカーの使用が多く見られる。

　ここでは，特別支援学校（肢体不自由）の自立活動の中で，「身体の動き」に関する具体的な指導について，基本的な手続きを中心に解説します。

1　身体の動きの指導における基本的な考え方

　特別支援学校（肢体不自由）に在籍する子どもの大半は，脳性まひ（脳性疾患）という障害です。脳性まひは，本来，骨格や筋肉の不全ではなく，身体の動きをコントロールする点に障害があるとされます。身体の動きは，生活を支えるもっとも基本的な単位であり，すべての行動は一つひとつの身体の動きにより形づくられます。このため，肢体不自由児にとっては地道に身体の動きを学習していくことが生活全体に関わる重要な意味をもつのです。自立活動の「身体の動き」では，肢体不自由の子どもが，より適切に自分自身の身体の動きをコントロールしていく体験を支援していくことがもっとも基本的で大切なこととなります。

　中でも，座位や立位といった，重力に対しまっすぐタテに姿勢を保つ体験は，身体軸の獲得につながり，側弯[1]，尖足[2]などの変形の予防となります。また座位獲得により，見る活動や手を使う活動（外界認知）の発達にもつながり，身体を通した直接的な触れ合いにより，対人認知（コミュニケーション）の発達にもつながります。

　重度の子どもにおいては，このようなタテ（応重力）姿勢の体験が呼吸の改善などにもつながることが示唆されています[3]。したがって，「身体の動き」は自立活動の１つの領域（区分）でありながら，特に肢体不自由児においては，発達全体に広く関わる発達の基盤とも言える大切な領域なのです。

2　身体の動きの指導と装具の使用について

　装具[4]は，基本的には力の入りにくいところを補い，活動を広げるものであり，必ずしも身体の動かし方の発達を促すものではありません。車椅子や保持椅子に座った状態，歩行器[5]での移動，また装具を着けた状態では，重力に対応して自分で姿勢を保とう，支えようとする体験が十分ではなく，タテの身体軸があまり発達しません。そのため，脚が細くなったり，同じ姿勢がパターン化して身体が硬くなったり，ゆがみが出たりというケースも少なくありません。タテの身体軸が発達していないと姿勢にこのような変化が出やすくなる傾向があり

ます。したがって，自立活動の「身体の動き」の時間では，装具などは極力外し，重力に対応して少しでも姿勢を保とうとする主体的な動きを引き出すことが重要になります。

③ 実施すべき基本的な実技（動作課題）

身体の動きの指導で実施することが望まれる基本的実技は「寝返り—あぐら座—立位」という，人が発達していく中で経験する基本姿勢を継続的に体験させていくことです。そして，少しずつでも子どもが自力で姿勢を保持できるよう支援していくことが必要となります。

関わり方のポイントは，一方的な働きかけでなく，つねに子どもの応答を捉え，子どもとやりとりしながら進めていくことです。声かけもメリハリをつけ，子どもの応答に逐一応え，しっかりと褒めます。

また，これは子どもの新たな可能性をじっくりと育んでいこうとする取り組みですから，学期や年度を通し日々少しずつ地道に継続していくことが大切です。

◯寝返り動作（躯幹ひねり）

体幹を大きくねじるように動かして緊張をゆるめ，しなやかな身体をつくります。これは寝返り動作の獲得にもつながります。重度な子どもの場合，寝返りの動きが出てくると，外界に積極的に働きかけていく主体的な活動が現れやすくなります。

〈手続き〉

① 子どもを側臥位（横向き）に寝かせます。子どもの腰が倒れないように脚を（場合によっては手も）子どもの腰に当て固定（ブロック）します。

② 手を子どもの肩に当て肩を大きく開き，子どもに動きを伝えていくように働きかけます。硬い部位が徐々に（力が抜けて）ゆるんでいくよう，ペースや負荷のかけ方を調整しながら繰り返し行います（図Ⅶ-3-1）。

③ スムーズにゆるまないところまで動かしたら，その位置で少し負荷をかけたまま待つ，少し戻してON-OFFを繰り返すなど，働きかけを工夫します。子どもの反応をよく捉え，無理のないよう少しずつ進めましょう。

◯あぐら座

子どもが，自力であぐら座の姿勢をまっすぐ保持できることが課題です。ある程度自力で座位保持できる子どもの場合は，より正しい姿勢がとれるように働きかけていきます。重度で自力での座位保持がむずかしい子どもでは，少しでも自力であぐら座を保持できるように働きかけていきます。

重度の子どもでは，座位姿勢を保とうとすることそのものが，様々な発達を促すことにつながります。良い反応がすぐに得られな

図Ⅶ-3-1 寝返り動作

図Ⅶ-3-2　あぐら座

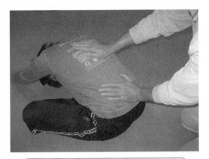

図Ⅶ-3-3　前屈での股ゆるめ

▶6　股や腰周りが硬く脚が開きにくい，骨盤も起こしにくい場合，できるだけ脚を開き，あぐら座で前屈をしながら腰を少しずつ前へ立てる（起こす）よう援助する（図Ⅶ-3-3）。脚の細い重度の子の場合，無理な力を掛け過ぎないよう注意する必要がある。子どもと息を合わせながら，一気にではなく，ゆるみにくい（きつい）ところで待ちながら，少しずつ段階的に動かしていく。上体が前屈し，まっすぐ伸びにくい場合，片方の手で前から肩周りを押さえ，背中を押すようにして，上体（肩・胸周り）を伸ばしていく（図Ⅶ-3-4）。

▶7　脚の内旋が強い場合，壁にもたれるように子どもを立たせ，前方から徐々に両膝（脚）を開いていく（図Ⅶ-3-6）。できるだけ子どもが踵を床につけ，しっかり踏ん張ったままの状態を保ちながら行う。

い場合でも，この姿勢をとり続けることが発達的に重要です。学期や年度を通し，時間をかけながら気長に継続していきましょう。

〈手続き〉

① 子どもをあぐら座で座らせます。できるだけ左右の脚が重ならないようにしましょう。子どもの股を開き，できるだけ腰を起こす（立てる）ことで，座面（土台）が安定しやすくなります。

② 片方の手で子どもの首や肩のあたりをできるだけ軽く補助し，もう片方の手で腰のあたりを（起こすように）援助します（図Ⅶ-3-2）。

③ できるだけ補助を少なくし，子どもが自力で座位姿勢を保持できるようにしていきます。少々姿勢が丸くなっても，子どもが自力で姿勢を保持しようとする反応が出ることが重要です。

○椅子座[6]

　子どもが，自力で椅子座の姿勢を保持できることを課題とします。腰や上体，頭をまっすぐに起こして椅子に座り，足裏をしっかり床につけた状態で，できるだけ姿勢を自力で保持できるようにします。

　椅子座がある程度保持できる場合は，次に立ち上がりの動作を行い，立位へと移行するようにします。

〈手続き〉

① 子どもを椅子座で座らせます。できるだけ腰を起こし，脚が内旋している場合は子どもの股（膝）を開いて座面（土台）を安定させます。また，足裏全体ができるだけしっかり床につくようにします。踵が浮く場合は，踵を床につけるよう膝を踵の方向へ押しながら足首をゆるめます。

② 片方の手で子どもの首や肩を軽く補助し，もう片方の手で腰のあたりを（起こすように）援助します（図Ⅶ-3-5）。そして補助を少なくし，子どもができるだけ自力で椅子座をまっすぐに保持できるようにしていきます。

③ ある程度椅子座が保持できる場合は，続けて，脇や腰などを補助しながらゆっくりと立ち上がりの動作を行い，立位姿勢へと移行します。立位姿勢をとり，また椅子座へ戻ることを繰り返します。このとき，子どもが足裏を床につけ，脚全体でしっかりと踏みしめることが大切です。できるだけ上体もまっすぐ起こして行いましょう。

○立位姿勢の保持

　子どもが，自力で立位の姿勢をまっすぐに保持できることを課題とします。[7]自力での立位保持がむずかしい子どもの場合は，腰などを補助しながら，少

しでも自力で身体を支える反応を引き出すようにしていきます。重度の子どもにおいては，立位姿勢でバランスをとろうとすること自体が様々な発達につながります。また，脚に力を入れて踏みしめることで，尖足などの変形や脚の衰えを予防し，しっかりした骨格の脚へと発達を促します。

〈手続き〉

① 子どもを立位の姿勢にします。子どもの腰や背中を軽く補助しながら，上体や頭をまっすぐに起こし，膝は少しだけ曲げた（膝が突っ張らない）状態で，足裏をしっかりと床につけ，子どもが立位姿勢をできるだけ自力でまっすぐに保持できるようにしていきます（図Ⅶ-3-7）。

② 転倒のないよう十分配慮しながら実施しましょう。

❹ 身体の動きの評価

　身体の動きについては，基本的には人の発達に沿って，「（首のすわり）─寝返り─座位─（四つ這い）─立位」という各姿勢が（補助なしで）どの程度できるかを評価していくことが必要です。特に，タテ（応重力）姿勢については，①ほとんど力が入らない，②ある程度力は入るが姿勢を保つ感覚が薄い，③補助すれば姿勢を保てる，④軽い補助で姿勢保持できる，⑤補助なしで姿勢保持できる，というように座位や立位などの姿勢を子どもがどの程度保持できるかよく見極めていくことが必要です。そして，日々の実践を通して，少しずつでもより良い反応を引き出すつもりで地道に働きかけていくことが大切になります。

　重度な子どもでは，短期間に目に見えて変化していくということはむずかしくなります。学期や年度を通してより長い視点でじっくりと取り組みを継続していく姿勢が求められますし，より細かな応答を評価していく必要があります。

　上記の点に関連し，より客観的に「身体の動き」について定期的に評価していくことも必要です。たとえば MEPA-Ⅱ（乳幼児と障害児の感覚運動発達アセスメント）などを活用しながら，年度の初めと終わり，また学期ごとなどに子どもの発達の様相をより客観的に把握していくとよいでしょう。

（森﨑博志）

図Ⅶ-3-4　上体起こし

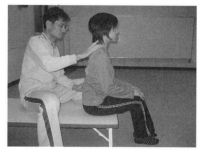

図Ⅶ-3-5　椅子座位

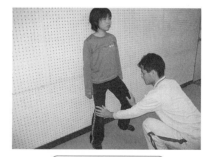

図Ⅶ-3-6　股開き

図Ⅶ-3-7　立位姿勢

自立活動の指導法2：人間関係の形成の指導と評価

① すべての学びの前提として

　肢体不自由のある子どもの指導においては，子どもと指導者でやりとりをしながら，情緒的に安定しつつ，感覚を活用して外界を捉え，姿勢を保持し手で対象物を操作したりして，外界に働きかける力を高めることが大切です。これらの取り組みの前提には，「他者との人間関係」の発達があり，指導者や課題と向き合い，適切な自他の理解と関係を形成することが欠かせません。

② 「人間関係の形成」について

　「人間関係の形成」の発達は，見る，聞く，動くなどの認知の発達や運動・動作の発達とは質的に異なる部分があります。その発達は，遺伝的に仕組まれた要素が少なく，環境との相互作用の中で，特に大人の存在を前提として育つ側面が強い点です。つまり，情緒・人間関係の力を健やかに伸ばしていくためには，親や教師などの大人の働きかけや応じ方が重要になります。

◯自立活動の区分

　表Ⅶ-4-1に示すように，自立活動においては「人間関係の形成」の区分があり，この領域に関する指導の充実が求められています。自他の理解を深め，対人関係を円滑にし，集団参加の基盤を培う観点から内容が示されています。知的障害を伴う肢体不自由の子どもの指導においては核となる内容になります。

◯人間関係の形成の要素

　人間関係については，「対人関係」と言う場合もあり，基本的に人は，人を支え，人に支えられながら生きています。この，人との関係を理解することなしには，やりとりやコミュニケーションは成立しません。この関係を理解し関係を成立させるためには，「自他を区別する」「自分に気づく」「他者存在を意識・理解する」「他者と物を操作する」「自分や他者の意図や感情を意識・理解する」，そして「一対一でやりとりをする」「小グループや集団で活動する」等の力が必要になります。

▷1　文部科学省（2018）．特別支援学校教育要領・学習指導要領解説自立活動編（幼稚部・小学部・中学部）開隆堂

表Ⅶ-4-1　人間関係の形成
1．他者とのかかわりの基礎に関すること。
2．他者の意図や感情の理解に関すること。
3．自己の理解と行動の調整に関すること。
4．集団への参加の基礎に関すること。

③ 人とのやりとりの基本構造の形成まで

　重度の知的障害を伴う肢体不自由児と活動すると，周囲の人である指導者を，また目の前に差し出される玩具をどのように

捉えているのだろうか，という疑問が生じます。「ひと」や「もの」の理解や注意の向け方など，子どもの体験を推測しつつ授業を展開しなければなりません。

　人間関係の形成の項目に「他者とのかかわりの基礎に関すること」があり，この能力の一つに，この「ひと」や「もの」の理解があります。ここでは，この点を取りあげます。最終的に2歳前にできあがる構造，これが「共同注意[*2]が成立した三項関係[*3]」であり，たとえば，子どもが「りんご」とことばを発して，それを大人が聞いて，お互いにりんごのイメージを共有して，やりとりを展開することの基礎になるものです。図Ⅶ-4-1に示すようにそれ以前に3つの段階があると考えられます。

❹ 人間関係の広がりと深まり

　このような母親などの養育者との「やりとり」や「つながり」が，人に対す

▷2　共同注意
他者と関心を共有する事物や話題へ，注意を向けるように行動を調整する能力。
http://www.nise.go.jp/kenshuka/josa/kankobutsu/pub_f/F-138/F-138_01_01.pdf

▷3　三項関係（triadic representations）
大神英裕（2008）．発達障害の早期支援　ミネルヴァ書房

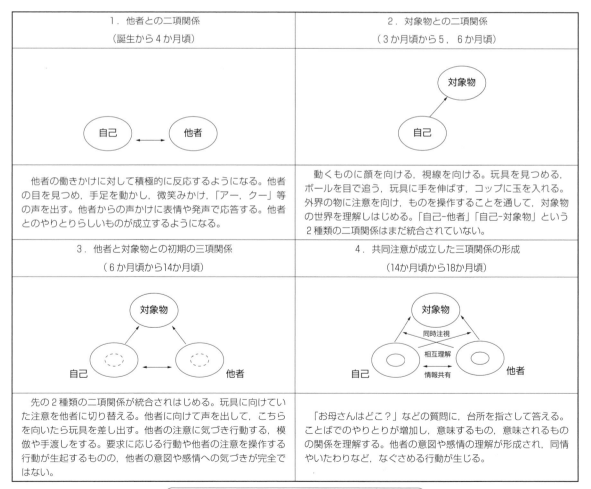

図Ⅶ-4-1　人とのやりとりの基本構造の形成まで

▶4　アタッチメント
子どもが大人との間に形成
する信頼や愛情のきずな。

る基本的な信頼を形成し，乳幼児の**アタッチメント**[14]形成につながります。そして「重要な他者との安心できる経験」が，その乳幼児の対人行動の基礎を形成するとされています。

　また，共同注意が成立した三項関係形成の延長に，ことばを活用した他者とのやりとりが展開され，意味するものと意味されるものの使用が活発になります。意味するものである「マンマ」と意味されるものである「ご飯」の結びつきが形成され，具体的な意味されるものがなくても，ことばでイメージを共有できるようになります。このようにして，母親などの養育者との「やりとり」が複雑に拡大していきます。

⑤ 集団参加の基礎

　幼児期以降には，集団の流れに合わせ行動したり，集団に参加するための手順やきまりを理解したりして，遊びや集団活動などに積極的に参加できるようになります。

　肢体不自由の子どもにとって，困った状況でそれを解決するための大切な力が，「社会的な支援を活用する力」です。具体的には，「わからないことを教えてもらう」「必要なものを要求する」「できないことは手伝ってもらう」など，友人や教師，必要に応じて専門家等に相談する力です。肢体不自由のために移動や姿勢の変換等に，人の手助けが必要になります。「自分でできること」と「人に頼んでできること」を区別し，「物事を人に頼む」ことが必要になります。そのためには，「周囲の人の注意を引く」「何を手伝ってもらいたいかを伝える」「お礼を言う」などの能力やスキル等，場面を設定して教室で練習をし，それを実際の場面で活用する指導は重要な要素となります。

⑥ 三項関係の形成を目指した指導実践

▶5　古山勝（2010）．障害の重い子供における三項関係の形成をめざした実践——学習到達度チェックリストを活用して　肢体不自由教育，195，22-27.

　ここでは古山（2010）[15]が報告している自立活動の指導実践を紹介します。初期の人間関係の要素である二項関係から三項関係の形成を目指したAさんとの指導実践です。Aさんの人間関係の形成能力は生後8か月程度の発達段階です。

○Aさんの実態

　ことばの理解や表現については，ことばや身振りでの理解や表現は難しいですが，他者の注意を引きつけたいときや，大人に声をかけられたときなどには，「アー」「アイ」「イイヤ」等の声を出すことがあります。認知面では，絵本や音の出る物に興味を示し，声を出して喜んだり，笑顔になったりします。しかし，物をとってほしくて自分から他者へ声を出したり，要求動作をしたりすることは見られない状況でした。

○指導目標

　このようなAさんの実態から，「視線を合わせたり，相手に対して発声をし

たりする」「物を受け取ったり，手渡ししたりする」などを目標として自立活動の指導に取り組んでいます。

◯指導内容と方法

指導としては，「手遊び歌」の活動をしました。そこでは，Ａさんの視野内に入るような位置に指導者が座り，手遊びを行っています。導入として「一本橋こちょこちょ」の歌を歌ってから，「一本橋をやろうか」とＡさんを誘うようにしています。また，Ａさんに働きかけてから５秒間程度，Ａさんからの反応を待つようにし，反応がなければ再度試行しています。その時のＡさんの課題となる行動を，「他者と視線を合わせる」「他者に発声で応える」「他者へ動作を向ける」「要求動作（手を伸ばす等）」「拒否動作（手を引っ込める，払いのけるなど）」「期待する表情」「無反応」の７つに設定し，指導を展開しています。

◯指導の経過と考察

はじめた当初は，視線を合わせることはなく，手を触れられたり，くすぐられたりする場面では喜ぶというよりは少し嫌がるような様子でした。４回目以降は，歌うと，にっこりと笑顔になり活動への期待感をもつような行動が見られ，**アイコンタクト**[6]がとれるようになってきました。「もう１回，やる？」と尋ねると，視線を向けて「ア」と発声で応じることが多くなってきました。それは他者との協同活動を通して**他者の意図理解**[7]だけでなく，他者とのやりとりへの期待や活動へのモチベーションが高まり，肯定的な情動へと変化したと考えられると考察しています。

「一本橋こちょこちょ」のような他者との対人相互交渉の中で，他者の意図理解が進み，他者への提示や手渡しなどから，「自己―対象―他者」の三項関係における共同注意に関連した行動に発達的変化が示されています。特に，他者に対して視線を向けるようになり，笑顔や応答的発声を伴うようになったとされています。また，他者の意図を理解すること，視野内の指さしや後方への指さしなどを，言葉かけとともにゆっくりと行うと，指さす方向を見るように[8]変化しています。

⑦ 人との関係を形成する力を

人とやりとりをし，他者とつながることや他者との関係を形成することは，大人としてよりよく生きていくための基本です。また，他者とのつながりを形成することで，自分のことやコミュニケーションの仕方を学びます。さらにはことばや概念を身につける機会につながります。

やりとりの基本構造を踏まえて，学級の他の子どもや他の教師とつながる活動を授業に組み込み，人との関係を形成する力を高めていきましょう。

（徳永 豊）

▷6 **アイコンタクト**
子どもと大人の見つめあいのことで，発声・表情をともなったやりとりの基盤となる。

▷7 **他者の意図理解**
相手が意図をもつことについての気づきや対応，その理解。

▷8 **子どもが振り返っておもちゃなどを見るか否かを確認するために子どもの後ろにあるものを指さすこと。**

自立活動の指導法３：
コミュニケーションの指導と評価

① 学校での活動の基礎に

　コミュニケーションの基本は，「聞くこと」と「話すこと」です。コミュニケーションとは，子どもが教師またはほかの子どもと「やりとり」することを指します。子どもが学校生活を送り授業に参加する場合に欠かすことのできない活動です。文部省（1992）は，重複障害を含む肢体不自由の子どものコミュニケーションの指導について解説書をまとめていて，「原初的コミュニケーション」の重要さを指摘しています。ここでは，肢体不自由のある子どものコミュニケーションとして，言葉や身振り，補助手段を活用した工夫について取り上げます。教師などの他者からの働きかけを受け止めて理解し，自らの考えをまとめ，表出・表現する力を高める取り組みです。

② コミュニケーションとは

　やりとりをする中で，情報を共有したり，その場での気持ちを共有したりすることが可能になります。相手を意識し何かを伝え，それを共有し，その場に応じて相互に意思などを伝達しあいます。肢体不自由のある子どもには，「まひ」のために発声することや話すことに難しさがあり，話し言葉では，コミュニケーションが成立しない場合があります。

○自立活動の区分

　表Ⅶ-5-1に示すように，自立活動においては「コミュニケーション」の区分があり，この領域に関する指導の充実が求められています。相手や状況に応じて円滑にコミュニケーションを行うことができるようにする観点から自立活動の内容が示されています。

○コミュニケーションとその基本

　初期段階のコミュニケーションは，子どもと大人の間に成り立つもので，言葉等を受け取る「知覚過程」，意味を理解して伝えたいことをまとめる「判断過程」，表情やしぐさ，言葉などの記号（コミュニケーション媒体）を操作する「表出過程」があります。

③ 肢体不自由の子どものコミュニケーションの難しさ

　コミュニケーションにおいて，肢体不自由の子どもが示す難しさには大きく

▷1　文部省（1992）. 肢体不自由児のコミュニケーションの指導　日本肢体不自由児協会

▷2　文部科学省（2018）. 特別支援学校教育要領・学習指導要領解説自立活動編（幼稚部・小学部・中学部）開隆堂

２つのタイプがあります。一つは，話されていることや書いてあるものは理解できるけれど，呼吸や構音に障害があり，声を出すことや書いたりするなどの表出や表現に難しさがある場合です。この場合には，その子どもが可能な表出方法を見つけ出し，補助手段の活用などに取り組む必要があります。

またもう一つは，知的障害を伴っているため，言葉や文字が理解できない場合があります。この場合には，子どもの理解の程度に応じて，記号として，**サインやシンボル**[3]，表情などを活用することが必要になります。さらに，知的障害が重度であると，教師に注意を向けて，教師の働きかけを受け取ったり，理解したりすることが難しい場合があります。

表Ⅶ-5-1　自立活動におけるコミュニケーション
1．コミュニケーションの基礎的能力に関すること。 2．言語の受容と表出に関すること。 3．言語の形成と活用に関すること。 4．コミュニケーション手段の選択と活用に関すること。 5．状況に応じたコミュニケーションに関すること。

表Ⅶ-5-2　コミュニケーションのタイプ
1．言語的コミュニケーション 　音声言語，書字言語 2．前言語的コミュニケーション 　手話，シンボル，サイン，意図的身振り，意図的指さし 3．原初的コミュニケーション 　身振り，指さし，まなざし，表情，発声姿勢，接触運動

❹　コミュニケーションのタイプ

　肢体不自由の子どもたちの知的発達の程度は，大きな違いがあります。それぞれの子どもの肢体不自由の状態や知的発達の程度に応じて，コミュニケーションのための記号を選択し，活用を試みる必要があります（表Ⅶ-5-2参照）。

○言語的コミュニケーション

　発達初期にみられる喃語から，単語のレベル，３語文の活用，そして学年相当の「聞く」，「話す」力があるレベルまで，肢体不自由の子どものコミュニケーションの実態は，実に幅広い状況です。このため，理解したり，使用したりできる語彙数の程度や，接続詞や助詞の理解と使用の程度について把握する必要があります。また，「読む」，「書く」ことによるコミュニケーションの程度についても把握して，適切に指導する必要があります。

○前言語的コミュニケーション

　言語的コミュニケーションが難しい子どもに対しては，指さし，身振り，表情などによるやりとりを活用します。これらのやりとりは，言語的なコミュニケーションが可能な子どもにとっても，補足的な手段として大切になります。

　日常生活の中で，子どもとのやりとりを大切にして，様々な場面で子どもに適切な記号を活用して，子どもに働きかけることが大切になります。そして，子どもが示す表出や表現を受け止め，理解して，働き返すことが必要になります。

○原初的コミュニケーション

　障害が重度で重複している子どもの場合には，原初的コミュニケーションが中心となります。このコミュニケーションは，子どもに明確な意図があって，

▶3　サインやシンボル
サインとしては，身振り，手話，マカトンサインなどがある。マカトンサインは手話より容易な手指による動作表現である。シンボルとしては，ブリスシンボル，マカトンシンボル，PCS（Picture Communication Symbols）などがある。たとえば，マカトンシンボルは見てすぐわかる具体的な線画であり，シンボルのカードを指さしたり，相手に渡したりして，表出の手段とする。

図Ⅶ-5-1　音声出力会話補助装置（合成音声方式）

写真提供：パシフィックサプライ社

図Ⅶ-5-2　音声出力会話補助装置（録音音声方式）

写真提供：パシフィックサプライ社

▷4　渡邉章（2008）．コミュニケーションの指導・支援の基本的枠組——コミュニケーションの支援と授業づくり　慶應義塾大学出版会

▷5　徳永豊（1995）．自発的な動きの乏しい重度・重複障害に対する「からだ遊び」の指導について　国立特別支援教育総合研究所研究紀要，**22**，9-16.

▷6　吉川知夫（2005）．重複障害児へのAACアプローチによるコミュニケーション指導　肢体不自由教育，**170**，24-29.

何かを伝えようとする前の段階に位置づけられます。目の動きやまなざし，表情，身体の動きを子どもの表出・表現として捉え，またこれらが子どもに働き返すコミュニケーション手段となります。何かを伝えようとする前段階であり，教師が子どもの行動からその意図や気持ちを読み取り，共有していく段階です。

5　コミュニケーションの指導内容と補助的手段の活用

　肢体不自由の子どもの多くは，発声や話すこと，手の操作などの体を動かすことに難しさを示す場合があり，表出過程において適切な補助用具や補助的手段を活用することが重要になります。

　近年の科学技術の進歩で，拡大しているのがコミュニケーション機器の領域です。たとえば，話すことが難しい場合に，子どもがキーボードで「おはよう」などのメッセージを打ち込み，スイッチを押すことで，音声で他者に働きかける機器があります（図Ⅶ-5-1）。また，大人のあいさつやメッセージを機器に録音しておき，状況に応じて大きなスイッチを押して，その音声で相手に働きかけるものもあります（図Ⅶ-5-2）。このような多様な表現手段を活用する取り組みが，拡大・代替コミュニケーション（AAC：Augmentative and Alternative Communication[4]）といわれるものです。子どものコミュニケーションを可能とするあらゆる方法（機器ではない，写真や絵，表情やジェスチャーも含む）を活用していこうとする取り組みです。

6　やりとり行動の形成を目指した指導実践

　ここでは徳永（1995）[5]が報告している指導実践を紹介します。重度の肢体不自由に，重度の知的障害，視覚障害のある小学部1年生の子どもと，一緒にからだを動かすことを手がかりに，やりとりの形成を試みています。

　「抱っこで一緒に座ろう」や「一緒に手を動かそう」ということを課題として，子どものからだに触れて，動かす働きかけに，子どもがどのようにからだの動きや表情で応答するかを拾い上げています。実践を通じて自発的な動きが増加し，働きかけに対応するような動きや表情が見られるように変化していきました。そのような取り組みの結果，一緒にからだを動かすことで指導者も子どもと一緒に活動する実感が高まったことが報告されています。

7　AACを活用した指導実践

　ここでは，吉川（2005）[6]が報告している指導実践を紹介します。知的障害を伴う肢体不自由児に対する，入学から約3年半の指導であり，AACアプローチによる発達支援の取り組みです。

◯Bさんの実態

小学部4年に在学する脳性まひの子どもで，対人関係も良好でしたが，有意味語の表出は認められず，主なコミュニケーション手段は，発声や身振りでした。それでは，相手にうまく伝えることができない場合も多く，そのことで伝達をあきらめたり，友達と遊ぶことをやめたりする場面が見られ，本児のコミュニケーション意欲や人との関わり等にも影響が生じていました。

◯指導計画

代替手段の選択にあたっては，現在の主要なコミュニケーション手段となっている身振りサインのほか，視覚系AAC手段を複数併用することとし，シンボルや絵・写真・パッケージなどによるコミュニケーションブックやVOCAを使用しています。指導目標としては，「文字を含めた代替コミュニケーション手段を獲得し，日常のコミュニケーション行動をより豊かにすること」を長期目標とし，「表出できる身振りサインを増やすこと」「コミュニケーションブックやVOCAの使用に慣れること」を短期目標としています。

◯指導の経過

指導経過を，使用したAAC手段で3期に分け示しています。

・第1期：「① 身振りサインによる表出を促す」，「② コミュニケーションブックの活用を促す」ことを目標に，身振りサインと同様，日常生活において使用頻度の高い語彙を選定し，絵やシンボル，写真などを用いてコミュニケーションブックを作成しています。

・第2期：「① VOCAによるやりとりを楽しむ」，「② かな文字の1音節と1文字対応を図る」ことを目標に，VOCAは Saltillo（U.S.A.）製のチャットボックスを使用することとし（図VII-5-3），朝の会や帰りの会などの特定の場面での使用からはじめています。シートは写真や絵，シンボルにかな文字を併記したものを使っています。文字学習は主にグループでの課題別学習の時間に行っています。

・第3期：シンボルをつなげる構文指導を行っています。「対象＋動作」や「動作主＋動作」などの二語連鎖ができるように工夫しています。

ここでは発語がなく，知的障害を伴う肢体不自由児に対し，AACアプローチによる代替コミュニケーション手段の獲得を主な目標として指導を行ってきた実践を紹介しました。

肢体不自由のある子どもとの授業において，コミュニケーションは根底にある活動です。子どもの障害の状態や発達の程度に応じて，その子どもなりの方法で他者とやりとりをし，つながる力を高めることが大切になります。

（徳永　豊）

▷7　VOCA
図VII-5-1，VII-5-2などのコミュニケーション機器の総称であり，Voice Output Communication Aid の略である。

▷8　Saltillo（U.S.A.）製のチャットボックス
16個のキーを活用するVOCA。それぞれのキーに音声を録音でき，組み合わせて使うことが可能である。

図VII-5-3　チャットボックス

6 自立活動の指導法4：チームティーチングの指導と評価

① 自立活動における教員チームの役割

▷1　宮崎昭（1992）. 個別教育課題の整理と個別教育目標の設定　川間健之介・徳永豊・西川公司・早坂方志・古川勝也・宮崎昭・渡邉章（編著）自立活動指導ハンドブック　社会福祉法人全国心身障害児福祉財団, pp. 35-38.

▷2　川喜田二郎（1986）. KJ法——渾沌をして語らしめる　中央公論社

▷3　社会福祉法人全国心身障害児福祉財団（2002）. 自立活動指導ハンドブック, p.35

　自立活動の指導においては，一人ひとりの障害による学習上または生活上の困難に応じて指導目標が一人ひとり違ってきます。どういうところに困難を感じるかは，人によって異なります。保護者と子どもの困り感や願いが異なることもあります。教員の間でも，一人の児童生徒に対する見方が異なることも少なくありません。身体の動きに関心のある教員は作業動作や移動動作の自立に課題を感じるかもしれませんし，音楽や美術の教員は児童生徒がどうやって自己表現できるかという点に課題を感じるかもしれません。理科の教師の中には自然と関わる体験の乏しさに課題を感じ，社会の教員は社会参加や社会的偏見への対処に課題を感じるかもしれません。こうした違いは，見解の相違というより，一人の児童生徒を見ている側面の違いに過ぎません。自立活動の指導は，時間を設けて行う指導を中心とし，各教科等の指導とも密接な関連を図ることとされています。児童生徒に必要と思われる指導目標と課題を総合的に把握して関連づけて指導するには，保護者，本人の願いを受け，教員チームのすべての意見をつなぎ合わせて全体像を整理して共有することが大切です。

　宮崎（1992）[1]は，保護者と子どもの願いを受けて，教員チームで指導課題を整理する診断的評価のためのケース会の進め方について，KJ法[2]を参考に，各教員が感じる児童生徒の課題をカードに書き，それらのカードを内容のまとまりごとに集めて，その関連を図式化して課題関連図として整理する方法を提案しています（図Ⅶ-6-1）[3]。

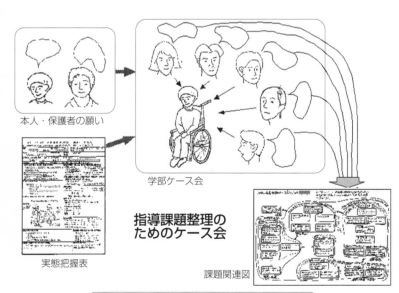

本人・保護者の願い

学部ケース会

指導課題整理のためのケース会

実態把握表

課題関連図

図Ⅶ-6-1　指導課題整理のためのケース会

出所：社会福祉法人全国心身障害児福祉財団（2002），p.35より引用

② 指導上のチームティーチング

チームティーチングは，ひとつの授業において，複数の教師が協力して指導計画の作成，実施，評価を行うものです。

自立活動の時間の指導を個別に教員がついて行う場合，どの児童生徒のどのような課題にどのような指導法を得意とする教員が担当するかなど，教員配置の工夫が必要です。必要とされる指導法を十分に習得していない教員に対しては，専門的な知識技術のある教員を配置して教員を支援することも必要です。

集団に対して複数の教員で自立活動の指導を展開する場合でも，児童生徒一人ひとりの指導目標と課題は異なります。この場合，参加する児童生徒全員のそれぞれの課題が学習できる題材や場面を組み入れた授業の流れを計画して進める授業担当教員が必要です。また，児童生徒一人ひとりの課題学習を援助する児童生徒担当教員も必要です。指導に当たる教員チームの役割分担とチームワークが重要になります。

③ 自立活動の評価と記録

学習評価には，集団の中で他人と比較して評価する「相対的評価」と人との比較ではなく絶対的な尺度を基準に評価する「絶対評価」があります。

絶対評価の方法としては，一定の指導期間の後に達成が期待される目標を設定して評価する「到達度評価」があります。たとえば，「車いすからトイレへの乗り移りを3分以内でできるようにする」など，達成できたかどうかが明確に評価できるものです。なお，到達目標は学習しやすい，より小さなスモールステップにして，その一つずつの学習経過を記録し評価していきます。

一方，進行性の疾患があって達成水準が低下していく場合やその日の体調によって達成できる水準が揺れ動くゆらぎがある場合など，達成目標を予測することが困難な児童生徒もいます。こうした時には，ゆらぎ幅中の「もっとも悪い状態」と「もっともよい状態」を記録し，学習プロセスの中でその両方がどのように変化するかを「改善」「不変」「悪化」の3つの視点で評価する「進歩の評価」が必要になります（表Ⅶ-6-1）。　　　　　　　　　　　　（宮﨑　昭）

表Ⅶ-6-1　「進歩の評価」の視点別評価の見方

（進歩の評価）学習プロセスの変化		ゆらぎ幅中の最もよい状態の変化		
		改　善	不　変	悪　化
ゆらぎ幅中の最も悪い状態の変化	改　善	改　善安定化	良い方に安定化	中央値に安定化
	不　変	良い時が増加	不　変	良い時が減少
	悪　化	不安定化	悪化方向不安定化	悪化方向安定化

訪問教育

訪問教育

　訪問教育とは，障害の状態が重度であるか又は重複しており，特別支援学校に通学して教育を受けることが困難な児童生徒に対し，特別支援学校の教員が家庭や福祉施設，医療機関等を訪問して行う教育です。

　訪問教育は，1968〜69（昭和43〜44）年にかけて，いくつかの県や市において就学猶予・免除者に対する訪問指導として開始され，その後，各地に広がって実施されるようになりました。

　1971（昭和46）年6月，中央教育審議会[注1]は「今後における学校教育の総合的な拡充整備のための基本的施策について」答申を行い，その中で，訪問指導に関する提言として「療養などにより通学困難な児童生徒に対して教員の派遣による教育を普及するなど，心身障害児のさまざまな状況に応じて教育形態の多様化をはかること」と示しました。この答申を受けて，当時の文部省は1972（昭和47）年度を初年度とする「養護学校整備七年計画」を策定し，実施する中で，1973（昭和48）年11月に「学校教育法中養護学校における就学義務及び養護学校の設置義務に関する部分の施行期日を定める政令」（政令第339号）が公布されました。この政令の公布によって，1979（昭和54）年度からの養護学校教育義務制実施が確定したため，文部省は1974（昭和49）年度から義務制への円滑な移行を図るための施策を実施しました。その施策の一つが，「特殊教育訪問指導費等補助金（訪問指導員経費）」の交付です。この補助金の交付により，訪問指導や普及の積極的姿勢が周知され，1974（昭和49）年度中に全都道府県で訪問指導が実施されるようになりました。

　各都道府県等における訪問指導の実施状況等を基にして，1978（昭和53）年7月，文部省から「訪問教育の概要（試案）」（「特殊教育」第21号に掲載）が発表され，訪問教育の 趣旨や法的根拠[注2]，対象[注3]等が示されることになりました。従来行われてきた訪問指導は，訪問教育と称されることとなり，養護学校等の教育の一形態として位置づけられるとともに，1979（昭和54）年4月からの養護学校教育の義務制の施行と同時に，各都道府県において，障害の状態が重度であるか又は重複しており，学校へ通学して教育を受けることが困難な児童生徒に対して実施されるようになりました。

▶1　文部科学省におかれている審議会である。文部科学大臣の諮問に応じて，重要事項を調査審議し，文部科学大臣に意見を述べる。

▶2　訪問教育は，障害のため通学して教育を受けることが困難な児童生徒に対する教育措置である。

▶3　訪問教育は，特別支援学校等における教育の一形態である。（学校教育法第72条）

❷ 訪問教育の教育課程

訪問教育に関する教育課程の取り扱いは，学校教育法施行規則第131条第１項に規定されています。訪問教育の対象児童生徒は，一般的に障害が重度であるか又は重複しており，医療上の規制や生活上の規制を受けていることがあります。そのため，個々の実態に応じた指導を行うため，弾力的な教育課程を編成することが必要となります。教育課程を編成するに当たっては，特別支援学校小学部・中学部学習指導要領第１章第８節の５の規定及び特別支援学校高等部学習指導要領第１章第２節第８款の５を適用させることも含めて教育内容の選択や指導時間確保のための工夫をすることが大切となります。

❸ 訪問教育の指導

2017（平成29）年４月の特別支援学校小学部・中学部学習指導要領第１章第４節の２においては，「障害のため通学して教育を受けることが困難な児童又は生徒に対して，教員を派遣して教育を行う場合については，障害の状態や学習環境等に応じて，指導方法や指導体制を工夫し，学習活動が効果的に行われるようにすること」が規定されています。

実施する際は，一人一人の児童生徒の障害の状態や特性及び心身の発達の段階等，学習時間，学習する場所等に応じて，指導内容，指導方法及び指導体制を工夫し，学習活動が効果的に行われるようにする必要があります。

指導内容及び方法の工夫としては，たとえば，児童生徒の治療上又は健康上の理由や，学習する場所などによって，指導時間や教材・教具等が制限される場合があることから，これらの状況等に応じ，各教科等の指導内容の精選を行うとともに，個々の児童生徒の実態や学習環境に応じた教材・教具を活用することが重要となります。また，訪問教育の対象となる児童生徒は，集団への参加や友達との関わりが少なくなるなどの課題があります。そのため，たとえば，ICT 端末と入出力支援機器等を効果的に組み合わせながら，オンライン授業を行うことも考えられます。

指導体制の工夫としては，訪問教育の担当者だけでなく，学校全体で訪問教育を充実させるよう，校内体制を整備することが大切となります。たとえば，指導内容に応じて他の専門的な知識や技能を有する教師と連携して訪問教育を進めたり，訪問教育の児童生徒が登校する際に他の教職員と協力したりすることなどが考えられます。

また，訪問教育を効果的に行うためには，家族，福祉施設や医療機関の職員など，児童生徒の生活を支える関係者の理解や協力が欠かせないため，日頃からこれらの関係者との連携を図ることが大切となります。　　　　（菅野和彦）

▷4　訪問教育の場合
　障害のため通学して教育を受けることが困難な児童又は生徒に対して，教員を派遣して教育を行う場合については，特別支援学校小学部・中学部学習指導要領第８節の１から４に示す教育課程の取扱いによることができると規定。

参考文献

　文部省（1988）．訪問教育の指導の実際　慶応義塾大学出版会

　文部科学省（2017）．特別支援学校小学部・中学部学習指導要領　2017（平成29）年４月

　文部科学省（2019）．特別支援学校高等部学習指導要領　2019（平成31）年２月

8 学習指導要領における重複障害者等への対応

肢体不自由特別支援学校で学ぶ児童生徒は，上肢や下肢の運動・動作，姿勢の保持・変換，移動などに困難さがあります。また，肢体不自由の起因疾患として多くの割合を占めているのは，脳性疾患等であることから，視覚的な情報や複数の情報の処理，提示された文字や図の正確な把握，資料の読み取りなどに困難さが見られる場合があります。特に，重度・重複の児童生徒の場合は，脳性疾患等に随伴する障害として知的障害や言語障害，感覚障害などが伴うことが少なくなく，保有する感覚を有効に活用したり，コミュニケーションの基礎的能力に課題を抱えたりすることから，学習上又は生活上において様々なつまずきや困難さが顕著に表れることとなります。

特別支援学校学習指導要領では，児童生徒の障害の状態や特性及び心身の発達の段階等，卒業後の進路や生活に必要な資質・能力等に応じた弾力的な教育課程を編成することができるよう，重複障害者等に関する教育課程の取扱いを示しています。

▶1 特別支援学校小学部・中学部学習指導要領（第1章第8節）2017（平成29）年4月 文部科学省及び特別支援学校高等部学習指導要領（第1章第2節第8款）2019（平成31）年2月 文部科学省

障害の状態により特に必要がある場合

「障害の状態により特に必要がある場合」とは，たとえば，障害の状態により学習場面において様々なつまずきや困難が生じているため，当該学年の学習の一部又は全部が困難な状態を指すもので，その実態に応じて，弾力的な教育課程を編成できることについて，6項目に分けて示しています。ここでは，小学部・中学部の主な規定に基づき例示します。

・肢体不自由の児童生徒に対して「体育」の内容のうちの器械運動等の学習の一部が困難又は不可能な場合には，この内容を履修させないことができる。

・小学部4学年の「算数」の目標及び内容の一部又は全部を小学部3学年の目標及び内容に替えることができる。

・中学部の「数学」の目標及び内容に関する事項の一部又は全部を小学部の「算数」の目標及び内容に関する事項の一部又は全部に替えることができる。

なお，これらの例示のもととなる規定は，あくまでも文末が「できること」となっていることに留意するとともに，適用の際には，その後の児童生徒の学習の在り方を大きく左右する可能性があることから，取り扱わない内容については必要最小限にとどめるなど，慎重に検討を進めることが大切です。

❷　重複障害者の場合

　重複障害者とは，肢体不自由以外に，たとえば知的障害を併せ有する児童生徒などであり，学校教育法施行令第22条の3に規定している程度の障害を複数併せ有する者を指しています。しかし，教育課程を編成するうえで，以下に示す規定を適用するに当たっては，指導上の必要性から，必ずしもこれに限定される必要はなく，言語障害，自閉症，情緒障害等を併せ有する場合も含めて考えてもよいこととなっています。

　(1)　知的障害を併せ有する児童生徒の場合には，各教科の目標及び内容の一部又は全部を，当該各教科に相当する知的障害者である児童生徒に対する教育を行う特別支援学校の各教科の目標及び内容の一部又は全部によって替えることができます。

　たとえば，肢体不自由である児童生徒に対する教育を行う特別支援学校の小学部の「社会」「理科」「家庭」に相当する知的障害である児童生徒に対する教育を行う特別支援学校の小学部の教科とは「生活」，同じく中学部の「技術・家庭」に相当するのは，「職業・家庭」と考えてよいということです。その際，教科の名称を替えることはできないことに留意する必要があります。また，知的障害の状態によっては，小学部の外国語科，及び総合的な学習の時間，中学部の外国語科を設けないこともできるとしています。

　(2)　重複障害者のうち，障害の状態により特に必要がある場合には，各教科，道徳科，外国語活動もしくは特別活動の目標及び内容に関する事項の一部又は各教科，外国語活動もしくは総合的な学習の時間に替えて，自立活動を主として指導を行うことができます。その際，道徳科及び特別活動については，その目標及び内容の全部を自立活動に替えることはできないことに留意する必要があります。

　なお，この規定を適用する場合，障害が重複している，あるいはその障害が重度であるという理由だけで，各教科等の目標や内容を取り扱うことをまったく検討しないまま，安易に自立活動を主とした指導を行うようなことのないように留意しなければなりません。

❸　訪問教育の場合

　通学して教育を受けることが困難な児童生徒に対して教員を派遣して教育を行う場合の教育課程については，上記に示した教育課程の取扱いによることができます。通学して教育を受けることが困難な児童生徒は，一般的に障害が重度であるかまたは重複しており，医療上の規制や生活上の規制を受けていたりすることがあるため，個々の実態に応じて弾力的に教育課程を編成することが必要となります。

　　　　　　　　　　　　　　　　　　　　　　　　　（菅野和彦）

▶2　学校教育法施行令第22条の3（肢体不自由者）
一　肢体不自由の状態が補装具の使用によっても歩行，筆記等日常生活における基本的な動作が不可能又は困難な程度のもの
二　肢体不自由の状態が前号に掲げる程度に達しないもののうち，常時の医学的観察指導を必要とする程度のもの

TEA BREAK 7

海外から見たわが国の自立活動の指導とは

特別支援学校（肢体不自由）においては，児童生徒の障害の重度・重複化，多様化の傾向が顕著で，医療的なケアを必要とする児童生徒も増えています。このような実態に対応するために，特別支援学校（肢体不自由）では，自立活動を主とした教育課程を編成する学校が増えてきており，今まで以上に自立活動の指導の充実が求められています。

ここでは，日本では一般的な指導領域となっている「自立活動」を海外ではどのように見ているのかについて紹介します。

1 自立活動の名称および内容

自立活動は，英語で「jiritsu-katsudou」と表記されます。なぜならば，自立活動は日本の特別支援教育特有の指導領域であるため，無理やり英語に訳さないほうが望ましいと思われるからです。ところが，「jiritsu-katsudou」という表記には，日本語のできない外国人に対して説明「しにくい」というデメリットがあることを看過してはいけません。たとえば，自立活動の概念を自立生活（independent living）またはその下位概念の一つとして捉える外国人が少なくないことは，自立活動の指導に関する説明の不足が原因だと考えられます。

自立活動の内容は，人間としての基本的な行動を遂行するために必要な要素と，障害による学習上または生活上の困難を改善・克服するために必要な要素などを，6つの区分と26項目に分類・整理したものです。具体的な指導を展開するに当たっては，各区分または

各項目を別々に指導することが意図されているわけではなく，自立活動を担当する教師が，個々の子どもに必要とする項目を選定した上，それらを相互に関連付けて具体的に指導の内容および方法を設定する必要があると言われます。よって，自立活動の内容および方法については，詳細なマニュアルが示されていないことから，担当教師の裁量（専門性）によってそのすべてが左右されます。言い換えると，自立活動は，担当教師の専門性に委ねる傾向が非常に強く，その実際については未だにあいまいな要素が多く残されているものと思います。

今後，自立活動の名称をはじめ，自立活動の趣旨と意義，自立活動と他の教科との関連，自立活動の具体的な内容とその選定の手続きなどについては，日本語でわかりやすくまとめていくとともに，外国語による発信を続けてほしいと思います。

2 自立活動担当者としての「教師」

自立活動の指導は，専門的な知識や技能のある教師を中心として，校内の全教師の協力の下に行われることが求められています。すなわち，自立活動は，医者または理学療法士（PT），作業療法士（OT），言語聴覚士（ST）ではなく，子どもを担当する教師または教師チーム等によって行われることが前提だと言われています。

特に，特別支援学校（肢体不自由）の場合は，自立活動を主とした教育課程で学んでいる子どもの数が多いため，自立活動の指導を一部の教師に一任すること

はできない状況です。このことから，肢体不自由教育
に携わる教師に対して，自立活動の指導に関する知
識・技能は，必ず身につけないといけない専門性とし
て挙げられています。

　しかし，自立活動の指導においては，教師よりも
PT，OT，ST が担当するほうがより専門的だという
意見があります。欧米においては，自立活動に相応し
い指導領域を PT，OT，ST に一任することが珍しい
ことではありません。日本においても，このような論
議は絶えず行われてきています。したがって，自立活
動の指導がなぜ「教育」の一環なのか，なぜ「教師」
が担当すべきなのかを，国内外に対して納得させる必
要があります。

3　韓国の「治療教育」と「治療支援」

　2007年の「障害者等に対する特殊教育法」の制定に
より，韓国は，自立活動に類似した指導領域として設
けてきた「治療教育」を廃止し，新たに「治療支援」
を導入しました（図9）。これは，韓国の特別支援教
育において大きな事件だと言われます。

　韓国は，児童生徒の障害の重度・重複化，多様化に
対応するため，教科等のほかに特別支援教育特有の指
導領域として「治療教育」を創設し，教育と医療の境
界にある教育的活動として位置づけました。担当者と
しては，従来の特殊教育教師とは別に，治療教育教師
を養成・配置し，治療教育の指導を担当させるととも
に，教育専門家と医療専門家との連携をコーディネー
トする役割を求めました。ここで注目すべき点は，治
療教育の指導が日本の自立活動と同様に「教師」が担
当する特別支援教育特有の「教育活動」として位置づ
けられていたということです。

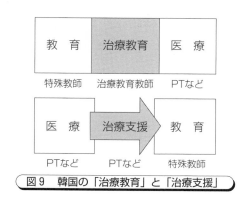

図9　韓国の「治療教育」と「治療支援」

　しかし，結果的に，韓国の治療教育が教育活動とし
てアイデンティティを確立することはできなかったの
です。要するに，治療教育の教育的意義をはじめ，治
療教育の位置づけ，担当教師の専門性などに対する社
会の疑問に十分に答えることができなかったのです。
その結果，韓国は，治療教育の代わりに，米国の関連
サービス（related service；特殊教育（special educa-
tion）から利益を得るため子どもに対し必要な付加的
サービス）に類似した制度である「治療支援」を導入
しました。また，その担当者は，PT，OT，ST 等の
医療専門家としました。

4　自立活動の課題

　韓国の例からわかるように，自立活動教諭免許を有
することが，自立活動の専門性を担保する十分条件に
はなりません。今後，自立活動の指導に求められる専
門性は何か，その専門性を習得するためにどのような
努力が必要なのか，自立活動の指導でどのような成果
が得られたのかなどについて，論理的に説明する必要
があります。

　　　　　　　　　　　　　　　　　　（任　龍在）

自立活動の指導に関する教師の成長と授業研究

1　教師の成長とは

▷1　「Ⅶ　自立活動の指導と個別の指導計画」参照。

　自立活動は，1999（平成11）年の盲学校，聾学校及び養護学校学習指導要領の改訂により，それまでの「養護・訓練」に代わり成立しました。一人一人の子どもの教育的ニーズに応じて，彼または彼女の主体的な学びを具現する指導であり，特別支援教育独自の領域です。小学校等の学習指導要領の改訂により，今日では，特別支援学校だけではなく，地域の小学校等における特別支援教育を充実するうえでも，重要な領域となっています。

　自立活動の指導における子どもの学びとは，「障害による学習上又は生活上の困難を，子ども自らが内的，主体的に意味づけること」であり，授業とは「子どもが学習上又は生活上の困難を改善・克服するための経験の場を提供することであり，子どもが自ら意味づけするよう促すこと」といえます。つまり子どもの主体的な学びとこれを促す教師の指導活動を含むものです。授業は，子どもと教師の自己表現生成過程の場であり，プロセスであるとされる所以です。

　教師は，生涯にわたる教職生活において，多様なニーズを有する子どもと出会い，子どものみならず自らの表現生成の向上を遂げることが期待されます。ここに教師の成長（professional development）の論拠があり，教師のこのことの自覚と行動が成長を支えることになります。教職経験を重ねれば，教師として成長する，あるいは専門性が向上するというものではないのです。

2　教師の成長と授業に関する知識

　障害のある子どもに対して，学習上又は生活上の困難さに主体的に向き合い，意味づけるよう促すために，教師には授業に関する知識が求められます。

▷2　吉崎静夫（1988）．授業研究と教師教育(1)──教師の知識研究を媒介として　教育方法学研究，13，11-17.

　図Ⅷ-1-1は，授業に関する教授知識です。「教材内容に関する知識」，「教授方法に関する知識」，「児童生徒に関する知識」の３つの知識と，これらが重なる４つの複合領域から構成されます。前者の３つの知識は教員養成段階で教授可能であるとされる一方，後者については，知識の複雑さゆえに教職に就いた後に育成されるものとみなされます。

　教員養成 pre-service training 及び現職研修 in-service training において身につけるべき教科教育に関する知識とは何かについては，当該分野における授

業研究の成果の蓄積により明らかにされています。しかし，自立活動の指導に関しては，教科教育のように予め指導すべき目標，内容が学習指導要領に示されておらず，個別的な指導を前提としていることに加え，教員養成カリキュラムにおいて積極的に取り上げられてこなかったことから，必要とされる授業に関する知識や方法に関する学術的な検討は十分になされてきませんでした。³

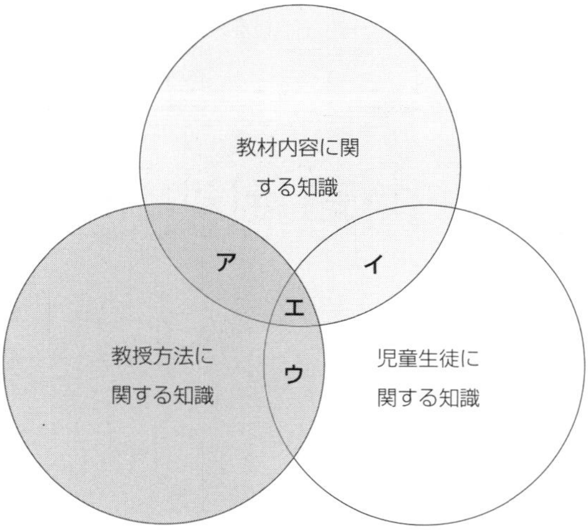

③　授業研究の考え方と方法

　児童生徒の障害が重度・重複化，多様化する肢体不自由教育においては，特別支援教育に関するセンター的機能の付与も相まって，自立活動の指導の充実は喫緊の課題となっています。

○授業研究とは

　授業研究とは，学校教育の中で主として「教科」教育の指導を中心として行われる教育活動（授業）を研究の対象としてその効率化を実証的に進めていく研究活動とされます。⁴自立活動の指導に関わる授業研究では，一人一人の子どもの主体的な学びを促すことができているかを分析，検証することになります。

○授業研究の方法

　ここでは，教師の成長に寄与する授業研究の意義と方法について，意思決定研究の観点から概説します。

　意思決定研究は，20世紀後半のアメリカ合衆国において認知科学の発展を受けて提起された研究の一つです。この研究の特徴の一つは，授業の計画と実施とのずれに着目することです。授業者は，必ず授業の計画をもって授業に臨みますが，学習者の表情や行動等を手掛かりにして，授業を計画通りに進めるかどうかを決定することになります。すなわち，学習者の学習状況をモニターしつつその効果を最適化するために，適宜教授行動を変更するかどうかの決定を行うという前提に立つものです。具体的には図Ⅷ-2-3を参考にしてください。

　一つの授業で，教師は何回，何十回もの意思決定を行うといわれています。教師はどのような意思決定を行っているのか，効果的な意思決定を行うためには何が必要なのか，さらには授業研究としてどのような手続きが採られるべきなのかがポイントとなります。Ⅷ-2とⅧ-3では，複数教師あるいは教師個人による意思決定に基づく実践研究の具体例を紹介します。　　　　（安藤隆男）

図Ⅷ-1-1　授業に関する教師の知識領域

出所：吉崎（1988）をもとに作成

▷3　2021（令和3）年10月，文部科学省は「特別支援教育を担う教師の養成の在り方等に関する検討会議」を設置した。同検討会議は，2022（令和4）年7月に『特別支援学校教諭免許状コアカリキュラム』を取りまとめ，教員養成カリキュラムにおいて「自立活動」を積極的に位置づけるよう提言をした。

▷4　日本教育方法学会（編）（2004）．現代教育方法学事典　図書文化

参考文献

　安藤隆男（2021）．新たな時代における自立活動の創成と展開──個別の指導計画システムの構築を通して　教育出版

② チームティーチングにおける授業者の意思決定

▷1　平野一郎・椎名萬吉（1966）．ティーム・ティーチングの研究　黎明書房

▷2　加藤幸次（1996）．ティーム・ティーチング入門　国土社

▷3　第6次公立義務教育諸学校教職員配置改善計画では，個に応じた学習指導を行うため，TT等が行われるよう多様な教育活動の推進に必要な教職員が加配されることとなった。

▷4　大野由三（1995）．障害児教育のチームティーチング　大野由三（編）障害児指導のためのチームティーチング　明治図書，pp.7-16.

▷5　文部科学省（2018）．特別支援学校教育要領・学習指導要領解説自立活動編（幼稚部・小学部・中学部）

▷6　安藤隆男（2009）．授業研究法．前川久男・園山繁樹（編）　障害科学の研究法　明石書店，pp.191-209.

▷7　竹内博紀・小山瑞貴・大関毅・落合優貴子・内海友加利・安藤隆男（2020）．肢体不自由特別支援学校のティーム・ティーチングにおける授業者の役割に関する調査研究——自立活動を主とした教育課程に注目して　障害科学研究，44，87-97.

① チームティーチングの導入と肢体不自由特別支援学校における位置づけ

　チームティーチング（Team Teaching；以下，TT）とは，「ふたりもしくはそれ以上の教師が，協力して，同じ生徒グループの授業全体，または，その主要部面について，責任を持つもの」です。今日において，TTはよく知られる指導形態ですが，その起源は1950年代後半のアメリカであるとされています。日本には1960年代に伝えられ，その後，第6次公立義務教育諸学校教職員配置改善計画（平成5年度～12年度）を契機に，TTが小学校等で積極的に導入されることとなりました。

　一方，障害児教育分野は，小・中・高等学校とは異なるTT導入の背景と実態があり，対象児の障害の特性により，学習集団の構成や指導形態を工夫する必要性から独自に生まれてきたものとされています。児童生徒の障害の重度・重複化，多様化が顕在化する中で，一人一人の教育的ニーズに応えるために，教師等が協働して課題解決に向き合うチームアプローチが導入されました。知的障害養護学校や肢体不自由養護学校ではTTが早くから導入され，特に1979年の養護学校教育の義務制実施以降，一般的な指導形態となりました。

　自立活動の指導は，個別の指導計画に基づき個別指導の形態で行われることが多いですが，指導目標を達成するうえで効果的である場合には，集団を構成して指導することも考えられます。肢体不自由特別支援学校では，各教科等の指導や自立活動の指導において日常的にTTが採用されています。ここでは，TTの特徴と，教師の意思決定に着目したTTの授業研究を取り上げます。

② 肢体不自由特別支援学校におけるチームティーチングの特徴

　TTの授業者は，全体の進行を司るメインティーチャー（以下，MT）と，具体的に子どもの学習活動を支援するサブティーチャー（以下，ST）から構成されます。また，MTとSTという関係ではなく役割を分担して授業に臨む場合もあり，TTの形態は多様です。肢体不自由特別支援学校のTTの実態について，知的障害特別支援学校との比較を行った竹内ら（2020）を参考に紹介します。

○TTの実施形態

　TT授業における児童生徒数の平均は，肢体不自由では6.67人，知的障害で

は13.16人でした。授業者数の平均は肢体不自由5.40人，知的障害5.35人であり，肢体不自由のほうが児童生徒数と授業者数は近い値を示しました。次に，授業者の役割について，MTとSTに分けて実態を見ていきます。MTの役割としては，両者とも「特定の児童生徒や教材を担当しながら全体を進行」する割合が70〜80％程度を占めていました。STの役割としては，肢体不自由は知的障害に比べて「主に特定の児童生徒を担当」する割合が高いことが示されました（図Ⅷ-2-2）。

　以上を踏まえると，肢体不自由特別支援学校では，一人または数名の子どもに対する指導を担当の授業者が行う，「子どもにつく」タイプのTTを多く実施している特徴が見出されました。一方，知的障害特別支援学校では，一人の教師が複数の児童生徒の指導と教材・場を担当しており，「子どもと教材・場の両方を担う」タイプのTTが多いことが示唆されました。

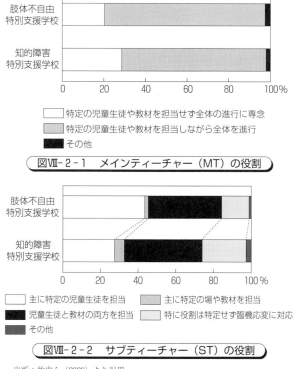

図Ⅷ-2-1　メインティーチャー（MT）の役割

凡例：
□ 特定の児童生徒や教材を担当せず全体の進行に専念
▨ 特定の児童生徒や教材を担当しながら全体を進行
■ その他

図Ⅷ-2-2　サブティーチャー（ST）の役割

凡例：
□ 主に特定の児童生徒を担当　　▨ 主に特定の場や教材を担当
■ 児童生徒と教材の両方を担当　　▨ 特に役割は特定せず臨機応変に対応
▨ その他

出所：竹内ら（2020）より引用

◯TT授業のデザイン－実施－評価・改善における特徴

　複数の授業者が関わるTTにおいては，授業のデザイン段階から実施，評価・改善に至るまでの，授業者間の役割分担や共通理解がとりわけ重要となります。

　竹内（2020）によると，授業のデザイン段階として，年間指導計画，単元・題材の指導計画，毎時の指導計画を取り上げると，これらの作成者は授業の責任者やMTが大半を占めていました。

　授業実施段階において授業が計画通りに進まないことは，「よくある」「少しある」を合わせて70％程度を占めました。その場合の対処法は「授業後に授業者間で確認」が過半数を占めており，肢体不自由は知的障害と比べて「授業中でも授業者間で確認」や「特に対処しない」割合が高いことが示されました。

　授業の評価・改善段階として，授業記録の形態には，記述記録，写真，映像が主であり，肢体不自由においては記述記録を毎時間とる割合が高いことが指摘されています。また，授業評価の担当者は，「MT」が10％程度，「児童生徒の担当教員」と「授業者間で協議」がそれぞれ45％程度でした。

◯TTにおいて指摘される課題とその解決に向けて

　TTにおける課題として，長沼（2005）は，①個別の指導計画と授業のつながり，②複数の教員同士のつながりの2点から指摘しています。一点目は，授業計画に係る話し合いの時間が取れないことや責任者に任せきりになってしま

▷8　長沼俊夫（2005）．ティームティーチングによる授業づくり「現状と課題」肢体不自由教育，170，42-43.

▷9　安藤（2007）によると，「朝の会の途中で，ある子どもが学習グループから離れて，教室の後ろに置いてあるおもちゃのところに移動して遊び始めました。担当の教員は，どのような対応をするでしょうか。授業の流れを乱すからすぐに連れ戻す，しばらく様子を見るなど，教員によって異なる意思決定とこれに基づく教授行動がとられることになります」とある。
安藤隆男（2009）．特別支援教育における授業研究の視点と方法　日本肢体不自由教育研究会（監修）専門性向上につなげる授業の評価・改善　慶應義塾大学出版会，pp.117-126.
Peterson, P. L. & Clark, C. M. (1978). Teachers' reports of their cognitive process during teaching. *American Educational Research Journal*, **15**, pp. 555-565.

▷10　吉崎静夫（1988）．授業における教師の意思決定モデルの開発　日本教育工学誌，**12**(2)，51-59.

▷11　内海友加利・平山彩乃・安藤隆男（2018）．肢体不自由特別支援学校のティーム・ティーチングにおける教師の意思決定過程の分析と授業改善　特殊教育学研究，**56**(4)，231-240.

▷12　1台は全体が見えるような位置で固定し，もう1台は子どもの学習の様子や教師の教授行動などに焦点を当てて動かす手持ちカメラとした。

うことが要因として挙げられており，上述の調査においても類似した実態が読み取れます。二点目は，「教員同士の連携がうまくいかない」という問題に対して，授業者の役割の不明確さや，働きかけるタイミングのずれを少なくすることが解決のポイントであると指摘されています。

　本稿ではこれら TT 授業の課題解決に向けて，授業研究の方法論に着目して概説します。

③ チームティーチングの授業研究と授業者の意思決定

○授業研究における教師の意思決定

　従来から多様な視点とアプローチによって取り組まれてきた授業研究法の一つとして，教師の教授における認知過程を取り上げた意思決定研究があります。意思決定とは，授業計画（予想していた子どもの反応）と授業実態（現実の子どもの反応）との間にずれがあるとき，当初の授業計画をそのまま実行すべきか変更すべきかを決定する，複雑な情報処理のプロセスを指します（図Ⅷ-2-3）[9]。

　吉崎（1988）は VTR 中断法を用いた教師の意思決定の分析を通して，授業の省察と教授行動の改善につながる授業研究法を展開しました。教師は授業中，3分に一回程度意思決定を行っているといわれており[10]，授業者が複数存在する TT においては，さらに複雑な意思決定の様相が想定されます。そこで，肢体不自由特別支援学校における TT 授業の充実に向けた授業研究として，教師の意思決定に注目した実践事例を説明します。

○肢体不自由特別支援学校における TT の授業研究

　A 県立 B 肢体不自由特別支援学校小学部第5学年の TT を対象とした研究を紹介します[11]。自立活動を主とする教育課程で学ぶ児童5名に対して教師3名，介助員1名による自立活動の時間における指導です（記録日は児童1名，ST 1名欠席）。「子どもにつく」タイプの TT が実施されました（図Ⅷ-2-4）。

　授業分析の手続きは，授業者が作成した授業計画に基づき授業を実施し，その様子をビデオカメラ2台を設置し記録します[12]。放課後等に，映像記録を用いて各授業者にインタビュー形式で授業の意思決定場面を振り返ってもらいました。振り返る際には「授業の計画と実施でズレを感じるところはあったか」という視点から場面を抽出し，どのような判断に基づき授業を展開したのか，教師の内的過程を語ってもらいました。授業は2回実施し，1回目の授業分析を通して得られた視点に基づき授業を改善して，2回目の授業を実施しました。

　1回目の授業では，計画段階で予想していた児童の様子と実際の様子とのずれについて，MT と ST は，同じ場面でずれを認識していましたが，それらが共有されることはありませんでした。また，MT は「予定していた学習活動を継続する」，ST は「教授行動を変更する」という，異なる意思決定をした場面もありましたが，それぞれの意思決定が共有されないまま，授業が展開され

ました。

　授業分析を踏まえて，授業者は次のポイントからTTの授業改善を行いました。①介助員のTTへの参画を促すために，予め授業のねらい等をホワイトボードに書いて可視化すること，②授業中の授業者間のコミュニケーションは子どもに語りかけるようにして「声に出して伝える」ことです。

　授業改善を行った2回目の授業では，授業計画と実際とのずれの認識と，それに基づく教授行動の変更が次々に共有されていきました。MTとSTはお互いの意思決定を共通理解しながら授業を展開している様子が読み取れ，児童の主体的な学習を引き出せるような授業展開がなされました。

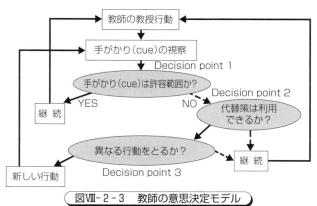

図Ⅷ-2-3　教師の意思決定モデル

出典：安藤（2009；Peterson & Clark, 1978を改編）

④ 事例を踏まえた授業研究の視点

　紹介した授業研究には，若手教師がMT，ベテラン教師がSTとして参画しました。この授業研究の振り返りとして，ベテラン教師からは，従前からTTにおける授業者間のコミュニケーションを重視していたが，これまでは介助

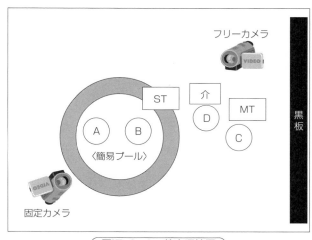

図Ⅷ-2-4　教室環境図

員との授業計画の共有や子どもの実態に関する意思疎通はできにくい状況であったことが述べられました。ホワイトボード等による授業計画の共有や授業中のコミュニケーション方法を工夫するなど共通理解を図りやすい工夫が重要であることが語られました。

　若手教師からは，それまで「指導案通りに授業を進めなければならない」という思いに縛られていたが，意思決定の考え方を通して，授業の計画段階と実施段階にはずれが起きることを前提として，児童の反応に応じた意思決定ができるようになったことが語られました。意思決定には他の授業者が捉える手がかりや意思決定が参考となるため，授業者間のコミュニケーション方法の円滑化が重要な要素であることも示唆されました。

　教師の意思決定研究は，授業過程における教師の成長・発達に資する授業研究法として知られています（吉崎，1991）。授業研究に取り組み，授業を省察する機会を通して，教師の成長につながる視点を得ることが重要といえます。教師の意思決定研究の視点と手続きは有効な授業研究の一つであると考えます。

（内海友加利）

▷13　吉崎静夫（1991）.
教師の意思決定と授業研究
ぎょうせい

3 個別指導における授業者の意思決定

1 個別指導の特徴

　個別指導とは，一人の教師が一人または数名の子どもの指導に当たる指導の形態です。肢体不自由特別支援学校の自立活動の指導においては，個々の子どもの多様な教育的ニーズに応えるために，個別指導の体制が広く導入されています。担当する教師が一人で指導を展開する個別指導は，チームティーチング（Team Teaching：以下，TT）の指導と異なり，授業のデザイン，実施，評価・改善の一連の過程において，担当する教師の専門性に大きく左右されることは想像に難くありません。

　自立活動に関する教員養成段階の学修が十分でない現状においては，実践を積み重ねる中で，指導に必要な知識や技能を身につけていくことが求められます。それらの知識や技能は，一朝一夕に身につくものではありません。そのため，教職経験の浅い若手教師の中には，指導過程で生じる様々な不安や困難さに対処できずに悩んでいる場合も少なくありません。

　本稿では，教師の意思決定の視点から，若手教師の自立活動における個別指導の力量形成を意図した実践研究の成果の一部を紹介します。

2 授業計画段階で求められる専門性と教師の意識

　各教科の指導の場合，学習指導要領に示されている目標や内容に基づき，主たる教材である教科書を用いて指導を展開していきます。そのため，どのような指導を展開すればよいか，授業を担当する教師も見通しをもちやすいです。一方，自立活動の指導では，予め何を指導するか決まっておらず教科書はありません。個々の児童生徒の的確な実態把握に基づき，指導すべき課題を明確にして，個別に指導目標や具体的な指導内容を設定することになります。ここに個別の指導計画の作成の意義と役割を指摘できるのです。

　TT の指導では，[Ⅷ-2]で概説したように，授業を担当する教師が協働しながら授業をデザインします。経験の浅い若手教師にとっては協働のプロセスを共有でき，多くの学びを期待できます。では個別指導ではどうでしょうか。基本的には担当教師が一人で年間から毎時の授業計画を立案することになり，指導目標や指導内容を踏まえて，必要な指導方法を選択・決定しながら授業をデザインし，実施，評価・改善を担うことになります。TT とは異なり，個人が

▷ 1　チームティーチング
⇨ [Ⅷ-2]

有す知識や技能，換言すれば個人の専門性に大きく依存することになります。個別指導を担当する教師にとって，授業を実施するうえでどのような指導方法を導入するのかを，授業計画段階から明確にしておかなければならず，若手教師にとってはこの作業プロセスは見通しをもちにくいきびしい作業となることが想定されます。

3　授業実施段階における教師の意思決定

○身体の動きを中心とした自立活動の指導と意思決定

自立活動の指導においては，学年や障害特性などによって指導すべき内容や方法などが，予め決められているわけではないことは上述のとおりです。しかし，肢体不自由のある子どもの障害特性などを踏まえると，身体の動きを中心とした指導が展開されるケースは多くなります。ここでは，身体の動きを中心に取り扱う，自立活動の時間における指導を例にして説明をします。

個別指導を担当する教師は，個人の裁量で計画・立案した授業計画に基づいて，指導目標の達成に向けて安全に留意しながら指導に鋭意取り組みます。

授業の実施場面では，その日の子どもの体調や筋緊張の状態，指導中の反応などを手がかりにしながら，予め作成した授業計画とのずれなどが生じていないかを確認しながら展開していきます。ずれが生じていると判断した場合は，計画どおりの内容や方法で指導を続けるか，変更するか，変更する場合はどのように変更するかなどを，指導を展開しながら，リアルタイムに判断する必要があります（図Ⅷ-2-3参照）。

実際の個別指導場面で判断に迷ったときは，専門的な知識や技能のある教員や外部の専門家等に助言を求めることは可能ですが，予め助言が得られる体制を整えておかなければならず，現実的ではありません。授業実施段階における意思決定においては，頼れる同僚教師や外部専門家はそばにいない場合が多いことから，担当する教師は孤独な状況下で意思決定を行いながら指導を展開していると思われます。このようなことから，授業を担当する教師の身体の動きを中心とした指導に係る専門的な知識や技量の有無が，授業計画段階と授業実施段階のずれの認知とその対処に影響を及ぼすことが考えられます。計画とは大きく逸脱した身体の動きが観察できても，これに対処する方法を身につけていないと，授業を変更しようにも変更できずに授業を進めざるを得ないのです。

○身体の動きに関わる指導理論と方法

養護・訓練の時代から今日に至るまで，肢体不自由特別支援学校において身体の動きに係る自立活動の指導には，心理療法，感覚訓練，動作の訓練，運動療法，理学療法，作業療法，言語治療等が導入されてきました。これらは医学，運動学，心理学など多様な理論的背景を有すものであり，必ずしも教育の営みである自立活動の指導を想定したものではありません。そのため自立活動の指

表Ⅷ-3-1　児童生徒の身体の状態を手がかり（cue）にした意思決定場面の語り（一部抜粋）

対象者	抽出場面	主な語り	●手がかり ◎Decision point 1	Decision point 2	Decision point 3
教師A 動作法習熟度：高	腕上げ	内側にちょっと倒していって，胸回りの力がちょっと抜けるといいなと思っていました。（中略）内側に倒していったら「痛い」と言ったので，ここでやめようかなと思いました。いい感じで抜けていたので，もう少しやろうと思った時の発言だったので，ここは無理せずやめようと思いました。	●身体の状態 ●児童の発言 ◎許容範囲外	代替策は取らずに終える	
	仰臥位の腰上げ	自分でもう少し動かせるのかなと思ったら，思ったより動かなかったです。（中略）腰を上の方に力を入れるというか，動してごらんと，声掛けと同時に，触ってこうだよと伝えました。2回目は，胸に力を入れて頑張ってきたので，「胸はちょっとお休みしようね」と言いながら胸を触って余計な力を抜かせました。3回目にやった時に私が思い描くような力の入れ方，身体の動きになりました。	●身体の状態 ◎許容範囲外	代替策あり	教授方法を変更して授業を展開する
	いす座位	いす座位になった時に本人の「猫背」と言った発言を受けて，よしやろうと思いました。実際に見た時も，ちょっと，背中が曲がっているな，丸いなと思ったので，やっぱ腰をやろうと思って腰の前後の動きをやろうと思いました。なので，本時の指導計画には全然入っていなかったのですが，やろうと思ってやりました。	●身体の状態 ●児童の発言 ◎許容範囲外	代替策あり	指導内容を変更・追加して授業を展開する
教師E 動作法習熟度：低	側臥位での腕の上げ下げ，曲げ伸ばし（左）	自分で動かすことにつなげられたらなと思っていました。力が抜けている時間が多くて，あくびが出ているぐらいなのでかなりリラックスしている状態で，動きを促そうと思ったんですけど，どのような動きをしたらいいか，どう促せばよいか，私が分からなくなってしまいました。この状態で曲げるってどういうことか，どうやったら伝わるかなど，わからなくなりました。	●身体の状態 ◎許容範囲外	代替策なし	
	・側臥位での腕の上げ下げ曲げ伸ばし（左）・側臥位での腕の上げ下げ，曲げ伸ばし（右）	肩はこのままで肘を曲げてといっても，そこを誘導するのに自分の手をどこに支持してあげればいいわからなくなって，どこにどっちの向きに座って支えてあげればいいかわからなくなってしまいました。	●身体の状態 ◎許容範囲外	代替策なし	
		ここと言って伸ばしている。力が抜けているので誘導すると伸びて，そのうち力が入り過ぎてピンとなって。確かに伸びたんだけど，伸ばすというよりも伸びちゃったみたいな感じです。それをどう評価すればいいのかなと思っています。	●身体の状態 ◎許容範囲外 だが身体の動きの状態を評価しきれない		
		右はもっと難しかったです。頭が右を向いてしまうので，首の力が入っているなと感じていました。首の力を抜くのに枕とかを使ってみたものの，浮いてしまうのをどういう態勢にしてあげると，今動かそうとしている腕に意識が向けられるのかなと模索しているうちに終わってしまった感じです。	●身体の状態	代替策なし	

注：表中のDecision point 1・2・3の関係は，図Ⅷ-2-3を参照

導に適合するように工夫して応用することが大切になります。[*2]

○身体の動きに係る指導の理論と方法が教師の意思決定に及ぼす影響

　ここでは身体の動きに係る指導の理論と方法として，肢体不自由教育の現場で採用されている動作法に着目し[*3*4*5]，動作法の習熟度の違いが授業における教師の意思決定にどのような影響を及ぼすのかを事例的に分析しました。[*6]

　表Ⅷ-3-1 がその結果の一部になります。動作法の習熟度が高い教師と低い教師のどちらも，指導中の子どもの身体の状態を手がかりに，授業計画段階とのずれに気がついていることがわかります。しかし，動作法の習熟度が低い教師は，代替の教授方法がわからないまま授業を展開していました。一方，動作法の習熟度が高い教師は，ずれに対する対応策をリアルタイムに判断して，修正した指導を展開していました。このように授業の実施段階で授業デザインとのずれに気づいても，動作法の習熟度によって，学習者の身体の状態に合わせた柔軟な指導内容変更に関する教師の意思決定に差が生じることが示唆されました。このことからも，特定の指導に関わる指導方法の獲得・習熟は，授業の各段階に影響を及ぼすと考えられることから，自立活動の授業力向上に資するといえます。

④ 今後の授業研究の視点

　身体の動きに係る自立活動の指導で活用されている理論や技法は，単純に教職経験を積むだけでは身につきません。特別支援学校学習指導要領には，「自立活動の指導は，専門的な知識や技能を有する教師を中心として，全教師の協力の下に効果的に行われるようにするものとする」と規定されています。今後，肢体不自由のある子どもの障害特性を踏まえ，身体の動きを中心とした自立活動に関する若手教師の力量を高めるためには，校内の専門的な知識や技能を有する教師等を活用しながら，個別指導場面の意思決定を促進させる授業研究の開発や校内体制の構築などの必要性が考えられます。

　また，インクルーシブ教育システムが推進され，障害のある子どもの学びの場が多様化しています。肢体不自由特別支援学級においては，肢体不自由教育の経験が浅い教師が多く[*7]，その専門性も大きな課題となります。特別支援学校と異なり，小・中学校の校内に自立活動に係る専門的な知識や技能を有する同僚教師の存在が望めないことから，自立活動の指導，とりわけ身体の動きに関わる指導については，特別支援学校のセンター機能などの活用が期待されます。[*8]

（北川貴章）

▷2　文部科学省（2018）．特別支援学校教育要領・学習指導要領解説自立活動編（幼稚部・小学部・中学部）

▷3　⇨ Tea Break 2 参照。

▷4　中井滋・髙野清（2011）．特別支援学校（肢体不自由）における自立活動の現状と課題(1)　宮城教育大学紀要，46，173-183．

▷5　宮﨑昭（1999）肢体不自由養護学校の養護・訓練に関する調査　肢体不自由教育，141，22-28．

▷6　北川貴章・内海友加利・安藤隆男（2020）．自立活動の個別指導場面における若手教師の意思決定プロセスの分析——動作法の習熟度に着目して　障害科学研究，44，149-159．

▷7　北川貴章・吉川知夫・生駒良雄・久道佳代子（2022）．小・中学校における肢体不自由特別支援学級の特徴——平成26年及び令和元年に実施した全国調査結果の比較を通して　国立特別支援教育総合研究所研究紀要，49，13-24．

▷8　⇨ Ⅳ-1 参照

特別支援学校（肢体不自由）教員の専門性

1　教員の仕事の特質と力量を捉える3つの側面

○教員の仕事の特質

　教員の仕事の特質は，不確実性と無境界性であるといえます。不確実性とは，ある教員が成功した実践を他の教員が同じように実践しても成功する保証はないということです。児童生徒の状況は多様で予測不可能な事態への対応が求められ，この対応にこそ教員の専門性が問われます。もう1つの特質である無境界性とは，どこまでが教員の仕事の範囲や責任なのかその境界線が不明瞭であることです。授業づくり，生活指導，保護者や地域との連携など，やろうと思えばきりがない無定量な「終わりなき職務」といえます。これら不確実性と無境界性という特質は，教員という職業を困難なものにする要因ではありますが，逆説的ながら，これらの特質があるからこそ教職は魅力的な職業であるという側面をもちます。教員自らが教育内容や方法を創意工夫して，児童生徒たちとの相互の関わりを深めることができるからです。

○教員の力量を捉える3つの側面

　教員の資質や力量を全体的に捉える視点として，岡東（2006）は，①目に見える実践的技量（テクニカル），②内面的な思考様式（コンセプチュアル），③総合的な人間力（ヒューマン）の3つの側面をあげています。各側面に含まれる資質や力量の要素は，以下の通りです。

▶1　岡東壽隆（2006）．教員に必要な資質能力．曽余田浩史・岡東壽隆（編著）新ティーチング・プロフェッション　明治図書，pp.38-48.

▶2　曽余田浩史（2006）．専門職（プロフェッション）としての教師　曽余田浩史・岡東壽隆（編著）新ティーチング・プロフェッション　明治図書，pp.13-24.

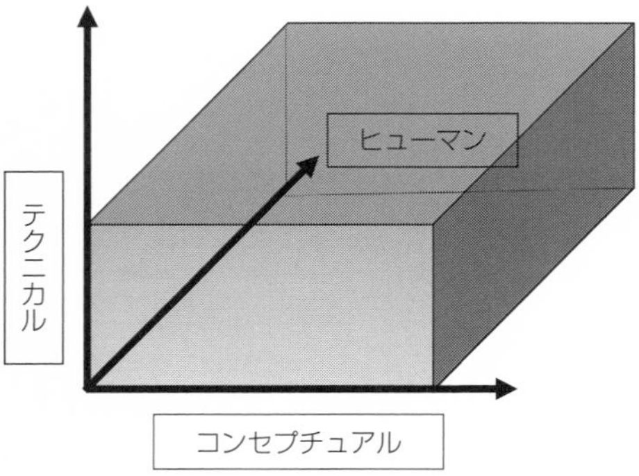

① 目に見える実践的技量（テクニカル）
- ・ 教職や教科等の専門的知識と指導技術
- ・ 科学的研究法や専門を支える教養
- ・ 言葉や文字だけではなく適切なメディアを活用する表現力
- ・ 経験や研修を通じての指導技術の蓄積　など
② 内面的な思考様式（コンセプチュアル）
- ・ ものの見方（広い視野，先見性）
- ・ 認識的側面（創造力，分析力，論理性，構成力，応用力）
- ・ 省察（reflection）と熟考（deliberation）　など

図Ⅷ-4-1　教員の力量を示す3つの側面〈立体的な構造図〉

出所：独立行政法人国立特別支援教育総合研究所（2010）

③　総合的な人間力（ヒューマン）

　　・　人間理解（カウンセリングマインド）

　　・　感性（感受性，ユーモア）

　　・　対人関係能力（コミュニケーション能力，社会性）

　　・　協同性（協調性，共感力）

　　・　責任感，使命感（リーガルマインド（法的感覚），自律性）　など

　図Ⅷ-4-1は，これら教員の資質や力量の3つの側面がどのように関連しているか，ひとりの教員としての力量を構造的に示すモデルです。このモデルでは，教員の力量を捉えた3つの側面は以下のように相互に関連していると考えられます。1つめとして，目に見えやすい（評価しやすい）力量は，「目に見える実践的技量（テクニカル）」の側面ですが，これを伸ばすためには，「内面的な思考様式（コンセプチュアル）」と「総合的な人間力（ヒューマン）」の伸張が不可欠であるということです。特に，「内面的な思考様式（コンセプチュアル）」は目に見えにくいですが，意図的に高めていくことが非常に大切な側面です。2つめとして，専門性の向上は，モデルのような「箱（器）」に水を貯えていくようなイメージであるということです。3つめとして，「総合的な人間力（ヒューマン）」「内面的な思考様式（コンセプチュアル）」による基底面がしっかりしていることが大切であり，その面の大きさにより貯えられる水の量が大きく変わるということです。4つめは，専門性は，「目に見える実践的技量（テクニカル）」座標の「高さ」ではなく，器に貯えられた水の「量」によって規定されるということです。

▶3　独立行政法人国立特別支援教育総合研究所（2010）．肢体不自由のある子どもの教育における教員の専門性向上に関する研究——特別支援学校（肢体不自由）の専門性向上に向けたモデルの提案　研究成果報告書

❷　特別支援学校の役割と特別支援学校（肢体不自由）教員の専門性

◯特別支援学校の役割

　図Ⅷ-4-2は，特別支援学校に求められる機能をA）教育課程・学習指導，B）児童生徒指導，C）安心・安全，D）保護者，地域との連携，E）センター的機能の5つのカテゴリーにまとめ示したものです。特別支援学校には，こうした多様な機能を果たしていく役割があります。教員には，こうした学校の役割を担い遂行していくための専門性が求められます。

◯特別支援学校（肢体不自由）教員の専門性

　特別支援学校（肢体不自由）教員の専門性は，通常の教育に関わる教員として基盤となる専門性の上に特別支援教育に関わる教員の専門性が積み上がり，その上に肢体不自由教育に関わる教員の専門性が積み上がるという枠組みです。「教科指導の専門性」，「教育課程の実行」，「生徒指導の基礎基本」，「学級経営」は，担当する子どもに障害があるか否かにかかわらず，すべての教員の基盤となる専門性です。そして，特別支援教育に関わる教員の専門性は，「障害のあ

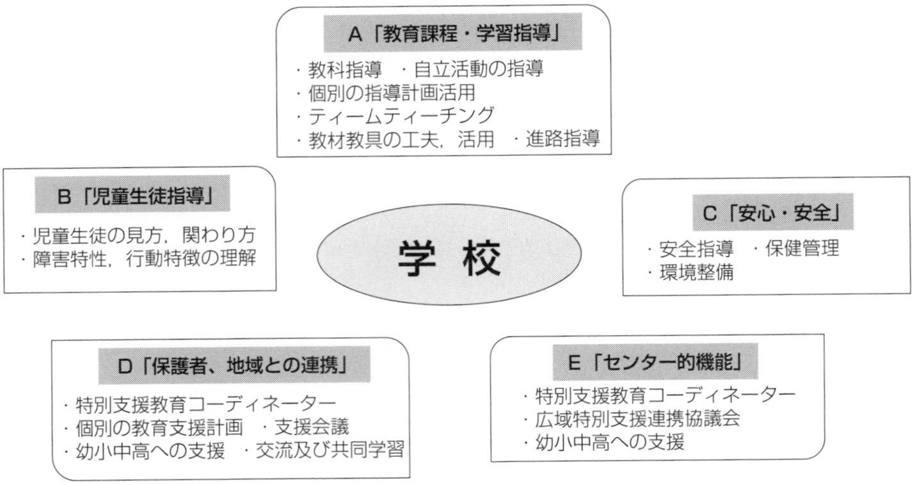

図Ⅷ-4-2　特別支援学校に求められる機能

出所：独立行政法人国立特別支援教育総合研究所（2010）

る子どもと人間としてきちんと関係がもてること」,「子どもに合わせて教科指導を工夫すること」など,『教員として基盤となる専門性』を,障害のある子どもに対して,障害のない子どもに対するのと同じように提供することといえます。さらに,肢体不自由教育に関わる教員の専門性として,姿勢や体の動きの指導,摂食指導,情報手段の活用等,「肢体不自由教育に関する具体的な知識,指導法」が求められます（表Ⅷ-4-1参照）。また,特別支援教育の中でも特に肢体不自由教育に特徴的な要素として,「大学進学に向けた教科指導」と「重度重複障害のある生徒の指導」を同時に行うというように「幅広く多様なニーズに対応する」という視点,「保護者や他職種との連携の必要性が大きい」という視点が重要であるといえます。

❸ 特別支援学校（肢体不自由）教員の専門性向上に必要な視点

◯研修の工夫

現職教員の研修を形態別にみると,自主研修,校内研修,教育委員会や教育センター主催の研修,民間団体の研修,大学等への長期派遣などがあります。研修においては,相互の関連と教員の経験や資質に応じて適切な方法を適用することが重要です。特に,校内研修においては,多様なニーズのある児童生徒への具体的な指導について学ぶ授業研究が大切です。

◯学校経営・組織運営の工夫

特別支援学校（肢体不自由）に求められる多様な役割を果たしていくためには,ひとりの教員の力に頼るだけでは限界があります。校長のもと,教職員が協働して教員個々の長所を発揮し,短所を補い合うような組織的な取組が求められます。校長のリーダーシップが発揮され,機能的な組織づくりと学校内で

表Ⅷ-4-1　特別支援学校（肢体不自由）教員に求められる専門性の例

主に「総合的な人間力（ヒューマン）」に関連する要素	主に「内面的な思考様式（コンセプチュアル）」に関連する要素	主に「目に見える実践的技量（テクニカル）」に関連する要素
【A　教育課程・学習指導】 ・複数の教師等の協力により適切な指導を行うこと。 【B　児童生徒指導】 ・肢体不自由を治すのではなく子どものやる気を引き出すこと ・「本人主体」の支援者として寄り添うこと ・児童生徒とのコミュニケーションがはかられること。 【D　保護者，地域との連携】 ・保護者，医療関係者，福祉関係者等との連絡・調整すること。 ・児童生徒や保護者等の心理面に配慮した指導ができること ・事例に応じた教育課程（教育活動全般）の説明ができること。 ・進路指導に関する助言ができること。	【A　教育課程・学習指導】 ・長期的な課題の中で今の課題を設定すること。 ・児童生徒に合わせた授業や教材を作ること。 ・多角的な視点をもち，外部専門家からの助言を有効に活用できること。 【B　児童生徒指導】 ・一人一人の児童生徒の実態把握や理解が総合的にできること。 ・児童生徒の実態や課題，卒業後の進路・生活，保護者の教育ニーズ等を総合的に判断できること。 ・医療者とちがい教育的視点を明示できること（医療・療育との役割の違いの明確化）。 【C　安心・安全】 ・児童生徒に合わせて補助的手段や学習環境の設定ができること。 ・緊急時の対応ができること。 【D　保護者，地域との連携】 ・児童生徒と家族の支援の全体像を描くこと。	【A　教育課程・学習指導】 ・客観的，専門的なアセスメントに基づく個別の指導計画や個別の教育支援計画を作成すること。 ・多様な教育ニーズへの対応：大学進学に向けた教科指導と重度重複障害のある生徒の双方を受け持つこと。 ・運動・動作の改善に向けた指導についての知識と技能。 ・コミュニケーション指導に関する知識と技能。 ・情報教育機器，コンピュータ，情報通信ネットワークに関する知識と技能。 ・視覚障害，聴覚障害，知的障害などの重複化・多様化に対応できること。 【B　児童生徒指導】 ・発達的な視点で子どもを理解できること。 ・児童生徒の生活や学習上の不自由や困難を捉える力。 ・発達検査や心理検査等の選択と実施。 【C　安心・安全】 ・疾病や健康管理に関する知識と技能。 ・車いす，補装具，自助具の知識と取り扱い技能。 ・摂食指導の知識と技能 ・医療的ケアに関する知識と技能。 【D　保護者，地域との連携】 ・保護者，関係機関との連携に関する知識と技能。 ・福祉制度に関する知識。 ・卒業後の進路に関する知識。 【E　センター的機能】 ・他障害種にも生かせる実践力。

出所：独立行政法人国立特別支援教育総合研究所（2010）を改変

の人材育成がなされることが大切です。

◯他機関や他職種との連携・協働

　児童生徒の多様なニーズを的確に捉え，効果的な指導を進めていくためには，医療，心理学，福祉，労働など他領域の専門家との連携・協働も求められます。他職種と連携・協働するためには，自他の責任や役割を理解し，尊重し合えることが基本となります。

（長沼俊夫）

特別支援学校の地域支援

① 特別支援学校のセンター的機能

　2006（平成18）年の学校教育法の改正において，特別支援学校が果たすべき役割として，新たに「特別支援学校のセンター的機能」が規定されました。特別支援学校のセンター的機能とは，「地域において，特別支援教育を推進する体制を整備していく際に，特別支援学校がこれまで培った高い専門性を生かしながら，地域の小・中学校等を積極的に支援していくこと」です。また，2017（平成29）年4月に告示された特別支援学校小学部・中学部学習指導要領の学校運営上の留意事項においては，以下のように示されています。

　小学校又は中学校等の要請により，障害のある児童若しくは生徒又は当該児童若しくは生徒の教育を担当する教師等に対して必要な助言又は援助を行ったり，地域の実態や家庭の要請等により保護者等に対して教育相談を行ったりするなど，各学校の教師の専門性や施設・設備を生かした地域における特別支援教育のセンターとしての役割を果たすよう努めること。その際，学校として組織的に取り組むことができるよう校内体制を整備するとともに，他の特別支援学校や地域の小学校又は中学校等との連携を図ること。（特別支援学校小学部・中学部学習指導要領．第1章第6節3）

　なお，「小学校又は中学校等の要請により……」と示されており，地域の小・中学校だけではなく，幼稚園，保育所，高等学校等に在籍している障害のある幼児児童生徒や担当教師等への支援も含まれています。同様の内容は，特別支援学校幼稚部教育要領，高等部学習指導要領においても示されています。

② 地域支援の内容

　特別支援学校に期待されるセンター的機能として，次の例示をあげています。[2]

1）小・中学校等の教員への支援機能
　個々の児童生徒の指導に関する助言・相談，個別の教育支援計画の策定に当たっての支援など
2）特別支援教育等に関する相談・情報提供機能

▷1　文部科学省（2005）．「特別支援教育を推進するための制度の在り方について（答申）」

▷2　独立行政法人国立特別支援教育総合研究所（2009）．特別支援教育の基礎基本　ジアース教育新社，pp.58-60.

地域の小・中学校等に在籍する児童生徒等や保護者への教育相談，幼稚園等における障害のある幼児への教育相談など

3）障害のある幼児児童生徒への指導・支援機能

小・中学校の児童生徒を対象とする通級による指導やいわゆる巡回による指導，就学前の乳児や幼児に対する指導・支援など

4）福祉，医療，労働などの関係機関等との連絡・調整機能

個別の教育支援計画の策定の際の医療，福祉，労働などの官営機関等との連絡・調整など

5）小・中学校等の教員に対する研修協力機能

6）障害のある幼児児童生徒への施設設備等の提供機能

特別支援学校では，これらの例示を参考としながら，各学校の実情に応じたセンター的機能を果たしていくことが求められています。

❸ 特別支援学校のセンター的機能が有効に発揮されるための取組み

特別支援学校がセンター的機能を果たす上で，次のような点が重要です。

○校内体制を整備

各学校において，教員同士の連携協力はもとより，校務分掌や校内組織を工夫するなどして，学校として組織的に取り組むことが必要です。校長のリーダーシップのもとに，それぞれに求められる役割に応じて目的・目標を明確にして，組織や運営のあり方を再構築したり，その成果を定期的に評価したりするなどが求められています。

○関係機関等との連携

関係機関および特別支援学校間での適切な連携が行われることが重要です。障害のある児童生徒の教育的支援において，重要な役割を果たす機関には様々なものがあります。児童福祉施設，保健所，医療機関，就労施設等がありますが，教育的支援という観点から考えると，特別支援学校が支援地域の中核となってネットワークを構築することが大切です。

○地域のニーズの把握

保育所，小学校，中学校，高等学校等が求めるニーズの把握を適切に行うことが大切です。小学校等のニーズを明確にしておくことで，特別支援学校が可能な支援について具体的に検討するとともに，今後の課題についても明らかにしていくことが求められています。

○専門性の充実

早期からの教育相談を含めて多様な相談に対応できる能力，様々な障害への理解と指導技術，障害者福祉や障害者雇用の考え方や制度の理解等がますます重要になります。

（長沼俊夫）

▷1　校務分掌
学校運営に必要な業務，すなわち校務を校長のリーダーシップの下に全教職員が分担して学校全体の立場から処理していくシステムである。通常は教育委員会の定める学校管理規則の規定に基づいて組織編制されている。法的には校長の職務の補助執行のための一形態であって，最終責任は校長にある（学校教育法第37条第4項，学校教育法施行規則第43条参照）。

特別支援学校教諭免許状の制度と種類

① 特別支援学校教員の教員免許

　教育職員の免許に関する基準は，「教育職員免許法」に定められています。

　特別支援学校の教員（養護教諭ならびに栄養教諭は除く）は，小学校・中学校・高等学校または幼稚園の教員免許状のほかに，特別支援学校の教員免許状を取得することが原則となっています。

　2006（平成18）年度まで盲学校・聾学校・養護学校ごとに分けられていた教員の免許状は，学校教育法の一部改正（平成19年4月施行）により，特別支援学校の教員免許に一本化されました。

② 特別支援学校教員の普通免許状の種類

　教員免許には，普通免許状のほかに助教諭などの免許状である臨時免許状，学校の種類ごとの各分野の優れた知識経験や技能を有する社会人に授与される教諭の免許状である特別免許状があります。ここでは，特別支援学校教員の普通免許状について取りあげます。

○特別支援学校教諭免許状

　特別支援学校教諭免許状は，3つの種類と5つの領域に分かれています。

　3つの種類には，専修免許状，一種免許状，二種免許状があります。それぞれの免許状取得の基礎資格は，専修免許状は，「修士の学位を有し，かつ，教諭（幼稚園，小学校，中学校，または高等学校）の普通免許状を有する者」。一種免許状は，「学士の学位を有し，かつ，教諭（幼稚園，小学校，中学校，または高等学校）の普通免許状を有する者」。二種免許状は，「（幼稚園，小学校，中学校，または高等学校）の普通免許状を有する者」となっています。

　5つの特別支援教育領域は，視覚障害者，聴覚障害者，知的障害者，肢体不自由者，病弱者（身体虚弱者を含む）に関する教育の領域です。

　特別支援学校教諭免許状のほか，幼稚園，小学校，中学校または高等学校のいずれかの学校の教諭の普通免許状を有する者は，特別支援学校において，自立教科等以外の教科を担任することもできます。

　また，教育職員免許法では附則として，「幼稚園，小学校，中学校又は高等学校の教諭の免許状を有する者は，当分の間，特別支援学校の相当する各部の主幹教諭，指導教諭，教諭又は講師となることができる」（教育職員免許法附則

表Ⅷ-6-1 特別支援学校教員の普通免許状の種類（原則）

免許状の種類	区分	領域・教科	備考
特別支援学校教諭免許状	専修 一種 二種	◇視覚障害者 ◇聴覚障害者 ◇知的障害者 ◇肢体不自由者 ◇病弱者（身体虚弱者を含む）	・各部（幼稚部，小学部，中学部，高等部）における教科等を担任する ・原則，各部相当教諭免許状（幼稚園，小学校，中学校または高等学校）も必要 ・旧盲・聾・養護学校教諭免許状は，この免許状とみなす
特別支援学校自立教科教諭免許状	一種 二種	◇理療 ◇理学療法 ◇音楽 ◇理容 ◇特殊技芸	・高等部で専ら自立教科を担任する ・教科により資格（はり師，きゅう師，理学療法士等）が必要 ・旧盲・聾・養護学校特殊教科教諭免許状は，この免許状とみなす
特別支援学校自立活動教諭免許状	一種	◇視覚障害教育 ◇聴覚障害教育 ◇肢体不自由教育 ◇言語障害教育	・全ての部において専ら自立活動を担任する ・旧盲・聾・養護学校自立活動教諭免許状は，この免許状とみなす

15項）こととなっています。

◯特別支援学校自立教科教諭免許状

特別支援学校教員の免許状には，自立教科等の教授を担任する専門の自立教科教諭免許状が定められています。自立教科とは，特別支援学校の専門学科（専門教育を主とする学科をいう）や専攻科において開設される教科です。視覚障害者である生徒に対する教育を行う特別支援学校における保健理療，理療，理学療法や，聴覚障害者である生徒に対する教育を行う特別支援学校における理容・美容などが標準的です。

自立教科免許状の教科は，理療，理学療法，音楽，理容，特殊技芸（美術，工芸，被服）で，一種免許状と二種免許状があります。理療については，あん摩マッサージ指圧師免許，はり師免許またはきゅう師免許のいずれかを有している者，理学療法では，理学療法士免許を有している者，理容においては，理容師免許または美容師免許のいずれかを有している者，という条件があります。

◯特別支援学校自立活動教諭免許状

特別支援学校自立活動教諭免許状は，特別支援学校において専ら自立活動の教授を担任する教員の免許状で，一種免許状のみがあります。この免許状は，視覚障害教育，聴覚障害教育，肢体不自由教育，言語障害教育の各自立活動について授与されるものです。

表Ⅷ-6-1は，特別支援学校教員の普通免許状の種類についてまとめたもので，特別支援学校教諭免許状，特別支援学校自立教科教諭免許状，特別支援学校自立活動教諭免許状の区分と領域・教科を示しています。

（長沼俊夫）

7　特別支援学校教諭免許状の取得

 大学等で取得する

　教員免許状を取得するためには，原則として大学等において学士の学位等の基礎資格を得るとともに，教職課程において所定の単位を修得することが必要です。

　2022（令和3）年4月1日現在，特別支援学校教諭免許状の課程認定を有する大学・研究科（通学課程）は171校あり，うち専修免許状の課程を有する大学・研究科が61校，一種免許状の課程認定を有する大学・研究科等が169校，二種免許状の課程認定を有する短期大学が2校です。大学通信教育での取得も可能ですが，通信課程で特別支援学校教諭免許状の課程認定を有する大学等は6校です。[1]

　認定を受けている特別支援教育領域に関しては，5領域のうち知的障害者に関する教育の領域はすべての大学等において，肢体不自由者と病弱者に関する教育の領域はほとんどの大学等において認定を受けています。一方，視覚障害者と聴覚障害者に関する教育の領域は，認定を受けている大学等は少ないのが現状です。

　特別支援学校教諭免許状は，5つの特別支援教育領域が定められて授与されます。当該免許状を取得した後，定められている特別支援教育領域以外の新領域に関して特別支援教育科目を修得し申請することで，当該免許状に新教育領域が追加されます。

2　教育職員検定による取得

　「教育職員検定は，受検者の人物，学力，実務及び身体について，授与権者が行う」（教育職員免許法第6条）制度であり，これにより，特別支援学校教諭免許状を取得することもできます。これは，教員の資質の保持・向上のため，現職の教員等がすでに所有している免許状を基にして，一定の在職年数と単位取得によって上位の免許状などを取得する方法です。「免許法認定講習・公開講座・通信教育」と呼ばれ，大学の教職課程によらずに必要な単位を修得するために設けられている制度です。特別支援学校教諭免許状に関する2021（令和3）年度の免許法認定講習・公開講座等を開設した機関は，53の教育委員会と8の大学，国立特別支援教育総合研究所の62機関でした。

　○特別支援学校教諭二種免許状を取得する場合

　幼稚園，小学校，中学校または高等学校教諭普通免許状取得後，現有免許状

▶1　文部科学省初等中等教育局特別支援教育課（2023）．特別支援教育資料（令和3年度）

表Ⅷ-7-1 特別支援学校教諭等免許状の保有状況

令和2年5月1日現在

| 項目 / 障害種 | 特別支援学校教諭等免許状保有者 | | | | | | 特別支援学校教諭等非免許状保有者 | | | | | | 合計 |
| | 当該障害種 | | 自立教科等※（当該障害種） | | 合計 | | 他障害種 | | 自立教科等（他障害種） | | その他 | | |
	人数（人）	割合	人数（人）	割合	人数（人）	割合	人数（人）	割合	人数（人）	割合	人数（人）	割合	人数（人）
視覚障害教育	1,218	46.9%	496	19.1%	1,714	66.1%	638	24.6%	17	0.7%	226	8.7%	2,595
聴覚障害教育	2,235	59.2%	16	0.4%	2,251	59.6%	1,129	29.9%	1	0.0%	396	10.5%	3,777
知的障害教育	42,297	87.9%	41	0.1%	42,338	88.0%	295	0.6%	9	0.0%	5,487	11.4%	48,129
肢体不自由教育	11,080	84.7%	133	1.0%	11,213	85.7%	398	3.0%	5	0.0%	1,464	11.2%	13,080
病弱教育	2,247	80.3%	2	0.1%	2,249	80.4%	234	8.4%	1	0.0%	313	11.2%	2,797
合　計	59,077	83.9%	688	1.0%	59,765	84.9%	2,694	3.8%	33	0.0%	7,886	11.2%	70,378

注：※「自立教科等」とは理療（あん摩，マッサージ，指圧等），理学療法，理容等を指す。
出典：文部科学省初等中等教育局特別支援教育課（2020）

に相当する学校の教員として3年間，良好な成績で勤務し，かつ所定の単位を修得することが必要です。所定の単位とは，たとえば特別支援学校（知・肢・病の3領域）の場合，「特別支援教育の基礎理論に関する科目」1単位，「特別支援教育に関する科目」3単位，「免許状に定められることとなる特別支援教育領域以外の領域に関する科目」2単位の計6単位が必要です。

◯特別支援学校教諭免許状を有する者が，上位の特別支援学校教諭免許状を取得する場合

特別支援学校教諭二種（もしくは一種）免許状取得後，特別支援学校教諭一種（もしくは専修）免許状を取得するためには，現有免許状に相当する特別支援学校の担当学部および特別支援教育領域を担当する教員として3年間，良好な成績で勤務し，かつ所定の単位修得が必要です。修得が必要な特別支援教育に関する科目の単位数は，一種免許状が6単位，専修免許状が15単位です。

❸ 特別支援学校教員の特別支援学校教諭等免許状の保有状況

表Ⅷ-7-1は，特別支援学校に勤務する教員の特別支援学校教諭等免許状の保有状況を示したものです。特別支援教育領域に関しては，聴覚障害者と視覚障害者に関する教育の領域で該当する障害種の免許状を保有する教員は，50％前後です。知的障害者，肢体不自由者および病弱者に関する教育の領域で該当する障害種の免許状を保有する教員は80％ほどです。特別支援教育の制度がはじまった2007（平成19）年度からの13年間でこの特別支援学校教諭等免許状の保有率は，特別支援学校の教員全体では，70％から85％に増えました。また，特別支援学校の新規採用教員の特別支援学校教諭等免許状の保有率は，60％から80％に増えてきました。障害による児童生徒のニーズに応えていく専門性の保持・向上のためには，この特別支援学校教諭等免許状の保有率があがり，「特別支援学校教員は，特別支援学校教諭等免許状を取得すること」という原則が実現することが求められています。 （長沼俊夫）

特別支援学校教員の養成

 ### 肢体不自由特別支援学校教員養成の歴史

　1979年の養護学校（現 特別支援学校）教育の義務制に向けて，文部省（現 文部科学省）では，教員養成のために全国の国立大学教育学部に養護学校教員養成課程を設置しました。それと同時に，肢体不自由教育教員養成課程が愛知教育大学，大阪教育大学と福岡教育大学の3大学に設置されました。

　福岡教育大学では，4年制で，定員20名の肢体不自由教育教員養成課程と1年間の現職教員の養成を目的とした特殊教育特別専攻科の2つの教員養成課程が設置されました。学部での教員養成課程はその後，聾学校教員養成課程と養護学校教員養成課程と合併し，現在の特別支援学校教育教員養成課程となりました。

　特殊教育特別専攻科は，現職教員の養成を目的としましたが，実際には現職教員の数は少なく，他の大学で経済学や幼児教育等を専攻し，小学校・中学校・高等学校の教員免許状を取得した人たちが，わずか1年間で特殊教育の免許状が取得でき，しかも授業料が安いということで殺到した経緯があります。また，現職教員の養成ということで，福岡県をはじめとして，宮崎県，広島県や長野県の各教育委員会から派遣された熱心な現職教員が集まりました。これらの現職教員や専攻科の卒業生が教育現場で肢体不自由教育の中心的，指導的役割を果たしながら現在でも活躍しています。

　その後，大学院の設置がなされ，より高度な教員養成へと発展していきました。大学院卒業生の多くが，教育委員会の特別支援教育の指導主事や特別支援学校および通常学校での指導的立場で，特別支援教育の普及と発展に貢献していることは頼もしい限りです。

　少子化による児童数の減少から義務教育教員の削減に伴い，全国の養護学校教員養成課程が廃止や名称変更され，学生定員削減がなされ現在に至っています。しかし，そうした中で，肢体不自由教育教員養成課程の3大学は依然として存続し，課程設置以来肢体不自由教育教員の養成を行っていることは特記すべきことです。

② 肢体不自由教育の専門性

○教員養成大学のカリキュラムからみた専門性

　肢体不自由教育を専攻する教員養成におけるカリキュラムを紹介します。福岡教育大学で特別支援教育の免許を取得するためには，特別支援教育概論や特別支援教育基礎論などの共通科目のほかに，肢体不自由児教育の専門科目として，「肢体不自由児の心理・生理・病理」「肢体不自由児教育総論」「肢体不自由児指導法Ⅰ」「肢体不自由児指導法Ⅱ」「言語指導法Ⅰ（肢体不自由）」の授業科目が設けられています。

▷1　福岡教育大学教育課程および履修方法

○特別支援学校教員の調査からみた専門性

　わが国の肢体不自由特別支援学校教師（361名）の専門性について調査された研究が肢体不自由教育の専門性を検討する際に非常に参考となります。調査の結果を因子分析し，以下の5つの因子が抽出されました。

　第一因子は，「専門知識と技能」で動作法のような訓練法や自立活動のカリキュラムについての知識や技能，子どもの発達や障害，コミュニケーション指導，障害児の指導についての心理学的・医学的知識が含まれます。

　第二因子は「仕事の理解」で子どもの行動や反応を理解し，また教師のアドバイスや指示を子どもが理解できているか，チームティーチングの了解，子どもの発達に応じた指導内容や方法が選択されているか，個別指導計画の目的と内容が子どもの状態と合致しているかなどです。

　第三因子は「協働」で子どものニーズに適合した教室環境，関係する人（教師，両親，他の専門家）との連携を指し，子どもの指導への**個別教育計画（IEP）**の活用，子どもの両親との協力，子どもの教育や安全に配慮した教室環境の準備，子どもの現在の問題や将来の見通しの理解，先輩指導スタッフや同僚との情報交換，子どもや両親のニーズの把握，医療専門家からの情報やアドバイスによるIEPの作成などです。

▷2　Lim, Y. & Ando, T. (2010). Effects of teaching experience and curriculum on Teacher's professionalism in education of children with severe and multiple disabilities. *THE JAPANESE JOURNAL OF SPECIAL EDUCATION*, **47**(6), 483-494.

▷3　個別教育計画(IEP)
教師およびその他の専門家が障害のある子どもの特別な学習ニーズに応じて，どのような指導や支援を行うかを記述した文書である。そこには子どもの実態，教育目標，提供される手だて等が記載されている。

　第四因子は「教育に対する熱意」で，熱意，教師の義務感，新しい知識や技能の取り入れ，教育業務への積極的参加を指し，熱烈な教育者である，障害児を教育することに強い義務感をもっている，いつも新しい知識や技能を得ようとしている，子どもの教育についての知識や技能に関する訓練計画に積極的に参加するなどです。

　最後に第五因子は，「子どもの健康ケア」で，食事や排泄訓練，医療的ケア，子どもの健康管理などを指します。

　以上の5つは，子どもの理解と適切な支援のあり方を検討する際に不可欠で，是非とも身につけておかなければならない内容であるといえます。したがって，肢体不自由教育に携わる教員はこれらの内容を念頭に肢体不自由児の支援に当たることが望まれます。

（昇地勝人）

9　特別支援学校教諭免許状と採用

1　特別支援学校教諭の免許

　特別支援学校教諭の普通免許状の授与を受ける場合の特別支援教育に関する科目は，教育職員免許法施行規則第7条に以下のように規定されています。

- ・特別支援教育の基礎理論に関する科目（第1欄）として，特別支援学校の教育に関する教育の理念並びに歴史及び思想，並びに社会的，制度的又は経営的事項
- ・授与を受けようとする特別支援教育領域（第2欄）とそれ以外の領域に関する科目（第3欄）として，それぞれにおいて，障害のある幼児，児童又は生徒の心理，生理及び病理に関する科目，教育課程及び指導法に関する科目
- ・障害のある幼児，児童又は生徒についての教育実習（第4欄）

　なお，2022（令和4）年3月に「特別支援教育を担う教師の養成の在り方等に関する検討会議報告」（文部科学省）が取りまとめられ（以下「報告」），教職課程の質の向上のために，全国の大学の特別支援教論免許状の教職課程に共通に求めるべき資質能力を示した「特別支援学校教諭免許状コアカリキュラム」を作成することが必要であると提言されました。そして，2022（令和4）年7月に「特別支援学校教諭免許状コアカリキュラム」が公表されました。

2　特別支援学校教員の採用の状況

　近年の全国公立特別支援学校教員の採用試験の受験者数（表Ⅷ-9-1）は，約10,000人前後で推移していましたが，近年は減少傾向となっています。2022（令和4）年度の採用者数は3,063人で，男女比率については，受験者数，採用者数ともに，例年女性のほうが多い傾向にあります。

　また，2022（令和4）年度の採用者に占める新卒の比率は27.3%，既卒の比率は72.7%となっており，特別支援学校教員の採用は，既卒の割合が高くなっています。

　なお，採用試験を実施する都道府県や指定都市によっては，特別支援学校教員の枠を設けずに，小学校，中学校，高等学校の採用に含めた形で試験を行う場合や，小・中学校の特別支援学級に配置される場合もあるので，受験前に情報を得ることが大切です。

③ 特別支援学校教諭等免許状の保有状況

　全国の特別支援学校における2021（令和3）年度特別支援学校教諭免許状保有率（当該障害種の免許状と保有する者）は，86.5%，肢体不自由特別支援学校においては，87.9%となっています。

　特別支援学校の教員は，幼稚園，小学校等の免許状に加えて，特別支援学校教諭免許状を所持しなければなりませんが，教育職員免許法附則第15項において，当分の間特別支援学校教諭免許状を所持しなくても特別支援学校の教員となることができるとされています。しかしながら，前述した報告を踏まえ，文部科学省では，2022（令和4）年3月に「特別支援教育を担う教師の養成，採用，研修等に係る方策について（通知）」に添えられた別添1には，「教育職員免許法附則第15項の将来的な解消を見据えつつ，国，教育委員会及び特別支援学校において，特別支援学校の教師の特別支援学校教諭免許状の保有率100%を目指して引き続き取組を進めるとともに，柔軟な人事交流により幅広い人材育成が可能となるよう対応の方向性を明確化することが必要である」とし，専門性の担保とともに，さらなる免許保有率の向上への取組が推進されています。

④ 資格認定試験による自立活動の教諭免許

　文部科学省では，大学等で教職課程を取らなかった者にも教職への道を開くことを目的として教員資格認定試験（幼稚園教諭二種・小学校教諭二種・特別支援学校（自立活動）教諭一種）を実施しています。このうち，試験の実施体制や活用状況等を踏まえ，2022（令和4）年度以降の特別支援学校（自立活動）教員資格認定試験について文部科学省では，2021（令和3）年11月30日付事務連絡「特別支援学校（自立活動）教員資格認定試験について」において，2022（令和4），2023（令和5）年度は，試験科目等の一部免除者を対象とした試験のみを実施するとされており，2024（令和6）年度以降の特別支援学校教員資格認定試験については当面休止するとされています。

　このように2024（令和6）年度以降については特別支援学校（自立活動）教員資格認定試験が休止となることから，その年の最新の情報を把握することが大切です。

（菅野和彦）

表Ⅷ-9-1　全国公立特別支援学校教員採用選考試験の受験者及び採用者数の推移

年度	受験者数（うち女性）	採用者数（うち女性）	倍率
2012	9,198(5,830)	2,672(1,765)	3.4
2013	10,172(6,172)	2,863(1,760)	3.6
2014	10,388(6,239)	2,654(1,712)	3.9
2015	11,004(6,432)	2,926(1,877)	3.8
2016	10,601(6,125)	2,846(1,799)	3.7
2017	10,513(5,961)	2,797(1,781)	3.8
2018	10,837(5,855)	3,127(1,925)	3.5
2019	10,417(5,535)	3,226(1,951)	3.2
2020	9,956(4,339)	3,217(1,875)	3.1
2021	9,696(3,933)	3,102(1,731)	3.1
2022	8,529(3,245)	3,063(1,611)	2.8

注：各年度の数値は，各年度の「公立学校採用選考試験の実施状況について」の公表値である。また，特別支援学校の受験者数は，「特別支援学校」の区分で採用選考を実施している数値のみを集計したものである。

（出所）文部科学省。

参考文献

　文部科学省（2022）．特別支援教育を担う教師の養成，採用，研修等に係る方策について（通知）2022（令和4）年3月

現職教員の研修

① 法に定められた教員研修

　教員になるための準備教育が「教員養成」と呼ばれるのに対して，教員として就職した後の研究と修養を「教員研修」と呼びます。教員研修の法的根拠は，教育公務員特例法に求められます。まず，同法第21条第1項は，「教育公務員は，その職責を遂行するために，絶えず研究と修養に努めなければならない」として，職務遂行に不可欠の要素として研修が位置づけられています。次に同法第22条第1項は，「教育公務員には，研修を受ける機会が与えられなければならない」とし，第2項では，その具体的な事例として，「教員は，授業に支障のない限り，本属長の承認を受けて，勤務場所を離れて研修を行うことができる」としています。第26条では，公立小学校等の教諭等で，任命権者の許可を受けて三年を超えない範囲で，大学院の課程等に在学してその課程と履修するための休業をすることができると規定しています。

　また，「初任者研修」と「中堅教諭等資質向上研修」については，同法で定められています。

○初任者研修

　新任教員に対して，1年間の研修を実施し，実践的指導力と使命感を養うとともに幅広い知見を習得させることを目的としています。初任者研修を受ける者の学校の教員から，「指導教員」が命ぜられます。指導教員は，初任者に対して職務の遂行に対して必要な事項について指導および助言を行います。

　研修の内容は，任命権者の定める研修基本計画に従い，授業等の実際の教育活動に従事しながら，校内において指導教員を中心とする指導を受け，また，校外において教育センター等での研修を受けます。

○中堅教諭等資質向上研修

　教諭等として相当の経験（10年）を有し，中核的な役割が期待される中堅教諭等に対して，現職教育の一環として1年間の研修を実施し，個々の能力，適性等に応じて実践的指導力の深化を図るとともに，幅広い識見と豊かな社会性を得させ，併せて学校組織マネジメントに資する能力の育成を図ることを目的としています。

　研修の内容は，教育公務員特例法第24条第2項において，中堅教諭等資質向上研修を受ける者の能力，適正等について評価を行い，その結果に基づき，当

表Ⅷ-10- 1　教員研修の実施体系

研修の実施主体	研修の種類	内容（例）
国（教員研修センター，特別支援教育総合研究所等）が実施	○各地域で学校教育において中心的な役割を担う校長・教頭等の教職員に対する学校管理研修	中堅教員研修，校長・教頭等研修，事務職員研修（小・中学校，高等学校），海外派遣研修　等
	○喫緊の重要課題について，地方公共団体が行う研修等の講師や企画・立案等を担う指導者を養成するための研修	学校組織マネジメントや国語力向上に向けた教育の推進のための研修，教育課題研修指導者の海外派遣プログラム　等
都道府県・指定都市・中核市が実施	○法定研修	初任者研修，10年経験者研修
	○教職経験に応じた研修	5 年経験者研修，20年経験者研修　等
	○職能に応じた研修	生徒指導主事研修，新任教務主任研修，教頭・校長研修　等
	○長期派遣研修	大学・研究所・民間企業等への派遣
	○専門的な知識・技術に関する研修	教科指導，生徒指導，進路指導，情報教育，特別支援教育等に関する専門的研修
市町村教育委員会等が実施	○市町村教育委員会，学校，教員個人の研修	市町村教育委員会が実施する研修，校内研修，教育研究団体・グループが実施する研修，教員個人の研修　等

該者ごとに中堅教諭等資質向上研修に関する計画書を作成しなければならないと規定しています。

② 研修の種類と形態

　教員研修の種類としては，勤務の取り扱いの観点からみると，職務として参加する研修，職務専念義務の免除による研修，勤務時間外に行う自主的な研修があります。

　また，研修の形態別にみると，教育委員会や教育センター主催の研修，校内研修，大学等への長期派遣，民間団体主催の研修，自主研修などがあります。

③ 研修の実施体系

　各教員が教職の全期間を通じて必要な研修に参加する機会を確保することが必要です。そのため，研修の体系的整備が図られています。表Ⅷ-10- 1は，教員研修の実施体系を示したものです。

○国レベル：研修の実施および各都道府県，市町村に対する指導・助言・援助を行います。独立行政法人教職員支援機構や国立特別支援教育総合研究所が実施します。

○都道府県・指定都市・中核市教育委員会：研修実施の一義的な責務を担います。

○市町村教育委員会：各市町村の実情に応じた研修を実施するとともに，都道府県が行う研修に協力します。

・学校：各学校の教育目標等をふまえた校内研修を実施します。

・教員（団体・グループ，個人）：勤務時間外または職務専念義務を免除されて自主的な研修を実施します。　　　　　　　　　　（長沼俊夫）

11 肢体不自由教育を学ぶ機会

　本節では，通常学級に在籍している肢体不自由児，肢体不自由特別支援学級に在籍している肢体不自由児，肢体不自由特別支援学校に在籍している肢体不自由児の教育を（教員が）学ぶ機会や場について情報を提供します。

　困ったことや疑問を感じたことをすぐに解決するには，①インターネットで調べる，②特別支援学校に電話をかけて教えてもらう方法があります。緊急ではない場合には，③定期刊行誌や本から学ぶ，④学会や研究会に参加して学ぶ，⑤その他があります。ここでは，肢体不自由教育に関連する組織・団体・学会・研究会等を紹介し，そこが刊行・開催している定期刊行物や書籍，研究会・講習会を紹介します。

1 NPO法人日本肢体不自由教育研究会

　1969年に教員と研究者による任意団体として発足しましたが，2002年にNPO法人として認可されました。以下の活動を通して肢体不自由児者の教育・福祉の実践活動に関するノウハウを教員，施設職員，保護者に提供しています。

○「肢体不自由教育」の刊行

　本誌は肢体不自由教育の実践経験が豊富な専門家を結集し，教育実践の研究や普及を図ることを目的としています。そのため年5回「肢体不自由教育」を発行し，最新の論説と全国の選りすぐりの実践を紹介しています。肢体不自由教育における最も優れた情報源といえます。2020年と2021年に刊行された244号から253号までの号で特集されたタイトルを紹介しておきます[2]。

　各号では特集タイトルのもとで，研究者の論説，肢体不自由特別支援学校の教員による実践報告，（研究大会報告／年1回），キーワード（不定期），連載講座，基礎知識，ちょっといい話　私の工夫，特別支援教育の動向，各地の特別支援教育，図書紹介（不定期），トピックス（＝行事の紹介）の内容で構成されており，トピックスに応じたさらに詳細な教育方法等が紹介されています。肢体不自由教育関係者には必読の定期刊行物と言ってもいいでしょう。

○日本肢体不自由教育研究会の著書

肢体不自由教育シリーズ1『肢体不自由教育の基本とその展開』

肢体不自由教育シリーズ2『コミュニケーションの支援と授業づくり』

肢体不自由教育シリーズ3『これからの健康管理と医療的ケア』

肢体不自由教育シリーズ4『専門性向上につなげる授業の評価・改善』

以上の著書を監修し，慶応通信から出版しています。

◯「日本肢体不自由教育研究大会」と「障害児摂食指導講習会」の開催

研究大会は毎年1回夏に開催され，指導法の研修，研究発表および協議が行われます。摂食指導講習会も毎年1回夏に開催されています。

② 全国特別支援学校肢体不自由教育校長会

本校長会は1957年に全国養護学校長会肢体不自由教育部会として発足し，研究会の開催や著書の出版，共催事業などを行っています。会の名称は全国肢体不自由養護学校長会を経て，2007年に全国特別支援学校肢体不自由教育校長会と改称しました（「全肢長」と略称されています）。全肢長は年2回，6月と11月に研究大会を全国持ち回りで開催しています。

また，全肢長には全国に6ブロックの支部があります（東北・北海道地区，関東・甲信越地区，中部地区，近畿地区，中国・四国地区，九州地区の校長会）。

◯全国肢体不自由教育研究協議会

本協議会は通称「全肢研」と呼ばれ，全国の特別支援学校の持ち回りで，毎年1回，11月に開催されています。

プログラムは全体協議会，分科会，文科省特別支援教育調査官講話，記念講演，ポスター発表，公開授業等から構成されていて，肢体不自由教育に関する学習の機会が得られます。大会に参加するほうが詳細な情報が得られますが，報告書からも学習することができます。

この全国肢体不自由教育研究協議会（全肢研）には，地区ごとに研究協議会があり，毎年1回地区大会が開催されています。この全肢研や地区大会に参加することによって肢体不自由教育に関する学習をする機会が得られます。

◯全国特別支援学校肢体不自由教育校長会の著書

『特別支援教育に向けた新たな肢体不自由教育実践講座』

『新たな課題に応えるための肢体不自由教育実践講座』

『障害の重い子どもの指導Q&A　自立活動を主とする教育課程』

以上の3冊はいずれも，全国肢体不自由特別支援学校長会の編著で，ジアース教育新社から出版されています。参考にすべき好著だといっていいでしょう。

◯全国肢体不自由特別支援学校PTA連合会

この組織は「全肢P連」と呼ばれ，全国肢体不自由特別支援学校長会と連合会の連名の全国大会を全国持ち回りで開催しています。主として肢体不自由特別支援学校のPTA役員が参加して肢体不自由教育を学ぶ機会が得られます。

肢体不自由特別支援学校の保護者や教員はこの会に参加したPTAからいろいろな情報を入手することが可能です。

▶3　2019（令和元）年度に開催された第65回（青森大会）時の分科会では，以下のテーマで発表と研究協議会が行われた。
第1分科会：「授業改善」
第2分科会：「学習指導Ⅰ」（準ずる教育課程）
第3分科会：「学習指導Ⅱ」（知的代替の教育課程）
第4分科会：「学習指導Ⅲ」（自立活動を主とする教育課程）
第5分科会：「自立活動」
第6分科会：「健康教育」
第7分科会：「情報教育・支援機器の活用」
第8分科会：「生活指導・寄宿舎教育」
第9分科会：「キャリア教育及び進路指導」
第10分科会：「地域との連携」

③ 肢体不自由教育関連学会

○日本特殊教育学会[14]

1963年に設立された学会で，会員は主として障害児の教育にかかわっている教員や研究者から構成されています。

・学会誌「特殊教育学研究」の刊行

年に1巻4号（2012年度より独立英文誌が刊行）が刊行されています。学会員になって会費を支払うと学会誌が毎号送られてきます。ただし，研究誌に掲載された研究論文に肢体不自由関連の論文が掲載されているとは限りません。

・年次大会の開催と大会発表論文集の発刊

学会は毎年9月か10月始めに3日間開催されます。

年次大会の発表論文集には肢体不自由教育に関する実践研究・基礎研究がかなりたくさん掲載されていますし，肢体不自由教育に関する自主シンポジウムも開催されています。学会員になれば，事前参加申し込みで参加費が割安になります。会員でなくても学会の年次大会には参加が可能です。当日参加も可能ですし，1日だけの参加も可能です。

大会発表論文集も会場で購入することができます。最近，発表論文集の刊行は紙ベースからCD-ROMに代わってきました。学会は原則関東地区とそれ以外の地区で交互に開催されますので，居住地に近い地区で開催されるときには参加しやすくなります。

○日本リハビリテイション心理学会[15]

1976年に設立された学会で，会員は主として心理学の立場から障害児者のリハビリテイションを実現することに興味関心のある研究者と教員によって構成されています。

・学会誌「リハビリテイション心理学研究」の刊行

最近は毎年1巻2号が刊行されています。動作法に関する基礎研究と臨床・実践研究の論文が中心です。研究の対象は，肢体不自由児者はもとより，自閉症児者，知的障害児者，発達障害児者，高齢者，不適応の人，精神障害の人，あるいは障害のない人等大変多様です。

・年次大会の開催と発表論文集の発行

年次大会は毎年1回，その年次大会の当番校によって開催され，同時に発表論文集が発行されます。大会には非会員も自由に参加できます。

○心理リハビリテイションの会

1974年に設立され，毎年1回，持ち回りで全国大会を開催しています。この会は特異な会で，リハビリテイション心理学会と双子のきょうだいのような関係にあり，学会と同時開催されます。会員制をとらず，動作法に関係する障害児者自身，その保護者，教員，研究者が自由に参加しています。動作法の公開

▶4　日本特殊教育学会
現在以下の10部会がある。視覚障害，聴覚障害，知的障害，肢体不自由，病弱，言語障害，発達障害，重度重複障害，矯正教育，一般。
事務局は茨城県つくば市天久保2-20-7 レガートホソダ203
電話：029-851-7778

▶5　日本リハビリテイション心理学会
事務局は静岡市駿河区大谷836　静岡大学教育学部特別支援教育専攻　香野毅研究室内
学校への連絡
http://dohsa-hou.jp/
事務局への連絡
jarp@dohsa-hou.jp

▶6　重症心身障害学会
事務局は東京都東大和市桜が丘3-44-10　東京都立東大和療育センター内
電話042-567-0222

指導が目の前で見られます。いくつかの分科会があり，主として動作法の実践が学べます。

○日本重症心身障害学会[16]

1975年に日本重症心身障害研究会として発足し，1996年に学会になりました。毎年1回の年次総会の開催と年3号の学会誌が刊行されています。

当初医師を主体とした研究団体でしたが，時代の要請とともに看護，児童指導員，保育，理学，作業，心理，言語の専門家，養護教員等を加えた学会に拡大していきました。教員も入会できます。主として重症心身障害児者の医療や教育が学べます。年次大会には非会員でも参加できます。

○都道府県における任意団体（研究会）

すべての都道府県というわけではありませんが，肢体不自由児者の保護者や教師・研究者などが中心となって「自立活動研究会」や「心理リハビリテイション研究会」，「障害児教育研究会」等を組織し，年次大会を開催し，研究誌を刊行しています。任意の研究会が主催する1～5泊の宿泊療育キャンプや通いの療育キャンプ，あるいは毎月1回開催される学習会が多数あり，これらに参加することによって，肢体不自由児の動作改善法を学習することができます。

4 文部科学省[17]

インターネットで「文部科学省ホームページ」を開き，「キーワード」から関連用語をクリックして知りたい情報を調べます。情報を文書作成ファイル（ワード等）にコピー＆ペーストして，ファイル名にタイトルと出典を記載して保存してから活用します。検索用語たとえば肢体不自由教育を入力して，必要な情報を調べることもできます。また，文部科学省では，特別支援学校学習指導要領等や「特別支援教育」の刊行を行っています。[18]

5 独立行政法人国立特別支援教育研究所

インターネットでホームページを開き，報告書・資料，特別支援教育データベースから研究紀要，研修会，実践事例等に関する情報を入手できます。

6 インターネット

知りたい検索用語を入力すれば，たくさんの情報を入手できます。インターネットの情報は過不足があったり，偏っていたり，時として間違っていたりします。出典を明記して引用することが必須条件です。必ず実行してください。

インターネットでCiNii（サイニー）やGoogle Scholor（グーグルスカラー）のHPを立ち上げ，検索語を入力すると関連する研究論文が入手できます。

（梶　正義・藤田継道）

▷7　文部科学省ホームページの「会見・報道・お知らせ」「政策・審議会」「白書・統計・出版物」「申請・手続き」「文部科学省の紹介」「教育」「科学技術・学術」「スポーツ」「文化」のどれかをクリックし，そこから特別支援教育に関する情報を入手する方法がある。しかし，いつも特別支援教育に関する情報が含まれているとは限らない。最も早く特別支援教育に関する情報を入手するには，ホームページの右上に「文字サイズの変更」「小」「中」「大」があり，その右の枠に検索用語，たとえば「肢体不自由教育」を入力すると情報が入手できる。

▷8
特別支援学校幼稚部教育要領　小学部・中学部学習指導要領
（以上，平成29年4月）
特別支援学校教育要領・学習指導要領解説　総則編（幼稚部・小学部・中学部）
特別支援学校学習指導要領解説　各教科等編（小学部・中学部）
特別支援学校教育要領・学習指導要領解説　自立活動編（幼稚部・小学部・中学部）
（以上，解説は平成30年3月）
特別支援学校高等部学習指導要領
特別支援学校学習指導要領解説　総則等編（高等部）
（以上，高等部については平成31年2月）

保護者との連携

 保護者の心情

　肢体不自由のある幼児児童生徒の保護者の心情は複雑です。まず，自分の子どもが生まれる前の若い保護者の心情は，生まれてくる子どもに対する大きな喜びと期待でいっぱいです。その後出産を迎え，子どもと初対面を果たします。そして，子どもと接する日々が過ぎていくうちに，育児書通りに育たない子どもを目のあたりにしていくことでしょう。しばらくのち，主治医から診断が下されることになります。「いや，そんなことはない」と診断を受け入れられない，または「目の前が真っ暗で，これからどうしていったらよいのだろうか」と悲しみを抱えた保護者が多いことは想像できるでしょう。このような複雑な心情を抱えた保護者にどのような支援ができるのか，考えていきましょう。

　はじめに，保護者が子どもの障害を受容する過程についてみていきます。保護者が子どもの障害を受容する過程には大きく３つの時期が想定されています。初期は，「気づきの時期」です。「笑顔がない」「手足をばたばたとさせることができない」「ハイハイができない」などの子どものささいな様子から「どこか変だ」と感じはじめた時期のことです。この時期の保護者は，はじめ「大丈夫，そのうちみんなと同じようにハイハイができるようになる」「うちの子どもにかぎってそんなことはないから」といったプラス思考的な心情となることがいわれています。やがて，さらに子どもの様子をじっくり観察していくうちに，「やっぱり変だ」「そんなはずはない」「いや，やはりどうしよう」といった不安な心情がわき出てくると考えられています。そのため，「大丈夫」というお墨つきを求めて，多くの専門機関を巡る様子が見受けられます。しかし，残念なことに，巡った多くの専門機関で同様の診断が下される現実を突きつけられることとなります。次に「障害告知後の混乱と絶望の時期」です。専門機関で下された診断に対して保護者は「絶対に違う」と感情的になり，専門機関からかけられる温かい声かけや支援に対して「自分で何とかしてみせる」と拒否する様子が見受けられます。また，周囲に対して攻撃的になり，保護者自身も孤立感を伴う傾向がみられます。しばらく保護者だけで子どもの障害に向き合い，対応していくことになりますが，「やはり，そうだった」「もう，どうしてよいかわからない」といった絶望感が襲ってくるといわれています。この頃には，あきらめとともに「自分のせいじゃない」「施設に預ければ，専門のス

タッフがいて子どもは幸せかもしれない」など，責任転嫁や努力放棄，他人へ依存する感情が保護者には現われるようです。この時期を過ぎると最終段階である「障害の克服努力，混乱ともがきの時期」へと移行していきます。「子どもとともに生きる定め」「子どものことは親しかわからない」「仕方がない，やるだけのことはやってみよう」と子どもと真剣に向き合い，一緒に生きていく覚悟ができ，できることは何でも挑戦しようと前向きな感情が芽生えてくるようです。この時期になると，同じ悩みを共有できる保護者同士の結びつきを求め，理解者を増やそうと努力し続けていく心情が持続していくようです。

　このように，保護者が子どもの障害を受容する過程をみてきましたが，階段を一段ずつ上るような過程を経過することはあまりなく，その日，その時によって保護者の心情も行きつ戻りつしながらゆっくり次の過程へと移行していくと考えられます。そのため，保護者の心情が現在，どの段階に相当しているのかをその時その時で見きわめていく必要があるのではないでしょうか。

❷ 保護者への支援と連携

　保護者への支援で大切なことは大きく，3つあると考えられます。まずは「受け入れること」です。一人ひとりの保護者によって，子どもの障害受容の過程が異なるため，保護者の状況に合わせて関わりを考えていく必要があります。保護者の不安や怒り，恐怖，焦り，絶望感などを受け入れる姿勢が大切です。そのためには，送迎時など，時には面談を設定して，保護者の「話を聞く」ことに徹するようにしてください。次に，「支えること」です。保護者のちょっとした努力を見逃さずに認め，努力をしっかりと保護者に伝えていくことで，「前向きに努力できる自分」を認識できるようにすることです。送迎時はもとより連絡帳や学級通信を通して，子どものよい点や成長などの変容とともにそれに伴う保護者の子どもへの温かなまなざしといった変容も合わせて具体的に伝え，「変わってきている自分，変わってきている子ども」「変わり得る自分，変わり得る子ども」という変化に気づくことができるように働きかけることが重要です。最後に「助言すること」です。保護者が無理なくできそうなことを具体的に提案しながら，連絡帳や面談等を通して保護者の工夫や努力を見つけ，前向きに評価して伝えることが大切です。さらに次にやることや方法，目標などを一緒に考え，家庭での学習課題をはっきりさせて励ますよう心がけてください。また，障害についての新しい情報や福祉，医療，労働などの情報，親の会や社会資源の情報なども提供したりすることも必要です。

　このように，保護者への支援をしながら保護者と共通の視点で子どもをみていくといった連携体制が密になることで，子どもは安心して成長していくことができるのではないでしょうか。

（里見達也）

TEA BREAK 8

専門性の高い教師はどのように誕生するのか

教師の専門性は，ある一定期間の努力で獲得できるものというよりも，個人が一人の教師として成長をしていく中で，一生をかけて向き合わなければならない課題と言われます。このため，教師自らが自身に求められる専門性とは何かを理解する必要があり，それに合わせた努力を通して専門性を高めていくことが求められます。

ここでは，任・安藤（2012）の研究を参考に，肢体不自由教育，特に重度・重複障害教育において専門性の高い教師がどのように誕生するのかを紹介します。

1 子どもの理解

肢体不自由教育に携わる教師に求められる専門性のうち，特に強調したいものは「子どもの理解」です。特別支援教育のねらいは，障害のある子ども一人ひとりのニーズに応じて適切な指導および支援を行うことです。個々のニーズに応じるためには，子どもの理解が前提となります。なぜならば，子どもの理解ができない教師が，素晴らしい指導を行うことは有り得ないからです。特に，外界の刺激や人からの働きかけに対する反応が乏しい重度・重複障害児の場合には，教師が子どものことを把握し理解できるかどうかが，非常に重要なポイントだと言われます。

肢体不自由児への指導を考えるにあたっては，子どもの「身体の動き」「コミュニケーション」などの特性について理解しておくことが大切です。学級担任や担当者のみで子どもを理解することがむずかしい場合には，必要に応じて自立活動担当者に相談するなど，

複数の目で検討することも効果的です。また，過去の記録等から情報を得たり，本人や保護者に直接尋ねたり，保護者に了解を取った上で医師や理学療法士，作業療法士，言語聴覚士等の専門職から必要な情報を得たりすることも方法として考えられます。

2 専門性の高い教師には，どのような職能成長上の転機があるのか

Huberman（1989）は，教師の職能成長について「ある者にとっては直線的に進むものであるが，他の者にとってはその変化が乏しかったり，行き止まったり，一気にスパートがかかったり，継続的であったりする」と述べました。つまり，教師の職能成長を一律的に捉えてはいけないということだと思います。

そこで，専門性の高い教師がどのように誕生するのかを検討する際には，教師がどのような段階を経て成長してきたのかに注目するよりも，どのような転機（turning point）が望ましい方向へと導いたのか，またその転機が職能成長に結びつく際にどのような心理的変化が現れるのかに注目するほうがより現実的なアプローチだと思います。

任・安藤（2012）の研究によると，専門性の高い教師の職能成長過程においては，以下のような特徴があります。

まず，経験の増加に伴い，職能成長上の転機の契機が「出会い」から「地位」「勉強」「実践」へと変わります。初任期には，子ども・同僚教師との出会いにより，肢体不自由教育に携わる教師としてがんばってみ

ようと思うようになります。リアリティ・ショック（Veenman, 1984）などの困難に直面している初任教師は，教職そのものよりも人間関係の中から教職を続ける意味を探す場合が少なくありません。この時期に，どのような同僚と出会うのかは，教師の職能成長に非常に大きな影響を及ぼすと思われます。しかし，厳密に言うと「出会い」は，周りの人間関係に頼る傾向が強いため，望ましいこととは言えません。

初任期での困難を克服し，飛躍的な成長につながるまで長い年月が必要とされます。通常学校教師が，おむね2，3年から7，8年までの時期において教授能力を含めた専門性の全般に向上がみられ，教師としての役割を受け入れて精神的にも安定するのに対し，肢体不自由教育（特に，重度・重複障害教育）に携わる教師は未だに日々悩み続けているのです。その大きな理由としては，重度・重複障害児の場合，他者からの働きかけに対する子どもの反応が乏しく，教師が子どもの実態や指導の成果を的確に把握しづらい点が挙げられます。結局，飛躍的な成長が見られたのは，おむね7，8年から12，13年までの時期です。この時期の特徴としては「子どもの理解」の変化が挙げられます。また，その契機としては「地位」「勉強」「実践」などが挙げられます。任・安藤（2012）の研究によると，専門性の高い教師はこの時期について「子どもを見る視点が明確になり，子どもや状況に合わせてどのような知識・技能を集めるべきかが分かるようになった」「子どもへの理解が高まることで，教師としての幸せを感じるようになった」などと説明しています。要するに，専門性の高い教師は，子どもへの理解が高まるにつれ，心理的な面でも「安定」「幸せ」「安心」などを強く感じるようになるのです。

以上のことから，肢体不自由教育に携わる教師の専門性を高めるには，教師の「子どもの理解」をどのように高めるのかが重要な課題だと思われます。今後，肢体不自由教育においては，子どもの理解を高めるために教師教育システムを改善する必要があります。

3　子どもの理解を高めるために

肢体不自由教育においては，児童生徒の障害の重度・重複化の傾向に伴い，子どもの理解ができるまでの期間が徐々に長くなってきました。現在でも多くの教師が，初任期の困難を克服することができないまま，日々の実践の中で悩み続けていると思います。このため，「子どもの理解」を高めるための指導および支援を実施するとともに，教師の「教育への情熱」を高めて維持することも大切です。

（任　龍在）

参考文献

任龍在・安藤隆男（2012）．重度・重複障害教育におけるベテラン教師の職能成長──男性教師のキャリア・ヒストリーに着目して　障害科学研究，**36**，173-186.

Huberman, M. (1989). The professional life cycle of teachers. *Teachers College Press*, **91**, 31-58.

Veenman, S. (1984). Perceived problems of beginning teachers. *Review of Educational Research*, **54**(2), 143-178.

第 **4** 部

肢体不自由者と地域

脳性まひへの治療と最新アプローチ

脳性まひへの治療・療育は，各年代で課題がありチームアプローチが必要です。乳児期から，成人に至る経過の中で，様々な職種により支援が必要になります（図IX-1-1，2）。

近年の療育内容の多様化に関して，以下の2領域における近年のトピックスを述べます。①痙縮抑制（減少）治療，②胎児臍帯血移植です。

1 痙縮抑制（減少）治療

肢体不自由児の中でも脳性まひ（痙直型）の共通の大きな問題としては，体の硬さ（痙縮）を減少させることが困難なことがあげられます。体の硬さに対しては，様々な治療法があります。以下に述べます。

○理学療法（上田法）

1988年に発表された理学療法です。従来の理学療法とは発想が異なります。痙縮筋を最大限緩める姿勢を取ることを通して，当該筋の病的緊張を減少させることを目指します。この治療を通して病的な筋緊張が緩和され，運動システムがより適応的に改善・変更されます。[1]

○ボツリヌス療法

ボツリヌス毒素は神経筋接合部に作用し，化学的ブロックを起こし筋を動かすアセチルコリンの流れを遮断します。このことを通して，痙縮を減少させようとする治療法です。[2]

○機能的後根切除術

異常度の高い脊髄神経後根を電気刺激で同定し切断することを通し，感覚系入力を機能的に遮断し脊髄ループの異常な興奮性を減少させ，筋の病的筋緊張＝痙性の軽減をはかる手術法です。[3]

○選択的痙性抑制コントロール手術

1980年代に開発された手術法です。病的筋緊張を減少させるために，病的な筋緊張の強い痙性筋の

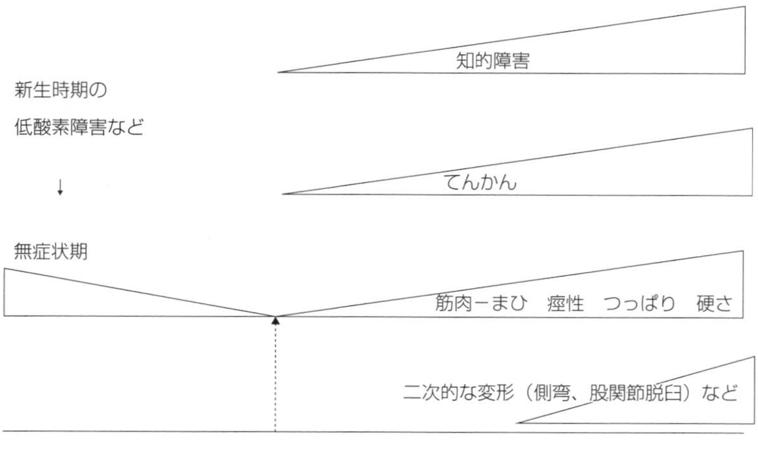

▶1　塩之谷巧嘉（2000）．上田法　理学療法ハンドブック　改訂第3版　第2巻　治療アプローチ　協同医書出版社，pp.191-221.
東條惠（2015）．脳性まひの療育と理学療法　上田法及びボツリヌス療法による筋緊張のコントロールと評価　診断と治療社
上田正（2010）．上田正の脳性まひ学　上田法治療研究会
▶2　梶龍兒（総監修）根津敦夫（編集）（2008）．小児脳性まひのボツリヌス治療　診断と治療社
▶3　師田信人（2002）．機能的後後根切除術による痙直型脳性麻痺小児の治療　リハビリテーション医学39（10），623-628.

新生時期の
低酸素障害など

↓

無症状期

知的障害

てんかん

筋肉－まひ　痙性　つっぱり　硬さ

二次的な変形（側弯，股関節脱臼）など

生後3～6か月　　　　学齢以降

図IX-1-1　脳性まひにおける精神遅滞，てんかんなどの症状が明確化する時期

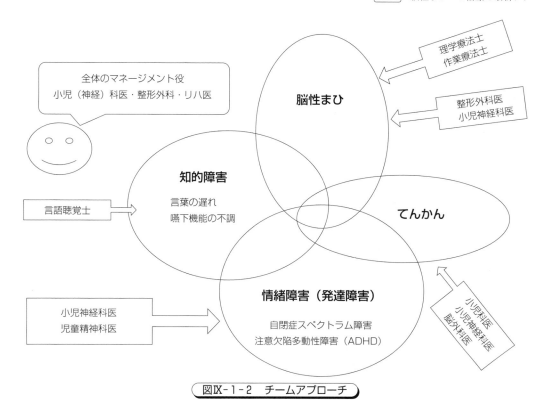

全体のマネージメント役
小児（神経）科医・整形外科・リハ医

理学療法士
作業療法士

脳性まひ

整形外科医
小児神経科医

知的障害

言葉の遅れ
嚥下機能の不調

言語聴覚士

てんかん

情緒障害（発達障害）

自閉症スペクトラム障害
注意欠陥多動性障害（ADHD）

小児神経科医
児童精神科医

小児科医
小児神経科医
脳外科医

図IX-1-2　チームアプローチ

延長を手術で行います。多くの筋で筋や腱などの軟部組織の切離手術を行うことによって，四肢の姿勢や動きを改善します[4]。

○バクロフェン髄注療法

脊髄腔内へバクロフェン（GABA という抑制性の神経伝達物質）を髄注することで，脊髄の痙縮の回路に作用し，痙縮を抑制する治療法です。持続的に髄注することで痙縮抑制効果を長く保たせることができるように設計されています。

2 胎児臍帯血移植

日本でも研究が始まろうとしています。臍帯血は，造血系幹細胞と他の細胞系（脳，筋肉，皮膚など）の幹細胞と前駆細胞を含んでいます。これを静脈に投与し，中枢神経へ到達・定着させ，修復・発達に役立たせようというものです。出産時に臍帯内の胎児血液を採取・保存しておき，出産時の障害で脳性まひの障害が出ると推測される場合，または脳性まひが出現した場合に，保存してあった臍帯血を輸血します。こうした研究の今後に期待したいところです。

（東條　惠）

▶4　松尾隆（1991）．脳性まひと整形外科──新しいアプローチを中心に　南江堂

2 小児リハビリテーション

1 小児リハビリテーションの特徴

小児リハビリテーションの特徴として，陣内は次の4項目を挙げています。[1]
① 対象となる障害の多くは先天的要素をもっている。
② 成長・発達とのかかわりが大きい。
③ 親，特に母親の存在が大きい。
④ 子どもにとってリハビリテーションのゴール（目標）はその子どもにとってふさわしい教育の場を提供することである。

▶1　陣内一保ほか（編）（1999）．子どものリハビリテーション医学　医学書院

2 小児リハビリテーションの対象と意義

小児リハビリテーションの対象は運動や精神の発達に障害がある子どもたちであり，早期発見・早期治療が重要です。その理由は，生まれて間もない時期には**神経可塑性**[2]が著しく高く，脳の機能を形成する可能性が大きいと考えられているからです。つまり，その障害を軽減し，それを補う機能を引き出すことが十分に期待できるということです。また，発達には一定の順序がありそれぞれの発達にはそれぞれに適した時期があり，治療や運動練習をタイムリーに行うことにより二次障害の予防が期待できることもその理由といえます。

▶2　**神経可塑性**
脳（神経系）は外界の刺激によって絶えず機能や構造に変化を起こしている。特に年齢が小さければ小さいほどその変化の度合いが大きい。効果的なリハビリテーションは神経可塑性を考慮して行われている。

3 母親を中心にしたチームアプローチ

障害をなるべく早く（可能であれば出生時に）発見し，必要に応じてより専門的な療育へと進めていくのが一般的な方法です。小児においては医師や専門スタッフによるアプローチだけを重要視するのではなく，母と子どもの日常生活動作（ADL）に着目して治療や指導を行います。食事，衣服の着脱，排せつ，移動，遊びなどのかかわり方次第でその能力が引き出されるか否かが決まるといっても過言ではありません。したがって，母親を支援するとともに，母親（家族）を中心にして子どもに関わるすべての人々がその子どもの問題点と目標を共有してチームアプローチすることが重要です（図Ⅸ-2-1）。

▶3　**座位保持装置**
座位で良姿勢を保つために，座面の硬さや形状，背もたれの角度や形状など一人ひとりのからだの状況に合わせて作成する装置。車いすや食事用いすなどに組み込まれて使用する。

4 小児リハビリテーションにおける「成長」と「発達」

子どもの特徴は年月齢とともに身体的に大きくなり，複雑な運動が可能になるだけでなく，社会の一員として生活していくための種々の適応行動を獲得し

ていくことにあります。

「成長」は組織，器官の細胞数の増加，形態の増量（身長や体重などの量的変化）を表しますが，「発達」は機能の成熟程度（運動や知能などの質的変化）を表します。一般的には成長・発達と称され，区別が明確ではない場合が多く，また，子ども時代は大人と比較して身体と精神が未分化であり，成長と発達の程度も未分化であることも多いです。

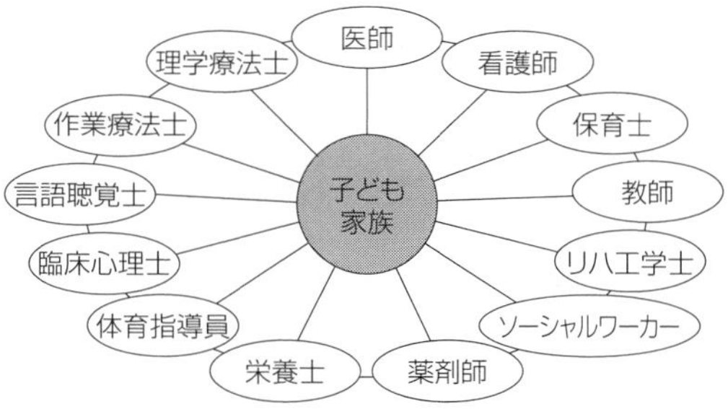

しかし，小児リハビリテーションを目的にした評価段階では，成長と発達を区別してとらえることでその子どもの問題点が明らかになり，アプローチの方法も具体的になります。目標の設定段階では，子どもの発達が環境との相互作用によって徐々に明確になってくることをふまえて，全人的な「発達」を目標にして治療計画を立てることが重要な視点です。

図Ⅸ-2-1　小児リハビリテーションにおけるチームアプローチ

出所：栗原（2006）

5 小児リハビリテーションスタッフとその役割

1．医師：疾患・障害を診断し，発達段階を考慮した総合的な治療計画を作成する。
2．理学療法士：運動の障害に対して評価や治療・練習を行う。
3．作業療法士：遊びやレクリエーションを含めた様々な作業を通して機能改善を図る。
4．聴覚士：言語障害や摂食・嚥下障害に対する治療を行う。
5．臨床心理士：発達，知能，性格などの特徴をとらえて環境設定し，心理的発達を促す。
6．ソーシャルワーカー：社会生活上の問題を把握し，その解決方法や支援計画を作成する。
7．リハビリテーション工学士：生活支援機器（移乗・移動機器，**座位保持装置**[13]，コミュニケーション機器など）を障害に合わせ作成する。
8．教師：個別教育計画を立て，子どもの特性や能力を引き出し，のばしていく教育を行う。
9．看護師：障害の早期発見と治療への支援，家族への心理的支援，退院後の生活支援などを行う。

小児リハビリテーションスタッフとしては，上記のほかにも**体育指導員**[14]，**栄養士**[15]，**薬剤師**[16]，**保育士**[17]などがあげられます。

（押木利英子）

▷4　体育指導員
障害があっても参加できるスポーツや運動の紹介や実践を通して，健康管理や社会参加の機会を促す。

▷5　栄養士
子どもの年齢，体格，容態，食形態などを考慮したメニューを考案し，栄養管理・指導を行う。

▷6　薬剤師
医師からの処方箋に基づく調剤を行う他に，飲みやすさを考慮した薬の形状の検討や副作用等に関する服薬の説明などを行う。

▷7　保育士
年齢や発達に合わせて食事，着替え，排せつなどを指導したり，遊びや会話を通して成長や発達を支援したりする。生活指導員がそれに代わることもある。

（参考文献）
栗原まな（2006）．小児リハビリテーション医学　医歯薬出版
陣内一保ほか（編）（1999）．子どものリハビリテーション医学　医学書院

理学療法

① 子どもの理解と理学療法

　子どもの身体機能の最大の特徴は未熟ということですが，それが急速に発達していくこともまた特徴です。生まれながらにして組みこまれている成熟への道筋とそれまでに受けた育児環境が互いに働いて子どもは成長・発達します。

　理学療法の対象となる子どもは移動運動や ADL（日常生活動作）に障害をもつ場合が多くみられます。しかし，身長や体重などの身体や言語・運動・社会性などの発達は健常児に比べてスピードはゆっくりです。子どもは自分の持っている限りの機能や能力を使って動き，自分の気持ちや動きたいことを身体全体で表現します。これらのことを念頭において運動発達の状態や運動障害について評価します。母―子関係，家族の介護力等を考慮して，子どもの問題解決や次の成長・発達を目標に治療プログラムを作成し，実施します。また，チームアプローチも重要です。

② 小児理学療法の進め方

○ 新生児期・乳児期

　産科や小児科検診等で運動発達障害が疑われたら，できるだけ早い時期から運動療法を開始します。この時期の理学療法は筋緊張をコントロールし，異常姿勢や異常な運動パターンをできるだけ抑え，正常に近い運動パターンで移動したり遊べるように促します。

○ 幼児期前期

　子どもの自発的な動きを大切にします。子どもが今できる動きをたくさん使って移動したり遊んだりすることを促します。この時に出現する異常な運動パターンをおさえて動きやすくするための運動療法を実施したり，靴や装具・生活上の道具の工夫をしたりします（図IX-3-1参照）。[1]

○ 幼児期後期

　ADL の自立や学習の準備を目的にした作業療法，集団活動を目的にした言語療法と連携して，運動・精神発達のバランスのよい発達を目指します。探索や試行錯誤の学習ができるような環境や場面を設定し，子どもの持っている機能を充分に発揮できるように指導します。自分の姿勢の特徴を認識し手足の使い方の理解を促し，適応力や応用力を育てます。

▶1　Jung Sun Hong（著）紀伊克昌（監訳）（2010）.　正常発達――脳性まひ治療への応用　三輪書店

▶2　ポジショニング
⇨V-5参照。

▶3　排痰
⇨V-4参照。

▶4　排便
⇨V-3参照。

▶5　ブラゼルトン新生児行動評価表（NBAS）
新生児行動のまとまりと母子関係を援助する働きかけを目的とする新生児の行動評価である。慣れ，定位反応，運動能力，睡眠覚醒状態，生理的安定性，誘発反応に関しての評価を行う。発達的予後をある程度予測できます。

▶6　神経生理学的アプローチ
中枢神経麻痺に対する各種のアプローチをいう。脳性まひ等の場合には「神経発達学的治療法（neurodevelopmental treatment : NDT）」と呼ばれる。末梢器官への刺激によって中枢神経系への影響を及ぼし，正常の筋緊張などを引き出し，異常な運動要素を抑えるようにする治療体系である。

○学齢期

　地域の学校，特別支援学校，地域通所施設などの子どもが通う関連施設と連携をもちながら，ADL の自立，学習，地域参加を促します。運動機能の維持・改善のための運動療法のほかに，移動手段や個別のニーズに対応した車いすや生活用具の開発や工夫も行います。

○青年期

　からだの異常筋緊張（つっぱりや反り返り）の増悪や関節の拘縮・変形の進行などが子どもの生活上，大きな問題になる場合があります。定期的な理学療法を実施することで予防的対処が可能です。**ポジショニング**や**排痰**[2]，**排便**[3]等個別[4]の問題に特化した運動療法を実施することもあります。

図Ⅸ-3-1　脳性まひ児に対する立位での運動療法

出所：Hong（著）紀伊（監訳）（2010）

③　療育における主な理学療法の紹介

○NBAS を応用した早期介入法

　新生児期からのリハビリテーションでは新生児集中治療室（NICU）などにおいて，低出生体重児，先天性異常児などのハイリスク児を対象に**ブラゼルトン新生児行動評価表（NBAS）**[5]を応用して早期評価，早期介入を実施しています。新生児の機能的改善の効果はもちろんですが，NICU で治療をうけ，障害の可能性を知らされた両親のストレスは大きく，両親がそれに向き合い，養育スキルを習得することにも貢献しています。

○ボバース法

　乳幼児の正常発達を基盤にした最も普遍的な**神経生理学的アプローチ**[6]です。全人間的発達を目標に理学療法のみでなく，作業療法，言語療法アプローチも同時に実施する総合的な治療法です。異常姿勢緊張を軽減させると同時に，より安定した姿勢と運動を促進させるため，からだの部分からコントロールして姿勢や動作を修正します。

○ボイタ法

　歩行ができるまでの運動発達に必要な筋活動を**反射性腹ばい運動と反射性寝返り運動**[7]により合理的に引き出します。これらの運動は誘発帯といわれる身体部分の触・圧刺激によって起こり，全身の筋の協調作用によって引き出された結果だと解釈します。

○重症心身障害児のための理学療法

　従来，早期治療に軸足をおいていた理学療法ですが，近年では重症心身障害を対象にした理学療法も活発に行われています。ADL 評価表の考案，**側弯変形**[8]予防のための装具の検討，レクリエーション効果の判定など，重症心身障害児の QOL を高めることを目的に実施されます。

（押木利英子）

▶7　反射性腹ばい運動と反射性寝返り運動
からだの数か所にある部位（誘発帯）を刺激すると腹ばい移動や寝返り運動に必要な筋収縮（運動パターン）を引き出すことができるというボイタ法の2つの基本的な手技。反射性とは，刺激→定型的な運動パターンを意味する。

▶8　側弯変形
⇨Ｖ-5 参照。

（参考文献）
　井上保（責任編集）（2008）.子どもの理学療法　三輪書店
　栗原まな（2006）. 小児リハビリテーション医学　医歯薬出版
　日本リハビリテーション医学会（編集）（2009）. 脳性麻痺リハビリテーションガイドライン　医学書院

障害者福祉の展開と障害者自立支援法・障害者総合支援法

障害者福祉に関する国際状況と日本の変遷（2000年ごろまで）

　国際連合総会において1975年に「障害者の権利に関する宣言」が採択され，その宣言に基づき1981年に決議された国際的な行動計画が，「完全参加と平等」をテーマとする「国際障害者年」です。その後，1982年に各国の障害者施策のモデルとして，「障害者に関する世界行動計画」が採択されました。

　このような世界的潮流の中，1980年代以降，日本においても，障害者が，障害のない市民と同じように生活できる社会の実現を目指す「**ノーマライゼーション（normalization[1]）**」や，年齢・性別・障害などにより分け隔てられることなく共に支え合い生きることが可能な「共生社会」を目指す方向への制度改革が，漸進してきました。

　具体的には，入所施設の整備拡充から居住地域での福祉サービスを重視する施策への転換が進み，障害者の居住地域である市町村が責任をもつ地域福祉の制度が進展することになりました。1990年代以降は，1993年の「障害者基本法」の公布（心身障害者対策基本法の改正）により精神障害者も障害者として位置づけられ，1995年の障害者プラン（ノーマライゼーション7か年戦略〈平成8〜14年度〉）と，2002年の障害者基本計画（平成15〜24年度）の策定を通して，政府としての施策と目標を示しました。障害者基本計画では，居住地域での福祉サービスの充実を進め入所施設の設置を必要なものに限定することとなりました。

2 支援費制度から障害者自立支援法・障害者総合支援法の公布・施行

　障害者に対する福祉制度は，2003年から実施された支援費制度以降，「障害者自立支援法」，改正された「障害者自立支援法」，そして「障害者総合支援法」と急速に展開してきました。表IX-4-1に，2003年以降の障害者福祉制度の歩みを示しました。

　障害者福祉制度が措置制度から契約制度へと変わったのは，2003年の支援費制度からでした。それまでは，「措置」という，行政が主体となって障害者に福祉サービスを提供する仕組みであったのが，障害者が主体（利用者）となって福祉サービスを選択する「契約」という仕組みとなりました。障害者の自己決定と選択，利用者と福祉サービスを提供する事業者との対等な関係など，それまでの措置制度とは異なる新たな契約による制度が発足しました。

しかし，この支援費制度は開始当初から，居宅介護のホームヘルプサービスなどの福祉サービス需要の急増による財源不足や，障害種別ごとの福祉サービスの差，地域差等が生じ，制度改正についての検討が急務となりました。その結果，障害種別に分かれた制度の統合や，利用者が受けた福祉サービスに応じて支払う応益負担による財源の確保等を含んだ障害者自立支援法が，2006年から施行されることとなりました。

その後，障害者自立支援法は，応益負担から利用者の所得に応じて支払う応能負担

表Ⅸ-4-1　2003〜2014年の障害者福祉制度の歩み

2003年	支援費制度の実施
2005年	障害者自立支援法の公布（2006年施行）
2007年	障害者の権利に関する条約の署名（2013年国会承認）
2008年	改正された障害者雇用促進法の公布（2009年施行）
2009年	障がい者制度改革推進本部と障がい者制度改革推進会議の設置
2010年	障害者自立支援法及び児童福祉法の改正公布・施行（1期目）
2011年	障害者基本法の改正公布・施行
	障害者虐待防止法の公布（2012年施行）
	障害者総合福祉法の骨格の提言
	改正された障害者自立支援法及び児童福祉法の施行（2期目）
2012年	改正された障害者自立支援法及び児童福祉法の施行（3期目）
	障害者総合支援法の公布（2013年施行）
2013年	再改正された障害者雇用促進法の公布（2016年施行）
	障害者差別解消法の公布（2016年施行）
	障害者の権利に関する条約の国会承認
2014年	障害者の権利に関する条約の批准書を国連に寄託，2月19日から日本について効力を生ずる。

への変更や，発達障害者も対象となることなどを含んだ改正が，児童福祉法の改正とともに2010年12月に公布され，2012年4月までに3期に分けて実施されました。そして，2012年6月には，この改正された障害者自立支援法は，難病等も対象となることなどを含んだ障害者総合支援法となり，2013年4月から施行されました。

この間，国際的には，2006年に国際連合総会において「**障害の権利に関する条約**（Convention on the Rights of Persons with Disabilities）▶2」が採択され，日本は2007年にこの条約に署名しました。その後，この条約を国会で承認し締結するために，障害者基本法の改正等，国内法・制度の改正などの整備が進められ（表Ⅸ-4-1），2013年12月13日に国会で承認しました。そして，2014年1月20日に，この条約の批准書を国連に寄託し，2月19日より日本について効力が生じることとなりました。

❸　障害者自立支援法の特徴

2006年に施行された障害者自立支援法により，それまで身体障害者，知的障害者，精神障害者と障害ごとに異なる法令に基づいて実施されていた福祉サービスや公費負担医療費等が共通の制度に基づき提供されることとなりました。福祉サービスの提供主体が市町村に一元化されたこと，支給決定の明確化，就労支援の推進等が特徴として挙げられます。

障害者自立支援法が施行されるまでは，肢体不自由者を含む身体障害者に対する福祉サービスは，「身体障害者福祉法」に基づいていました。障害者自立支援法の施行以降，ノーマライゼーションの推進や地域福祉の進展等の観点から，障害種別共通の福祉サービス等を提供する制度となりました。

▶2　**障害者の権利に関する条約**（Convention on the Rights of Persons with Disabilities）
国際連合総会は，「障害者の権利に関する宣言」や「国際障害者年の行動計画」を採択するなどの取り組みを行ってきたが，世界的には，依然として障害者の人権が侵害されている状況にある。このことから，法的拘束力があり，障害者の権利や尊厳を保護，促進するための総合的な国際条約が，2001年から国際連合総会で検討された。その後2006年の国際連合総会で「障害者の権利に関する条約」として採択，2008年から発効となった。
日本は2007年にこの条約に署名し，その後条約の締結に向けて国内法・制度の改正を進めた。そして，2013年12月13日に，国会で条約の締結のための承認がなされ，2014年2月19日以降日本について効力が生じることとなった。2022年6月時点で，締結国・地域数は185となっている。

④ 障害者自立支援法・障害者総合支援法による福祉サービス

　ここでは，2010年に改正され，2012年に施行された障害者自立支援法について述べます。なお，2013年施行の障害者総合支援法においても，2006年施行の障害者自立支援法により大きく変更となった福祉サービスの体系は継承されています。障害者自立支援法による福祉サービスは，「自立支援給付」と「地域生活支援事業」の２つからなり，障害種別によらず福祉サービスを利用することができます（図Ⅸ-4-1）。日中は通所施設，夜間は入所施設の利用というように，福祉サービスを選択し組み合わせて利用することが可能となりました。

　障害者それぞれにおいて個別に支給の決定が行われるのが自立支援給付で，市町村の創意工夫により，利用者の状況に応じて実施されるのが地域生活支援事業です。自立支援給付は，「介護給付費」「訓練等給付費」「自立支援医療費」「補装具費」などに分かれます。介護給付費は，障害支援区分により対象者が決まり，訓練等給付費は障害支援区分にかかわらず利用を希望する者が対象となります。自立支援医療費は，自立支援医療費について支給の認定を受けた者が，自立支援医療機関となっている病院・施設を受診した際に医療費が支給されます。補装具費は，義足や車いすなど補装具について，その購入や修理が必要であることを市町村が認めた場合に支給されます。

⑤ 障害者自立支援法の改正から障害者総合支援法の公布・施行

　2006年に障害者自立支援法が施行された後，2009年に自由民主党・公明党の連立政権から民主党・社会民主党・国民新党の連立政権へと替わり，障害福祉関連の政策が変化し始めました。2009年に内閣総理大臣を本部長とする「障がい者改革推進本部」と，その下に障害者とその家族が委員全体の半数以上を占める「障がい者制度改革推進会議」が設置されました。この推進会議は，障害者の権利に関する条約の締結のために必要な国内法の整備として，障害者基本法の改正，障害者の差別を禁止する法律の制定，障害者自立支援法に代わる「障害者総合福祉法」の制定についての検討を進めました。その後，検討結果は2010年に第一次意見としてまとめられ，それに基づき，「障害者制度改革の推進のための基本的な方向」が閣議決定されました。

　2010年には，応益負担制度の廃止等を求めた違憲訴訟原告と政府との間で，合意文書の締結が行われ，2010年に障害者自立支援法が改正されました。この改正された障害者自立支援法は2012年４月までに３期にわたり施行されました。

　2011年には，それまで障がい者制度改革推進会議で検討されてきた「障害者総合福祉法の骨格」が提言されました。この骨格では，目指すべきポイントとして，障害のない市民との平等と公平，障害の種別間の谷間や制度間空白の解消，格差の是正，放置できない社会問題の解決，本人のニーズにあった支援

▶3 「障害福祉サービスの利用について」（2021年４月版）https://shakyo.or.jp/download/shougai_pamph/date.pdf（2023年1月3日閲覧）

サービス，安定した予算の確保の6点が示されました。

　そして，政府はこの提言（障害者総合福祉法の骨格）を受けて，障害者自立支援法を改正し障害者の範囲に難病を加えるなどとした「障害者の日常生活及び社会生活を総合的に支援するための法律」（障害者総合支援法）案を，2012年3月国会に提出しました。この法案は，2012年6月に国会で可決され2013年度から施行されました。障害者総合支援法では，基本理念の条項が設けられ「全ての障害者及び障害児が可能な限りその身近な場所において必要な日常生活又は社会生活を営むための支援を受けられることにより社会参加の機会が確保されること及びどこで誰と生活するかについての選択の機会が確保され，地域社会において他の人々と共生することを妨げられないこと」などが示されています。

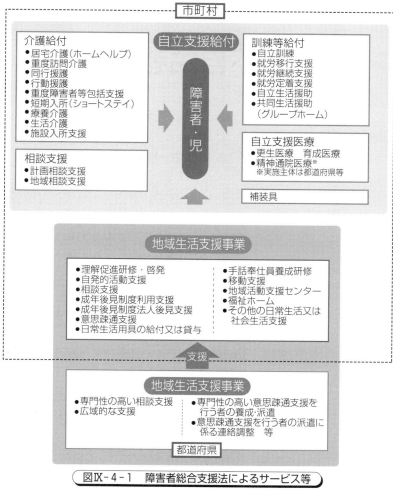

図IX-4-1　障害者総合支援法によるサービス等

出所：社会福祉法人全国社会福祉協議会（編集・発行）（2021）のp.3から一部改変して引用。

　その後，障害者総合支援法は，成立時に施行後3年を目途に検討するとされ，2016年5月に改正，2018年4月に施行されました。主な改正項目は，自立生活援助と就労定着支援の新設，医療機関による重度訪問介護の提供，補装具の貸与などです。また，児童福祉法も2016年5月に改正されました。

　なお，直近の障害者総合支援法の改正は2022年12月です。障害者等の地域生活や就労の支援の強化等により，障害者等の希望する生活を実現するため，障害者総合支援法及び関係法の一部が改正されました。施行は一部を除き2024年4月です。変更点は，①障害者等の地域生活の支援体制の充実，②障害者の多様な就労ニーズに対する支援及び障害者雇用の質の向上の推進，③精神障害者の希望やニーズに応じた支援体制の整備，④難病患者及び小児慢性特定疾病児童等に対する適切な医療の充実及び療養生活支援の強化，⑤障害福祉サービス等，指定難病及び小児慢性特定疾病についてのデータベースに関する規定の整備等です。

（早坂方志）

（参考文献）

　社会福祉養成講座編集委員会（編）（2012）．障害者に対する支援と障害者自立支援制度　第3版　中央法規

　社会福祉法人東京都社会福祉協議会（編集・発行）（2020）．障害者総合支援法とは　改訂第3版

　小澤温（編）（2020）．よくわかる障害者福祉　第7版　ミネルヴァ書房

肢体不自由者の福祉サービス

① 福祉サービス

　2006年に施行された障害者自立支援法により，障害種別にかかわりなく共通する福祉サービス（以下，サービス）が提供されることとなりました。肢体不自由者は，障害種別にかかわらず共通化したサービスから必要なサービスを選択して利用することが可能となりました。2013年施行の障害者総合支援法においても，2006年施行の障害者自立支援法により大きく変更となったこのようなサービスの体系は継承されています。その後，障害者総合支援法は2016年５月に改正，2018年４月に施行されました。ここでは改正後のサービスの概要を記します。

　障害者総合支援法によるサービスは，「自立支援給付」と「地域生活支援事業」からなり，前者は利用者に対して直接提供され，後者は市町村・都道府県の事業実施により提供されるサービスです。また，対象となるのは，身体障害者，知的障害者，精神障害者（発達障害者を含む），難病者および障害児です。

　「自立支援給付」は，「介護給付（９種類）」「訓練等給付（６種類）」「補装具（補装具費給付）」「自立支援医療（更生医療〈18歳以上〉，育成医療〈18歳未満〉，精神通院医療）」「相談支援（計画相談支援，地域相談支援）」からなります。

　「地域生活支援事業」は，地域での生活のニーズや地域の実情に応じて実施される事業です。市町村による相談支援における専門的職員の配置や居住サポートなど，都道府県による専門性の高い相談支援事業や専門性の高い意思疎通支援者の派遣などがあります。

　次に，利用者に対して個別に提供される「自立支援給付」のうち，「介護給付」と「訓練等給付」について述べます。

② 「自立支援給付」の「介護給付」によるサービス

　「介護給付」は９種類あり（図Ⅸ-5-1），大きく次のように分けられます。
○居宅等訪問による支援
「居宅介護（ホームヘルプ）」「重度訪問介護」「同行援護（対象：視覚障害者）」「行動援護（対象：知的障害者・精神障害者）」
○施設・病院での日中活動の支援
「短期入所（ショートステイ）」「療養介護」「生活介護」

▶1　「障害者福祉サービスの利用について」（2021年４月版）
https://shakyo.or.jp/download/shougai_pamph/date.pdf（2023年１月３日閲覧）

名　　称	内　　容
居宅介護	自宅で，入浴，排せつ，食事の介護等を行います。
重度訪問介護	重度の肢体不自由者又は重度の知的障害若しくは精神障害により，行動上著しい困難を有する人で常に介護を必要とする人に，自宅で，入浴，排せつ，食事の介護，外出時における移動支援，入院時の支援などを総合的に行います。
同行援護	視覚障害により，移動に著しい困難を有する人に，移動に必要な情報の提供（代筆・代読を含む），移動の援護等の外出支援を行います。
行動援護	自己判断能力が制限されている人が行動するときに，危険を回避するために必要な支援や外出支援を行います。
重度障害者等包括支援	介護の必要性がとても高い人に，居宅介護等複数のサービスを包括的に行います。
短期入所	自宅で介護する人が病気の場合などに，短期間，夜間も含め施設で，入浴，排せつ，食事の介護等を行います。
療養介護	医療と常時介護を必要とする人に，医療機関で機能訓練，療養上の管理，看護，介護及び日常生活の支援を行います。
生活介護	常に介護を必要とする人に，昼間，入浴，排せつ，食事の介護等を行うとともに，創作的活動又は生産活動の機会を提供します。
施設入所支援	施設に入所する人に，夜間や休日に，入浴，排せつ，食事の介護等を行います。

図Ⅸ-5-1　障害者福祉サービスにかかる自立支援給付（介護給付）の概要

出所：「障害福祉サービスの利用について　2021年4月版」社会福祉法人全国社会福祉協議会（編集・発行）（2021）のp.4から一部改変して引用。

○施設での主に夜間の支援

「施設入所支援」

○介護給付と訓練等給付のいくつかにより包括的に支援

「重度障害者等包括支援」

また，利用にあたり，障害支援区分認定調査の後に，判定と障害支援区分認定の過程があります。

なお，「居宅介護」「同行援護」「行動援護」「重度障害者等包括支援」「短期入所」は，障害児も対象となります。

③　「自立支援給付」の「訓練等給付」によるサービス

「訓練等給付」には6種類あり，大きく2つに分けられます。障害者のみが対象です。

○居住支援

「自立生活援助」「共同生活援助（グループホーム）」

○訓練・就労支援

「自立訓練（機能訓練）・自立訓練（生活訓練）・宿泊型自立訓練」「就労移行支援」「就労継続支援A型（雇用型）・就労継続支援B型（非雇用型）」「就労定着支援」

また，利用にあたり，「介護給付」とは異なり障害支援区分認定は行われず，暫定的支給で実際にサービスを利用し適切さが判断されます。　　　（早坂方志）

参考文献

社会福祉法人東京都社会福祉協議会（編集・発行）（2020）．障害者総合支援法とは　改訂第3版

6　障害児の福祉サービス

① 福祉サービスの概要

　2006年から施行された障害者自立支援法では，居宅介護や児童デイサービスなど居宅・通所の事業は障害者自立支援法，他方，肢体不自由児通園施設，肢体不自由児施設や重症心身障害児施設などの施設については児童福祉法に分かれていました。その後，2010年に障害者自立支援法と児童福祉法が改正され，2012年4月から，障害児を対象とした居宅・通所の事業ならびに施設は，居宅サービスを除いて根拠法令が児童福祉法に一本化され，施行されました。このことは，「障害」の観点のみならず，「子ども（児童）」の観点も強調されたことを示しています。

　この改正のねらいは，障害種別に分かれていた施設の一元化，通所支援の実施主体を都道府県から市町村に移行すること，「放課後等デイサービス」「保育所等訪問支援」を新たに設けることなどにより，居住地域での支援の充実を図るものでした。なお，この2012年に施行された改正障害者自立支援法は，その後2012年に公布・2013年施行の障害者総合支援法となり，福祉サービスの体系が継承されています。

② 障害児の通所・入所支援

　2012年改正児童福祉法の通所・入所支援の概要は次のとおりです。通所支援は，改正前までの児童デイサービス（障害者自立支援法）と通所サービス（児童福祉法）における障害種別による区分をなくし，「児童発達支援（福祉型児童発達支援センター・児童発達支援事業）」と「医療型児童発達支援（医療型児童発達支援センター・指定医療機関）」とし，障害種別を問わない多様な障害の子どもに対応できるようになりました。また，通所支援に，「放課後等デイサービス」と「保育所等訪問支援」を新たに設け，前者では放課後や夏休み等における学童期の子どもに，後者では保育園や幼稚園での集団生活での専門的な支援を実施し幼児期の子どもに対応することとなりました。なお，通所支援については，実施主体が市町村となっています。

　このような変更により，肢体不自由児を含めた障害児は，居住地域において障害に応じた福祉サービスを受けることがより容易になりました。

　他方，施設入所支援については，同様に障害種別による区分をなくし「福祉

型障害児入所施設」「医療型障害児入所施設・指定医療機関」とし，障害の重複化に対応できるようになりました。施設入所については，より専門的な対応の必要性から引き続き都道府県が実施主体となっています。

③ 居宅での支援

肢体不自由児を含む障害児が居宅で生活をするためには，父母等の養育者は，居宅での支援を利用することが必要となります。肢体不自由児を含む障害児が対象となる障害者自立支援法・障害者総合支援法による居宅での支援には，次のようなサービスがあります。

介護給付費の支援対象となる居宅での支援は，居宅介護（入浴，排せつ，食事などの身体介護），行動援護（常時介護が必要で，行動する危険を回避するために必要な援護や外出時の移動の介護等），短期入所（父母等養育者の病気などにより，入浴，排せつ，食事等の介護を受けるため障害児入所施設等への入所），重度障害者等包括支援（常時介護を要する障害児で，居宅介護その他のサービスの包括的提供）などです。また，市町村による地域生活支援事業には，日中一時支援事業と移動支援事業があります。前者は，障害児の日中における活動の場を提供するものですが，改正された児童福祉法により，一部は「放課後等デイサービス」に移行しました。後者は，障害児が外出できるように，障害児の移動を支援するものです。

④ 2016年改正児童福祉法について

その後，2016年に障害者総合支援法とともに児童福祉法も改正され，2018年より施行されました。児童福祉法による障害児対象のサービスを表Ⅸ-6-1に示します。

▶1 社会福祉

なお，直近の児童福祉法改正は2022年6月に行われ，福祉型と医療型（対象は肢体不自由児）に分かれている障害児通所支援の児童発達支援を一元化することになりました。施行は2024年4月です。 （早坂方志）

表Ⅸ-6-1 児童福祉法による障害児対象のサービス（他に，障害者総合支援法による障害児も対象となるサービスあり）

市町村

障害児通所支援	障害児相談支援
・児童発達支援 ・医療型児童発達支援 ・放課後等デイサービス ・保育所等訪問支援 ・居宅訪問型児童発達支援	・障害児支援利用援助 ・継続障害児支援利用援助

都道府県及び児童相談所を設置する市町村

障害児入所支援
・福祉型障害児入所施設 ・医療型障害児入所施設

出所：「障害者総合支援法とは…」改訂第3版，社会福祉法人東京都社会福祉協議会（編集・発行）（2020）のp.6から一部改変して引用。

参考文献

社会福祉法人東京都社会福祉協議会（編集・発行）（2013）．障害者総合支援法とは…

社会福祉養成講座編集委員会（編）（2013）．第4巻 障害者福祉論──障害者に対する支援と障害者自立支援制度 第4版 中央法規出版

身体障害者手帳

① 身体障害者手帳による福祉サービスや助成

　身体障害者としての福祉サービスや助成を受ける際に，身体障害者であることを証明するのが身体障害者手帳です。身体障害者福祉法で規定され，身体障害者手帳をもつことにより，日常生活に必要な次の福祉サービスや助成を受けることができるようになります。

　具体的には，障害者総合支援法による介護給付費や訓練等給付費，補装具費，自立支援医療費などの福祉サービス（身体障害者は，身体障害者手帳の所持が要件）の受給，障害者手当の受給，公共料金・交通機関料金の割引・減免，税金の控除・減免，公共住宅の優先入居，障害者雇用などにおいて必要となります。

　なお，障害者福祉における福祉サービスや助成を受けるための手帳制度としては，身体障害者手帳のほかに，知的障害者を対象とする療育手帳〈厚生事務次官通知「療育手帳制度について」（厚生省発児第156号）〉，精神障害者を対象とする精神障害者保健福祉手帳（精神障害者福祉法の第45条に規定）の制度があります。それぞれの手帳は「障害者手帳」と称されることがあります。

② 身体障害者手帳の申請手続きと交付

　身体障害者手帳の申請手続きと交付については，身体障害者福祉法の第15条に，「身体に障害のある者は，都道府県知事の定める医師の診断書を添えて，その居住地（居住地を有しないときは，その現在地）の都道府県知事に身体障害者手帳の交付を申請することができる。ただし，本人が15歳に満たないときは，その保護者（親権を行う者及び後見人をいう。［中略］）が代わつて申請するものとする。」と規定されています。

　申請手続きは，都道府県知事の定める医師の診断書（意見書を含む）を添付して，居住地の市町村（福祉事務所）を経て都道府県知事へ交付の申請をします。図Ⅸ-7-1に，東京都の申請から交付までの流れを示しましたので，参照してください。

③ 身体障害者の種別と程度

　身体障害者の種別と程度については，身体障害者福祉法の別表（表Ⅸ-7-1）と身体障害者福祉法施行規則の別表第5号に示されています。後者は，身体障

▷1　障害者自立支援法が，障害者総合支援法となる法案が2012年6月に公布，2013年4月より施行された。その後，同法は2016年5月に改正，2018年4月に施行。直近の同法改正は2022年12月，施行は2024年4月。

▷2　2000年4月施行の改正された地方自治法により，国の機関委任事務が廃止されて通知は失効し，以後「療育手帳」の制度は都道府県・政令指定都市による独自の制度となっている。

▷3　身体障害者福祉法第43条の第2項により，身体障害者福祉法の「都道府県知事」には，政令指定都市及び中核市の市長も含まれる。

▷4　東京都心身障害者福祉センター
http://www.fukushihoken.metro.tokyo.jp/shinsho/shinshou_techou/techonituite.html（2023年1月3日閲覧）

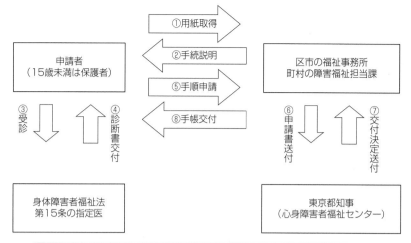

① 用紙取得
② 手続説明
⑤ 手順申請
⑧ 手帳交付

申請者
（15歳未満は保護者）

区市の福祉事務所
町村の障害福祉担当課

③ 受診
④ 診断書交付
⑥ 申請書送付
⑦ 交付決定送付

身体障害者福祉法
第15条の指定医

東京都知事
（心身障害者福祉センター）

図Ⅸ-7-1　身体障害者手帳の申請から交付までの流れ（東京都）

出所：東京都心身障害者福祉センターwebページより引用し，一部改変

表Ⅸ-7-1　身体障害者福祉法の別表

一　次に掲げる視覚障害で，永続するもの
　　1　両眼の視力（万国式試視力表によって測ったものをいい，屈折異常がある者については，矯正視力について測ったものをいう。以下同じ。）がそれぞれ0.1以下のもの
　　2　一眼の視力が0.02以下，他眼の視力が0.6以下のもの
　　3　両眼の視野がそれぞれ10度以内のもの
　　4　両眼による視野の二分の一以上が欠けているもの
二　次に掲げる聴覚又は平衡機能の障害で，永続するもの
　　1　両耳の聴力レベルがそれぞれ70デシベル以上のもの
　　2　一耳の聴力レベルが90デシベル以上，他耳の聴力レベルが50デシベル以上のもの
　　3　両耳による普通話声の最良の語音明瞭度が50パーセント以下のもの
　　4　平衡機能の著しい障害
三　次に掲げる音声機能，言語機能又はそしゃく機能の障害
　　1　音声機能，言語機能又はそしゃく機能の喪失
　　2　音声機能，言語機能又はそしゃく機能の著しい障害で，永続するもの
四　次に掲げる肢体不自由
　　1　一上肢，一下肢又は体幹の機能の著しい障害で，永続するもの
　　2　一上肢のおや指を指骨間関節以上で欠くもの又はひとさし指を含めて一上肢の二指以上をそれぞれ第一指骨間関節以上で欠くもの
　　3　一下肢をリスフラン関節以上で欠くもの
　　4　両下肢のすべての指を欠くもの
　　5　一上肢のおや指の機能の著しい障害又はひとさし指を含めて一上肢の三指以上の機能の著しい障害で，永続するもの
　　6　1から5までに掲げるもののほか，その程度が1から5までに掲げる障害の程度以上であると認められる障害
五　心臓，じん臓又は呼吸器の機能の障害その他政令で定める障害で，永続し，かつ，日常生活が著しい制限を受ける程度であると認められるもの

害者程度等級表であり，障害の種別ごとに程度が重い順に1級から7級まで区分されています。7級は身体障害者手帳の交付対象とはなりませんが，7級の障害が重複している場合には6級として認定されます。

（早坂方志）

参考文献

東京都福祉保健局（編）(2021). 社会福祉の手引き
成清美治・加納光子（編）(2012). 現代社会福祉用語の基礎知識　第10版　学文社

8　肢体不自由者の雇用

❶　障害者雇用促進のための法整備

　障害のある人の雇用促進は，ノーマライゼーション社会を実現するために極めて大きな意味をもっています。そのためにも障害のある人が可能な限り雇用の場に就くことができるような環境を整えていくことが重要です。

　2006（平成18）年12月，国連総会において「障害者の権利に関する条約（障害者権利条約）」が採択され，2008（平成20）年5月に発効しました。この条約でも第27条において障害者の労働及び雇用に関する条項が記され，「あらゆる形態の雇用に係る全ての事項（募集，採用及び雇用の条件，雇用の継続，昇進並びに安全かつ健康的な作業条件を含む。）に関し，障害に基づく差別を禁止すること」と規定されました。我が国も条約の早期締結をめざしましたが，国内法が権利条約の求める水準に達していなかったため，条約締結に先んじて国内法を改正することとなりました。その後，2012（平成24）年の障害者総合支援法の成立や2013（平成25）年の障害者雇用促進法の一部改正，同年の障害者差別解消法の成立等を経て2014（平成26）年1月，条約発効から5年余りの歳月をかけ，障害者権利条約が我が国においてもようやく批准されました。今後，これらの法整備によって障害者の雇用がより一層促進されることが期待されます。

❷　障害者雇用促進法改正の内容

　2013（平成25）年6月，障害者雇用促進法の一部が改正され，2016（平成28）年4月から施行されることになりました。改正の主な内容として，①障害者に対する差別の禁止，②**合理的配慮**の提供義務があげられます。「障害者に対する差別の禁止」では，雇用の分野における障害を理由とした差別の禁止について明記されました。このことによって，障害を理由とする採用時の差別や障害者への低賃金の設定などが禁じられます。

　また，「合理的配慮の提供義務」では，事業主に障害者が職場で働くに当たっての支障を改善するための措置を講ずることが義務づけられました。肢体不自由者に対する合理的配慮の提供の指針は表IX-8-1のとおりです。こうした配慮によって肢体不自由者が働く上での支障を改善することが事業主に求められます。

▷1　合理的配慮
雇用に関して，募集時や採用時，または採用後にも障害の状況に応じて必要な環境を整備したり支援したりすること。これを実施しないことも差別に含まれる。
⇨ X-4 参照。

▷2　改正障害者雇用促進法に基づく差別禁止・合理的配慮の提供の指針の在り方に関する研究会（2014），改正障害者雇用促進法に基づく差別禁止・合理的配慮の提供の指針の在り方に関する研究会報告書

<table>
<tr><td colspan="2" align="center">表IX-8-1　合理的配慮の提供の指針の在り方「肢体不自由」</td></tr>
<tr><td>募集及び採用時</td><td>○面接の際にできるだけ移動が少なくて済むようにすること。</td></tr>
<tr><td>採用後</td><td>○業務指導や相談に関し，担当者を定めること。
○移動の支障となるものを通路に置かない，机の配置や打合せ場所を工夫する等により職場内での移動の負担を軽減すること。
○机の高さを調節すること等作業を可能にする工夫を行うこと。
○スロープ，手すり等を設置すること。
○体温調整しやすい服装の着用を認めること。
○出退勤時刻・休暇・休憩に関し，通院・体調に配慮すること。
○本人のプライバシーに配慮した上で，他の労働者に対し，障害の内容や必要な配慮等を説明すること。</td></tr>
</table>

出所：改正障害者雇用促進法に基づく差別禁止・合理的配慮の提供の指針の在り方に関する研究会（2014）

③　法定雇用率

　2021年3月より民間企業の法定雇用率は2.3％となりました。しかし，実際の民間企業における障害者雇用率は，2022年6月現在で2.25％（実雇用率）にとどまっています。法定雇用率は，2026年7月には2.7％に引き上げられることから，今後より一層の改善が求められます。障害者雇用促進法の改正によって，民間企業の**法定雇用率**が達成されていくことが期待されます。

④　肢体不自由者の雇用促進に向けた今後の特別支援教育の取り組み

　これまでの学校教育では，ともすると「卒業後の社会ではそんな配慮はしてもらえないから」と個人を職場に合わせることに偏重した指導が行われることも少なくはなかったように思います。そこでは障害者側の職場環境への一方的な適応が求められ，実際に就職を果たしても結果的に職場の配慮や理解が得られず，残念ながら退職に至ったというケースも少なくありません。今後の我が国の障害者雇用の動向を考えると，学校教育においても児童生徒の将来の就労を見据え，個々の多様性を踏まえた合理的配慮を盛り込んだ指導・支援が求められます。就労支援機器の活用も含め，指導上の合理的配慮事項を盛り込んだ個別の教育支援計画（個別の移行支援計画）の一層の充実が必要です。企業に合理的配慮の提供が義務づけられた現在，「卒業後の社会ではそんな配慮はしてもらえないから」という学校完結型の一方的な教育は今後通用しなくなります。

　肢体不自由者を教育する特別支援学校においては，児童生徒の障害の重度重複化が顕著であり，高等部卒業者のうち就職者の占める割合はわずか7.1％に過ぎません。今後の肢体不自由教育においては，卒業後の就職を見据えた指導・支援をいっそう充実させ，卒業者の就職率の向上をはかっていくと同時に，多様な実態を考慮し，個のニーズに応じた就労移行支援，就労継続支援等の福祉サービスの利用など，児童生徒一人ひとりのキャリアを幅広くとらえた生涯にわたる生活充実のための支援が必要です。　　　　　　　　　（和　史朗）

▷3　厚生労働省令和4年「障害者雇用状況」集計結果 https://www.mhlw.go.jp/stf/newpage_29949.html（2023年9月19日閲覧）

▷4　法定雇用率
民間企業や国・地方公共団体等が障害者を雇用しなければならない割合のこと。障害者雇用促進法の改正により法定雇用率は原則として5年ごとに見直しをはかることとなった。

▷5　独立行政法人高齢・障害・求職者雇用支援機構のホームページに詳しい内容が掲載されています。
文部科学省（2014）．特別支援教育資料（平成25年度）

TEA BREAK 9 ☕

社会福祉専門職

1 障害のある人にかかわる福祉専門職

　障害のある子どもの生活を支える専門職というと，どんな人を想像するでしょう。特別支援学校の先生，医師や看護師，通園施設の職員などでしょうか。それぞれ，教育，医療などの領域で，子どもの生活を支援していますね。福祉専門職もそのひとり。ここでは，社会福祉士と精神保健福祉士を取り上げます。どちらも障害のある人々にとどまらず，高齢者や子ども，低所得者，医療機関の利用者など，対象は多岐にわたり，地域そのものが対象となることもあります。

2 障害分野での活躍

①障害分野の職場と支援内容

　社会福祉士の勤務先は，2020年11月1日時点で高齢者福祉分野が39.3％と最多，次いで障害児・者分野が20％と続いています（公益財団法人社会福祉振興・試験センター，2021）。障害分野では，たとえば障害者支援施設，就労支援事業所，障害児施設などで，「生活支援員」「生活相談員」あるいは「生活指導員」といった職種で働いています。知的障害者に関わる職種も，上記と同様，知的障害者更生施設等での生活相談員となります。

　精神保健福祉士の場合は，精神科病院を中心に，精神障害者に関する相談援助を行う精神保健福祉センターの「精神保健福祉相談員」や，保健所，市町村，教育機関にくわえ企業の健康相談室などでも活躍しています。こうした人々が，日頃の生活支援や相談業務，

特別支援学校と協働した学校から就業への移行，病院や施設から地域への移行調整等，多岐にわたる支援を行っています。

②各機関の連携による支援と社会福祉士

　ここで具体的な事例をみてみましょう。東京都社会福祉協議会が行った「知的障害者就労支援研究報告 福祉，教育，労働の連携による知的障害者の就業・生活支援」（2008）からの事例です。この報告は，都内の知的障害特別支援学校高等部設置校の進路指導担当者や，卒業生本人，企業の人事担当者，就労移行支援事業者等への調査を通じ，多面的に知的障害者の就業・生活支援の実態を明らかにしようとした試みで，各機関の「連携」をテーマとしています。

　「卒業後，企業就労までの期間を地域の機関と連携して支援を継続」という事例では，特別支援学校，就労支援センター，福祉作業所の連携により，スムーズな移行支援ができたといいます。学校卒業後，企業の都合で就労時期がずれ込むことがありますが，地域の作業所に通いながら生活リズムを保ち，企業への移行に備えて通勤練習や職場見学等，就労意識の継続や社会性の確立に取り組まれています。並行して，特別支援学校と，初めて障害者を雇用する企業の担当者との打ち合わせも行われており，企業に移ってからも，定期訪問がなされるなど，本人が職場に定着するまで，教育と福祉と労働とがうまく連携できた事例です。社会福祉士は，作業所や就労移行支援センターの生活支援員等の立場から，福祉の専門家として「連携」した支援の一翼を担っています。

3　社会福祉士，精神保健福祉士とは？

①社会福祉士

　事例を挙げたところで，資格について少し説明しましょう。社会福祉士は，1987年，第108回国会で制定された「社会福祉士及び介護福祉士法」に位置づく，社会福祉業務に携わる国家資格です。誕生当初は，「専門的知識・技術をもって，福祉に関する相談に応じ，助言，指導その他の援助を行う」，つまり相談援助を主な仕事とすることになっていました。しかし，介護や福祉へのニーズが増しつつある実態をふまえ，より多様化・高度化したニーズに対応できる人材の確保と，資質向上が必要になってきました。そこで，2007年に改正され，公布・施行された「社会福祉士及び介護福祉士法等の一部を改正する法律」（平成19年法律第125号）では，他の福祉・保健医療サービス関係者との連絡・調整を行い，橋渡しをする「連携」役割が明記されたほか，利用者の立場にたって誠実に業務を行う「誠実義務」，資格取得後も知識や技能の向上に努める「資質向上の責務」などが加わりました。近年の動きとしては，社会保障審議会福祉部会の報告書（2018）を受け，社会福祉士は地域共生社会の実現に向けて中心的役割を期待されています。2021年度から養成課程のカリキュラムも順次変わってきています。

②精神保健福祉士

　精神保健福祉士は1997年，精神保健福祉領域のソーシャルワーカーとして誕生した国家資格です。すでに第二次世界大戦直後から，精神科ソーシャルワーカー（PSW：Psychiatric Social Worker）とも呼ばれ，その活動が行われていました。近年は，うつ病や災害支援後のPTSDのケア等と支援範囲が広がり，たとえば司法分野でも「社会復帰調整官」や「精神保健参与員」として期待されてきています。

③「名称独占」の資格

　両資格とも国家資格ですが，医師のように「業務独占」ではなく，「名称独占」の資格です。「名称独占」とは，資格のない人が「社会福祉士」「精神保健福祉士」の名称を用いてはならないということです。これらの資格がなければ，相談業務につけないわけではありませんが，福祉専門職への資格保有者の任用を促す流れもあります。資格をもつことは，社会福祉専門職としての水準を表すと考えられます。

4　社会福祉士，精神保健福祉士になるには？

　社会福祉士，精神保健福祉士になるには，国家試験への合格が必要です。試験はどちらも毎年1回，1月〜2月に行われます。受験には，福祉系の大学を卒業し指定科目を履修する，などの受験資格取得ルートのいずれかを満たす必要があります。冒頭に触れたように，援助対象は，高齢者，障害をもつ人等，とても外延が広いのです。今後，福祉はもちろん，医療，教育，司法，行政などの様々な分野で，さらに期待される資格の一つでしょう。

（安藤　藍）

参考文献

　公益財団法人社会福祉振興・試験センター（2021）社会福祉士就労状況調査報告書
http://www.sssc.or.jp/touroku/results/pdf/r2/results_02.pdf
　東京都社会福祉協議会（2008）．知的障害者就労支援研究報告　福祉，教育，労働の連携による知的障害者の就業・生活支援　東京都社会福祉協議会

障害者と権利擁護

1　障害者の権利に関する国際的流れ

　第二次世界大戦における人権を無視した様々な行為に対する反省に基づいて，人権および自由を尊重し確保するために，1948年12月10日の第3回国際連合総会において「世界人権宣言[1]」が採択されました。その後，様々な人々に対する人権を保障するための宣言や規約などが国際連合で出されますが，障害者に関しては，1971年の「知的障害者の権利宣言」が最初です。その後，1975年にすべての障害者を対象とする「障害者の権利宣言」が出され，2006年の「障害者権利条約」の採択へとつながってきました。

　国際的には権利擁護に該当する用語としては「**アドボカシー（advocacy）[2]**」が用いられています。アドボカシーとは，自分の権利を自分で守ることができない人の権利を擁護する活動のことを指します。アドボカシーの種類については，①セルフアドボカシー（Self-Advocacy），②シチズンアドボカシー（Citizen Advocacy），③リーガルアドボカシー（Legal Advocacy）などがあります[3]。

2　日本における障害者の権利擁護に関する施策

　「障害者基本法」では「権利擁護」という用語は用いられていませんが，第3条で，「全ての障害者が，障害者でない者と等しく，基本的人権を享有する個人としてその尊厳が重んぜられ，その尊厳にふさわしい生活を保障される権利を有すること」と明記されています。また，第4条では「何人も，障害者に対して，障害を理由として，差別することその他の権利利益を侵害する行為をしてはならない」として，「差別の禁止」が明示されました。

　こうした中で，2011（平成23）年に「障害者虐待の防止，障害者の養護者に対する支援等に関する法律（障害者虐待防止法）」が成立し，2012（平成24）年10月から施行されています。障害者に対する虐待が防止されることが期待されます。

　また「差別の禁止」を具体化するために，2013（平成25）年6月に「障害を理由とする差別の解消の推進に関する法律（障害者差別解消法）」が成立しました。同法の概要を示したのが図Ⅹ-1-1ですが[4]，障害を理由とする差別を「不当な差別的取扱い」と「合理的配慮の不提供」の2つに大別していることがわかります。同法は2016（平成28）年4月に施行されました。

　さらに，2013（平成25）年に出された「第3次障害者基本計画」では，10の分

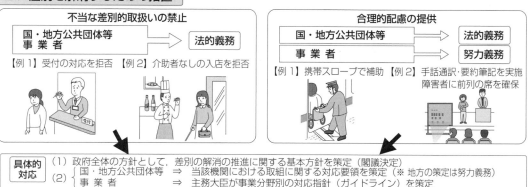

注：附則に基づき，施行後3年（平成31年4月）経過時の見直しの検討が求められている。
出所：内閣府（2021），p.45

図Ⅹ-1-1　障害を理由とする差別の解消の推進に関する法律（障害者差別解消法）の概要

野別施策の一つとして，「差別の解消及び権利擁護の推進」を掲げています。そこでは，基本的考え方として，「全ての国民が，障害の有無によって分け隔てられることなく，相互に人格と個性を尊重し合いながら共生する社会の実現に向け，平成25（2013）年に制定された障害者差別解消法等に基づき，障害を理由とする差別の解消の推進に取り組む。あわせて，障害者虐待防止法に基づく障害者虐待の防止等，障害者の権利擁護のための取組を進める」（傍点筆者）としています。

３　日本における障害者の権利擁護の実情

　DPI日本会議（Japan National Assembly Of Disabled Peoples' International）は1995年に障害者の権利侵害に対応するため，DPI障害者権利擁護センターを設立し，2020年にDPI障害者差別解消ピアサポートと名称を変更しています。この機関は，障害者差別および虐待と合理的配慮に関する相談を行っています。2021（令和3）年の相談種別をみてみると，福祉サービス関連が21.2%と最も多く，次いで，就労の18.2%，所得保障の6.1%，財産管理の6.1%，教育の6.1%，生活保護の3.0%，交通の3.0%，医療の3.0%などとなっています。

　これらの内容をみてみると，今後は，上述の「障害者差別解消法」や「障害者虐待防止法」に加えて，「障害者総合支援法」「障害者優先調達推進法」「障害者雇用促進法」等の法令が有効に機能し，こうした相談件数が減り，障害者の権利擁護が進展することを期待したいと思います。　　　　（河合　康）

▷5　附則第7条において，政府は，この法律の施行後3年を経過した場合において，事業者による合理的配慮の在り方その他この法律の施行の状況について検討を加え，必要があると認められるときは，その結果に応じて所要の見直しを行うものとされている。

▷6　2021（令和3）年度の改正により，事業者の合理的配慮の提供の義務が努力義務から法的義務に変更された。

▷7　DPI障害者差別解消ピアサポートのホームページ（http://www.dpi-japan.org）より転載。

障害者権利条約

▷1　たとえば，わが国において2009年に設置された「障がい者制度改革推進本部」の第1回会議が2010年1月に開催された際，25名中14名が障害当事者・関係者であった（この推進会議は2012年に障害者政策委員会と名称変更している）。

▷2　政府の訳は以下の通りである。
第1条「この条約は，全ての障害者によるあらゆる人権及び基本的自由の完全かつ平等な享有を促進し，保護し，及び確保すること並びに障害者の固有の尊厳の尊重を促進することを目的とする。
障害者には，長期的な身体的，精神的，知的又は感覚的な機能障害であって，様々な障壁との相互作用により他の者との平等を基礎として社会に完全かつ効果的に参加することを妨げ得るものを有する者を含む。」

▷3　具体的条文は以下の通りである。
「障害に基づく差別」とは，障害に基づくあらゆる区別，排除又は制限であって，政治的，経済的，社会的，文化的，市民的その他のあらゆる分野において，他の者との平等を基礎として全ての人権及び基本的自由を認識し，享有し，又は行使することを害し，又は妨げる

　2006年12月13日に国連で採択された「障害者権利条約」は，20か国の批准を経て2008年5月3日に発効しました。日本は2014年1月20日に条約を批准し，同年2月19日に発効しました。「障害者権利条約」（以下，条約と略称）の策定の際のスローガンは「私たち抜きに私たちのことを決めないで（Nothing about us, without us）」でした。私たちとは障害者自身のことを指し，障害当事者が条約策定に大きく関与したことは大きな意義としてあげられます[1]。

　条約は前文，50の条文，選択議定書からなり，教育に関しては第24条で扱われています。以下では，条約の基本概念と，主に教育に関する条文を取り上げて検討することにします。

1　障害者権利条約の構成と内容

○条約の基本概念

　条約の目的を記した第1条では，「全ての障害者」の「あらゆる人権」を保障する必要性が記されています[2]。つまり，条約は障害者のための新しい権利を創り出そうとするものではなく，人間としてすべての人が有する普遍的な権利を保障しようというものなのです。第24条も含めて条約の中でしばしば用いられている「他の者との平等を基礎として」という文言も，この考え方と一致するものです。

　続いて，第2条では，条約全体に通じる基本的用語である「障害に基づく差別[3]」と「合理的配慮[4]」が定義されており，特に「合理的配慮」は新しい概念として注目されています。「合理的配慮」とは，障害のある人がない人と同じように自らの権利を行使できるようにするための必要かつ適当な配慮を指します。2つの基本的概念を合わせて考えてみると，差別とは意図的・直接的な差別だけではなく，たとえば，スロープやエレベーターを設置しないといった対応も差別であるという考え方であり，差別を幅広い概念として捉えています。また，「特定の場合において必要とされる」という文言も重要です。ここには，個人の置かれた状況に応じて必要とされる内容も異なるものであり，「合理的配慮」は固定的ではなく，周りの状況との相対的な関係の中で捉えることの必要性が示されているといえます。一方，定義の後半に，「均衡を失した又は過度の負担を課さない」という条件が付されています。条約ではこの具体的内容は示されてはいませんが，この条文の適用は最小限に留められることを期待し

たいと思います。

　一般原則を示した第3条(c)では，「社会への完全かつ効果的な参加及び包容」が掲げられ，また，第19条でも「自立した生活及び地域社会への包容」が明示されており，条約全体を通じて社会における「包容」が重要な概念となっていることがわかります。

○教育に関する条文（第24条）

　まず，第24条第1項で，障害のある人の教育権を認め，包容する教育制度と生涯学習を確保する必要性に言及し，(a)～(c)の3つの目的を示しています。

　第24条第2項は，第1項の権利を実現するために，確保すべき点について5項目が示されています。(a)では障害を理由に一般的な教育制度から排除されないこと，(b)では障害者を包容する質の高い無償の教育の保障が規定されています。(c)では条約全体の原則である「合理的配慮」が示されており，教育においても重要な概念であることがわかります。続いて(d)では一般的な教育制度において必要な支援を受けることを求めており，通常学校での支援の必要性についても示しています。一方，(e)で「発達を最大にする環境」とあるように，環境は特別支援学校なども含めて多様であるとの認識が示されているといえます。この点については，第7条第2項の「児童の最善の利益」の規定とも関連があるでしょう。場の選択に固執することなく，教育の質を考えていくことが必要であるといえます。また，第5条で規定されている "平等を促進し，又は達成するために必要な特別の措置は差別ではない" という点にも注視する必要があります。

　第24条第3項では，盲人と聾者に焦点が当てられており，特に手話について明示されている点に留意する必要があります。第2条の定義においても，「言語」の中に手話が明示されているように，口話法を主体とした従来の聴覚障害特別支援学校においても手話が採り入れられるようになっていることにつながっているといえます。

　第24条第4項では，視覚障害者と聴覚障害者を教育する学校において，障害当事者も含めて，手話や点字などの専門性のある教員を採用したり，関係者に対する研修を行う必要性が指摘されています。

　第24条第5項では，大学などの高等教育，職業訓練，成人教育，生涯学習における「合理的配慮」を求めており，生涯にわたって支援するという点が示されています。

❷　障害者権利条約の位置づけ

　批准された条約は，教育関係においては日本国憲法と教育基本法の間に位置するものであり，教育基本法以下のあらゆる法令に影響が及ぶことになります。今後の特別支援教育関係法令の動向には注意していく必要があります。

（河合　康）

目的又は効果を有するものをいう。障害に基づく差別には，あらゆる形態の差別（合理的配慮の否定を含む。）を含む。

▷4　⇨ X-4 参照。

▷5　「包容」の原語は inclusion（形容詞としては inclusive）であり，日本でも原語のまま「インクルージョン」や「インクルーシブ」という用語が使用される場合も多いので留意したい。

▷6　具体的条文は以下の通りである。
「障害のある児童に関する全ての措置をとるに当たっては，児童の最善の利益が主として考慮されるものとする。」

▷7　具体的条文は以下の通りである。
「障害者の事実上の平等を促進し，又は達成するために必要な特別の措置は，この条約に規定する差別と解してはならない。」

▷8　具体的条文は以下の通りである。
「「言語」とは，音声言語及び手話その他の形態の非音声言語をいう。」

肢体不自由児とインクルーシブ教育

① インクルーシブ教育という用語・定義

　インクルーシブ教育の英語表記は inclusive education であり，「障害者権利条約」の第24条で使用されていますが，日本政府の訳では inclusive は「包容する」となっています。その一方で，2012（平成24）年7月，中央教育審議会の初等中央教育分科会に設置されていた「特別支援教育に関する特別委員会」は「共生社会の形成に向けたインクルーシブ教育システム構築のための特別支援教育の推進（報告）」（以下「報告」）をまとめました。「障害者権利条約」とは異なり，「報告」では，「インクルーシブ教育」という用語が用いられており，「報告」を契機にこの用語が広く使用されるようになってきました。

　「報告」では「障害者権利条約」の内容をまとめ，インクルーシブ教育システムとは，「人間の多様性の尊重等の強化，障害者が精神的及び身体的な能力等を可能な最大限度まで発達させ，自由な社会に効果的に参加することを可能とするとの目的の下，障害のある者と障害のない者が共に学ぶ仕組みであり，障害のある者が教育制度一般から排除されないこと，自己の生活する地域において初等中等教育の機会が与えられること，個人に必要な「合理的配慮」が提供される等が必要とされている」と記しています。

　「報告」では，「インクルーシブ教育システムにおいては，同じ場で共に学ぶことを追求するとともに，個別の教育的ニーズのある幼児児童生徒に対して，自立と社会参加を見据えて，その時点で教育的ニーズに最も的確に応える指導を提供できる，多様で柔軟な仕組みを整備することが重要である。小・中学校における通常の学級，通級による指導，特別支援学級，特別支援学校といった，連続性のある「多様な学びの場」を用意しておくことが必要である」としています。そして「多様な学びの場」について図X-3-1の通り示しています。図からもわかるように，特別支援学校や特別支援学級等もインクルーシブ教育システムの中の学びの場の一つとされていることがわかります。

② 「合理的配慮」とは

　「報告」では，インクルーシブ教育と並んで「合理的配慮」という用語がキーワードとなっています。「報告」では，「合理的配慮」とは，「障害のある子どもが，他の子どもと平等に「教育を受ける権利」を享有・行使することを

▷1　⇨ X-2 参照。

▷2　国家行政組織法第8条に基づき設置されており，文部科学大臣の諮問に応じて教育に関する重要事項を調査審議し，答申を行っている。「教育制度」「生涯学習」「初等中等教育」「大学」「スポーツ・青少年」の5つの部会で構成されている。2001（平成13）年の省庁再編時に現行の組織となった。

▷3　原文は文部科学省のホームページを参照。
https://www.mext.go.jp/b_menu/shingi/chukyo/chukyo3/044/attach/1321669.htm（2022年12月7日閲覧）

▷4　https://www.mext.go.jp/b_menu/shingi/chukyo/chukyo3/044/attach/1321670.htm の参考資料4を参照

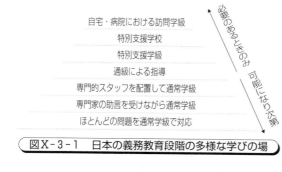

自宅・病院における訪問学級
特別支援学校
特別支援学級
通級による指導
専門的スタッフを配置して通常学級
専門家の助言を受けながら通常学級
ほとんどの問題を通常学級で対応

必要のあるときのみ　可能になり次第

図Ｘ-3-1　日本の義務教育段階の多様な学びの場

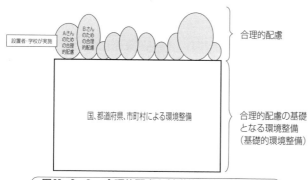

設置者・学校が実施
Aさんのための合理的配慮
Bさんのための合理的配慮
合理的配慮

国、都道府県、市町村による環境整備
合理的配慮の基礎となる環境整備（基礎的環境整備）

図Ｘ-3-2　合理的配慮と基礎的環境整備の関係

確保するために，学校の設置者及び学校が必要かつ適当な変更・調整を行うことであり，障害のある子どもに対し，その状況に応じて，学校教育を受ける場合に個別に必要とされるもの」であり，「学校の設置者及び学校に対して，体制面，財政面において，均衡を失した又は過度の負担を課さないもの」と定義しています。

　また，「報告」では合理的配慮の基礎となるものを「基礎的環境整備」と呼んでおり，両者の関係を示したのが図Ｘ-3-2です。合理的配慮の充実を図る上で，国，都道府県，市町村には，必要な財源を確保し，「基礎的環境整備」の充実を図ることが求められています。

　合理的配慮は一人ひとりの障害の状態や教育的ニーズ等に応じて決定されるものです。「報告」では，合理的配慮を①教育内容・方法，②支援体制，③施設・設備の３つの観点から障害種別に整理し，具体的な内容を例示しています。「報告」の中で示されている表は肢体不自由についての内容をまとめたものですが，この他にも，それぞれの子どもの実態に応じて，個別に適切な合理的配慮を検討し，提供していく必要があります。

　「障害者権利条約」においては，「合理的配慮」の否定は，障害を理由とする差別に含まれるとされています。今後，教育委員会，学校，各教員には，合理的配慮について正しく認識し，本人及び保護者に適切な情報提供を行いながら，肢体不自由児も含めてすべての障害のある子どもに対する教育の充実を図っていくことが求められています。

(河合　康)

▷5　各障害種別の詳細については「報告」の中の別表を参照のこと。
http://www.mext.go.jp/b_menu/shingi/chukyo/chukyo3/044/attach/1323312.htm
(2022年12月7日閲覧)

肢体不自由教育における合理的配慮

❶　合理的配慮

▷1　外務省（2014）．障害者の権利に関する条約 http://www.mofa.go.jp/mofaj/files/000031633.pdf

▷2　内閣府（2016）．障害を理由とする差別の解消の推進に関する法律 https://www8.cao.go.jp/shougai/suishin/law_h25-65.html

▷3　中央教育審議会初等中等教育分科会（2012）．「共生社会の形成に向けたインクルーシブ教育システム構築のための特別支援教育の推進（報告）」 http://www.mext.go.jp/b_menu/shingi/chukyo/chukyo3/044/attach/1321669.htm

　我が国は，2014（平成26）年1月20日に「障害者の権利に関する条約[1]」を批准しました。障害者に関する初めての国際条約となります。特に，教育（第24条）に関しては，インクルーシブ教育システムの理念が提唱され，合理的配慮という新しい概念が示されました。合理的配慮の提供は，法的義務[2]となっています。学校における合理的配慮については，2012（平成24）年7月に中央教育審議会初等中等教育分科会がまとめた報告において，次のように整理されています[3]。

・障害のある子供が他の子供と平等に教育を受けるために，学校の設置者や学校が必要かつ適当な変更・調整を行うこと。
・障害のある子供に，その状況に応じて，学校教育を受ける場合に個別に必要とされるもの。
・学校の設置者及び学校に均衡を失した又は過度の負担を課さないもの。

　たとえば，手の動きが不自由なAさんが，片手で定規を押さえて線を引けなければ，定規の片方を固定する調整により，Aさんは十分な教育が受けられるとともに，他の子どもと共に勉強ができます。合理的配慮とは，肢体不自由だからこういう合理的配慮という一般論ではなく，個別に必要なものと考えていくことが重要です。なお，「均衡を失した又は過度の負担」については，一律の判断基準はありません。各校の設置者及び学校が体制面，財政面を勘案し，「均衡を失した又は過度の負担」について，個別に判断することになります。

❷　肢体不自由教育における合理的配慮の例

▷4　視覚障害，聴覚障害，知的障害，肢体不自由，病弱，言語障害，自閉症・情緒障害，学習障害，注意欠陥多動性障害，重複障害

　報告では，合理的配慮の提供にあたって観点を類型化（3観点11項目）するとともに，観点ごとの各項目に障害種等に応じた具体例[4]を示しています。

　以下，肢体不自由の視点から，合理的配慮の捉え方や具体例を紹介します。

○教育内容・方法

・学習上又は生活上の困難を改善・克服するための配慮

　道具の操作の困難や移動上の制約等の改善（片手で使用できる道具の活用，校内の移動しにくい場所の移動方法の支援等）。

・学習内容の変更・調整

　上肢の不自由により時間がかかることや活動が困難な場合の学習内容の変

更・調整（書く時間の延長，計算する量の軽減，体育等での運動内容の変更等）。

・情報・コミュニケーション及び教材の配慮

　書字や計算，コミュニケーションの困難性に対し，教材や機器の提供（書字能力に応じたプリントの工夫，文字盤や音声出力型の支援機器の活用等）。

・学習機会や体験の確保

　経験不足から理解しにくいことや移動の困難さから参加が難しい活動については，一緒に参加することができる手段等を講じる（新単元に入る前に新出語句の予習，車いす使用でも栽培活動に参加できるよう高い位置に花壇を作る等）。

・心理面・健康面の配慮

　下肢の不自由による転倒のしやすさ，車いす使用に伴う健康上の問題等を踏まえた支援（体育における膝や肘のサポーターの使用，車いす使用時に必要な1日数回の姿勢変換及びそのためのスペースの確保等）。

◯支援体制

・専門性のある指導体制の整備

　体育担当教員，養護教諭，栄養職員，学校医，看護師等を含むサポートチームが教育的ニーズを把握し，支援の内容・方法の検討。外部専門家等との連携。

・幼児児童生徒，教職員，保護者，地域の理解啓発を図るための配慮

　移動や日常生活動作に制約があることや，移動のしやすさを確保するために協力できることなどについて，周囲の児童生徒，教職員，保護者への理解啓発。

・災害時等の支援体制の整備

　移動の困難さを踏まえた避難方法や体制及び避難後に必要となる支援体制の整備（車いすでの避難経路や人的体制確保，避難後に必要な支援一覧表作成等）。

◯施設・設備

・校内環境のバリアフリー化

　車いすによる移動やつえを用いた歩行ができるように，教室配置の工夫や施設改修（段差解消，スロープ，手すり，自動ドア，障害者用トイレの設置等）。

・発達，障害の状態及び特性等に応じた指導ができる施設・設備の配慮

　上肢や下肢の動きの制約に対して施設・設備の工夫又は改修，車いす等で移動しやすいような空間確保（上下式レバーの水栓，廊下の障害物除去等）。

・災害時等への対応に必要な施設・設備の配慮

　移動の困難さに対して避難経路を確保し，必要な施設・設備の整備，災害等発生後の必要物品の準備（車いす，担架，非常用電源や手動で使える機器等）。

　以上，報告の観点・項目は，あくまで例示であり，これ以外は合理的配慮として提供する必要がないというものではなく，合理的配慮は，一人ひとりの障害の状態や教育的ニーズに応じて学校の基礎的環境整備の状況により決定されるものであることに留意が必要です。

　　　　　　　　　　　　　　　　　　　　　　　　　　　（分藤賢之）

就学前の肢体不自由教育・療育

1　最近の障害児支援の動向と障害児通所支援

　2011年8月に公布された障害者基本法の一部を改正する法律（改正障害者基本法[1]）では療育に関する条項が新設され，2012年4月の児童福祉法および障害者自立支援法の一部改正では障害児支援の強化が図られています。どの障害にも対応でき，かつ引き続き障害特性に応じた専門的な支援が提供されるように障害児施設や事業の一元化が行われました（図Ⅹ-5-1）。**障害児通所支援**では，身近な地域での児童発達支援等のサービスを受けることができる体制作り，整備に向けた取り組みが行われています（図Ⅹ-5-2）。

　改正前の肢体不自由通園施設は**医療型児童発達支援センター**に移行されていることが多く，肢体不自由の療育に関しては，医療型児童発達支援センターが中心となり親子関係，日常生活，遊び，集団等を通した幼児期に求められる発達の基礎づくりのサポート（幼児期の児童発達支援）や機能訓練等（治療）が必要に応じて行われています。

2　就学前の肢体不自由児の生活と教育・療育

　肢体不自由の原因として多い脳性まひなどの脳原性の疾患や二分脊椎などは，生後間もなくから医療機関での治療が必要です。医療機関でのフォローアップの間に障害が明らかになり，そこからの紹介により就学前教育・療育を開始す

▷1　障害者基本法の一部を改正する法律
障害者基本法とは，障害者福祉施策の基本となる事項と国及び地方公共団体の責務を規定したもので，この改正で第17条に「国及び地方公共団体は，障害者である子どもが可能な限りその身近な場所において療育その他これに関連する支援を受けられるよう必要な施策を講じなければならない」と療育の項目を新設している。

▷2　障害児通所支援
2012年4月の法改正により，障害児通所支援の実施主体は市町村となり，支援サービスは1．児童発達支援，2．医療型児童発達支援，3．放課後デイサービス，4．保育所等訪問支援，に体系化された。

▷3　医療型児童発達支援センター
児童発達支援（日常生活における基本的動作の指導，独立自活に必要な知識技能の付与，集団生活への適応のための訓練）および治療を提供する児童福祉施設で，多くは法改正の前の肢体不自由児通園施設から移行されている。

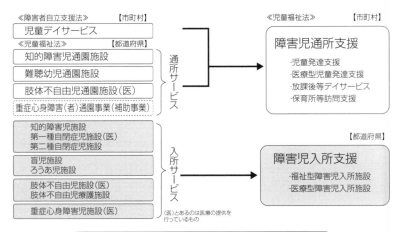

図Ⅹ-5-1　障害児施設や事業の一元化のイメージ

出所：厚生労働省（2011），p87

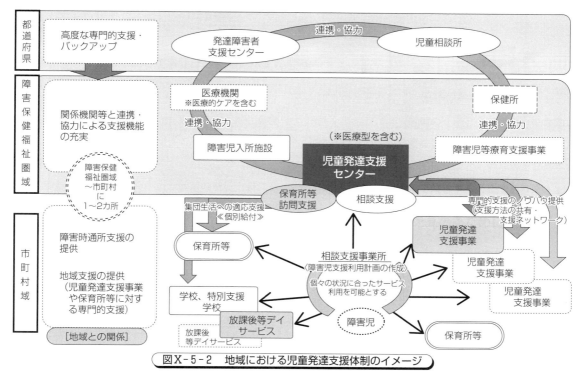

図X-5-2 地域における児童発達支援体制のイメージ

出所：厚生労働省（2011），p.94

ることもまれではありません。就学前教育・療育では，それぞれ個々の肢体不自由の障害特性をふまえて，理学療法や作業療法，言語訓練など運動機能やコミュニケーション機能の向上に向けた訓練を行っていきますが，肢体不自由児自身が，これから地域で生活していく上で，その子にあった環境の中で主体的に過ごすことができるよう支援していくことが求められます。

　乳幼児期は特に，原因疾患や併存する疾患により，機能訓練等治療のため自宅から遠い専門性の高い医療機関を受診したり長期入院したりと，健康管理を優先して過ごさざるを得ないこともあります。そのために，親子でゆったり過ごすことや，近所を散歩したり周囲の他児達と遊んだりする機会が減り，児の年齢や発達に相応した様々な社会経験を積んでいくことが難しくなる場合もあります。

　また，肢体不自由児の養育については，背景にある疾患・障害の状態や程度により知的障害や視覚障害，聴覚障害など他の障害を併せ持つなど，子どもの様子が様々であり，一人ひとり違った対応が求められます。そのため，肢体不自由児の養育に精通している人が周囲に少ないために，育児に不安を抱えやすくまたその不安を解消しにくいといわれています。このような肢体不自由児の生活や養育上の特徴をふまえ，就学前の教育・療育では，健康管理に配慮しながら，子どもへの発達支援，子どもを養育する親への支援を2本の軸に据えて，包括的に行われます。

| 表X-5-1 | 親子通園での集団療育を中心とした一日の流れの例 |

時間	内容
9:30〜10:00	登園・検温・健康チェック・自由遊び 体操
10:00〜10:50	朝の会（出席シール貼り・歌・絵本・乾布まさつ） 排泄・水分補給
10:50〜11:30	設定保育（運動遊び・感覚遊び・製作・季節のあそび等）
11:30〜13:00	給食（摂食・歯みがき・自由あそび）
13:00〜13:40	設定保育（親子分離，親同士が交流）
13:50〜15:15	終りの会 個別療育：訓練（PT・OT・ST）・心理相談，降園

　通所サービスでは，施設や児や家族の状況に応じて，親子共に通園する場合や子どものみが通園する場合，また集団療育と個別療育があります。親子共に通園する集団療育を中心とした通所サービスを例として示します（表X-5-1）。活動の中には，健康チェック，排泄，歯みがき，水分や食事の摂取などの健康管理や摂食指導や，小集団保育（親子が一緒に行うものと，子どものみが行うもの），親同士の交流会，理学療法（PT），作業療法（OT），言語療法（ST）など機能訓練の個別療育や心理相談などが含まれます。

③ 就学前療育・教育における子どもへの発達支援

○生活リズムをつける

　生活リズムができてくると，健康面での基盤が安定し，日中に様々な遊びや活動を体験することも増えていきます。就学前の肢体不自由児の中には，障害や薬剤の影響で睡眠リズムがつきにくい児も多く，午前中遅くまで寝て過ごす子どももいます。療育を継続していくと，日中の移動や療育により活動量が増え日中起きて過ごすことが増え，夜によく眠れるようになることもよくあります。

○健康の保持増進

　四肢の運動機能などの機能訓練士と，子どもの健康面での配慮や支援も含めて療育を行います。日常生活場面である家庭においても機能訓練や健康管理ができるよう，親との連携を図っていきます。

○遊びの経験を広げて意欲や興味を引き出す

　肢体不自由のある幼児は障害により行動が制限されることで，遊びの経験も不足しがちです。子どもの障害の状態に応じた遊具を用意し，必要に応じて補助用具を活用するなどにより，興味・関心を持って遊ぶことができるようにします。

　このような遊びを促して経験を増やしていくことでさらに意欲的に遊ぶこと

が出来るようになり，また様々な感覚を使い，手足を動かす活動を通して発達を促すことにもつながります。

○社会性やコミュニケーションを促す

親と子どもの関係を育み，また他の大人や他児とのかかわりを楽しめるようにして，コミュニケーションをする意欲を育てます。また，意思表出の方法を工夫してより豊かな表現ができるようにします。

4　就学前療育・教育における親への支援

○親が子どもへの対応のしかたを学ぶことができ，子育ての自信をつける

親が専門スタッフの行っている子どもへの対応を習うことや，親と専門スタッフが，子どもの様子を共有し，かかわりや対応を考えていくことで，親がよりよい対応を身に着けることができます。また，専門スタッフに子育ての悩みを相談することで，親は不安を軽減することができ，子育ての自信をつけていくことができます。

○親同士の交流を通して仲間と出会い，悩んでいるのは自分一人ではないことを実感する

親の中には，同じような子どもを育てている人が周囲には見当たらなくて，誰にも相談できない悩みを抱えている場合もあります。同じように悩んでいる人と出会い，子どもの成長を一緒に見ていける仲間ができる，そのような仲間の存在が親にとって大きな支えになります。

○親が子どもへの理解を深め，就学に向けて継続的に相談する

子どもの成長を確認することでこれまでより客観的に子どもの特徴を捉えやすくなります。先輩家族の経験談や，専門スタッフから得た周辺地域の特別支援教育等に関する情報もふまえて子どもの状況にあった就学先について時間をかけて考えていくことができます。

5　まとめ

身近な地域で児童発達支援等のサービスが受けられるようになり，肢体不自由のある幼児とその家族もコミュニティで安心して生活し，機能訓練や保育が受けられるように変わってきています。就学前の肢体不自由児教育・療育では，機能訓練や健康管理，小集団の保育等による子どもの発達支援と親への支援を行っています。

（髙野美由紀）

参考文献

厚生労働省（2011）．「障害保健福祉関係主管課長会議等資料」（平成23年10月31日）（資料1），p.87. http://www.mhlw.go.jp/seisakunitsuite/bunya/hukushi_kaigo/shougaishahukushi/kaiseihou/sankou.html

学齢期における地域との交流

1 副籍制度

　肢体不自由などの障害のある幼児が就学先を決定する際は，保護者をはじめ，在籍している保育所や幼稚園，施設関係者の情報や話し合いをもとに市町村教育委員会を中心に進めています。また，就学後も適切な教育が行われるよう支援していく体制整備も重要です。

　これらを念頭に就学先が決定されていきますが，同じ地域の同年齢の児童生徒との交流も，障害のある児童生徒にとっては成長過程で大切な「人とのかかわり」の一つだと考えられます。そこで，東京都などの場合は，特別支援学校に在籍している児童生徒が，自分の住んでいる地域の通学区域内にある小・中学校に副次的に籍をもち，学校行事や授業において交流及び共同学習を計画的に実施しています。このような制度のことを「副籍制度」とよんでいます。具体的には，小・中学校の学校行事や地域行事などにおける交流，小・中学校の学習活動への参加等といった直接的に交流を行うものと，学校や学級通信の交換をはじめ作品・手紙の交換，地域情報の提供など間接的に交流するものとがあります。

○期待されること

　障害のある児童生徒にとっては，同年齢や世代を越えた地域の児童生徒と知り合える大切な機会であるとともに，同じ地域の一員としての意識が芽生えることが期待されます。地域の小・中学校の児童生徒にとっては，同じ社会に生きる人間として障害に対する理解を深め，お互いを理解し，共に助け合い，支え合って生きていくことの大切さや思いやりの精神が育つことを期待しています。

　さらに，保護者や教職員にとっても，障害理解とともに双方の保護者や教職員の連携が深まり，特別支援教育の推進や協力体制が深まることが予想されます。

○課　題

　このような多くの効果が望まれる一方，特別支援学校在籍の全児童生徒に副籍をもたせるための理解啓発をはじめ，地域の小・中学校へのバリアフリー化の工夫，交流する場合に必要となる費用や安全性，送迎や付添の確保など，いくつかの課題もあがってきています。

これらの課題を一つひとつ解決していき，障害のある児童生徒をはじめ，地域の児童生徒，保護者，教職員の相互にとって実りある制度になるようそれぞれが協働して充実を図っていくことが望まれるところです。

❷　居住地校交流

地域との交流の一つに「居住地校交流」があります。これは，学籍を移動するまたは副次的に籍を用意することなく，障害のある児童生徒が自分の住んでいる地域の通学区域内にある小・中学校相互連携のもとに，学校行事や教科において交流及び共同学習を行う制度のことです。「居住地校交流」は，「副籍制度」よりも前から「交流教育」の一環として全国的に行われてきています。保護者が在籍校に要請し，在籍校から地域の小・中学校に連絡を取りながら，保護者の付き添いを原則に進めていくことが多いようです。また，障害のある児童生徒をはじめ，地域の小・中学生，保護者，教職員双方に「副籍制度」と同じような効果が期待されています。

実施の方法としては，たとえば学校行事はもちろん，生活科や理科，社会科，総合的な学習の時間といった主に話し合い活動を中心とした授業を1日のうちの特定の時間帯を選んで受ける場合から，週の2日間，国語科や算数・数学科など個別学習を中心とした授業も含め，丸1日を居住地校で過ごす場合など，児童生徒の様子に応じてさまざまな取り組みがなされています。

このような取り組みの中で現在，地域の小・中学校へのバリアフリー化の工夫が話題となっています。これは，「**障害者の権利に関する条約**」[1]の第24条（教育）において，教育における障害のある児童生徒の権利を認め，この権利を差別することなく，機会均等を基礎として実現するために「個人に必要とされる合理的配慮が提供されること」と関連するものです。学校教育においてこれまで行われてきた配慮を「合理的配慮」として改めて整理しています。この「合理的配慮」とは，「障害者が他の者と平等にすべての人権及び基本的自由を享有し，又は行使することを確保するための必要かつ適当な変更及び調整であって，特定の場合において必要とされるものであり，かつ，均衡を失した又は過度の負担を課さないものをいう」[2]と定義されています。つまり，国，都道府県，市町村は環境整備を担当し，各学校は障害のある児童生徒一人ひとりに対し，学校教育を受ける際に個別に必要とされる変更や調整を行うことになります。その際，体制面や財政面において，過度の負担にならない範囲で最大限の配慮が求められています。

このように，今後は「合理的配慮」を重視しながら，障害のある児童生徒にとってさらなる地域との交流促進が望まれることでしょう。

（里見達也）

▷1　障害者の権利に関する条約
障害者の尊厳をはじめ自律及び自立，差別されないこと，社会参加等の障害者に保障されるべき個々の人権及び基本的自由について，国連総会（2006）で採択されたもの。

▷2　「合理的配慮」の定義
中央教育審議会初等中等教育分科会　特別支援教育の在り方に関する特別委員会　合理的配慮等環境整備検討ワーキンググループ（2012）．中央教育審議会初等中等教育分科会　特別支援教育の在り方に関する特別委員会　合理的配慮等環境整備検討ワーキンググループ報告──学校における合理的配慮の観点

（参考文献）
山中ともえ（2009）．副籍制度への取組
http://www.mext.go.jp/b_menu/shingi/chousa/shotou/054/shiryo/__icsFiles/afieldfile/2009/10/28/1285847_2.pdf
中央教育審議会初等中等教育分科会　特別支援教育の在り方に関する特別委員会　合理的配慮等環境整備検討ワーキンググループ（2012）．中央教育審議会初等中等教育分科会　特別支援教育の在り方に関する特別委員会　合理的配慮等環境整備検討ワーキンググループ報告──学校における合理的配慮の観点
http://www.mext.go.jp/component/b_menu/shingi/giji/__icsFiles/afieldfile/2012/05/01/1320591_7.pdf

7　交流及び共同学習

1　交流及び共同学習の意義

　交流及び共同学習は，幼稚園，認定こども園，保育所，小学校，中学校，義務教育学校，高等学校，中等教育学校及び特別支援学校が行う，障害のある子どもと障害のない子どもが触れ合い，様々な活動の機会を通して，互いに尊重し合いながら協働して生活していく態度を育むようにする意義深い教育活動です。

　障害のない子どもにとっては，障害のある幼児児童生徒とその教育に対する正しい理解と認識を深めるための絶好の機会であり，同じ社会に生きる人間として，お互いを正しく理解し，共に助け合い，支え合って生きていくことの大切さを学ぶ場となります。一方，肢体不自由のある幼児児童生徒にとっても，同様の大切さを学ぶ場であるとともに，自立と社会参加を促すために欠かすことのできない活動となります。

2　学習指導要領における規定等

　学習指導要領における交流及び共同学習に関する記述は，2004（平成16）年の障害者基本法の改正等を受け，2008〜2009（平成20・21）年の学習指導要領において明記されるようになりました。2017（平成29）年の改訂においても，幼稚園，小学校，中学校，高等学校及び特別支援学校の学習指導要領等に引き続き示されており，次のように規定されています。

> 【特別支援学校小学部・中学部学習指導要領（第1章第6節の2の（2））】
> 　他の特別支援学校や，幼稚園，認定こども園，保育所，小学校，中学校，高等学校などとの間の連携や交流を図るとともに，障害のない幼児児童生徒との交流及び共同学習の機会を設け，共に尊重し合いながら協働して生活していく態度を育むようにすること。
> 　特に，小学部の児童又は中学部の生徒の経験を広げて積極的な態度を養い，社会性や豊かな人間性を育むために，学校の教育活動全体を通じて，小学校の児童又は中学校の生徒などと交流及び共同学習を計画的，組織的に行うとともに，地域の人々などと活動を共にする機会を積極的に設けること。
> 【小学校学習指導要領（第1章第5の2のイ）】
> 　他の小学校や，幼稚園，認定こども園，保育所，中学校，高等学校，特

▷1　2011（平成23）年8月に改正された障害者基本法の第16条第3項には，「国及び地方公共団体は，障害者である児童及び生徒と障害者でない児童及び生徒との交流及び共同学習を積極的に進めることによって，その相互理解を促進しなければならない」と規定。

別支援学校などとの間の連携や交流を図るとともに，障害のある幼児児童生徒との交流及び共同学習の機会を設け，共に尊重し合いながら協働して生活していく態度を育むようにすること。

③ 教育課程上の位置付けと交流及び共同学習の実際

交流及び共同学習は，特別支援学校と近隣の小・中学校等や地域の人々と行われたり，児童生徒の居住地域の小・中学校等で行われたりします。授業時間内に交流及び共同学習を実施する場合は，活動場所がどこであっても，児童生徒の在籍学校の授業となることから，教育課程に位置付け，指導目標などを明確にするとともに，基本的には在籍校の教員が指導し，適切な評価を行います。

交流及び共同学習については，多様な実施形態があり地域や学校の実態に応じて様々な活動が行われています。たとえば，特別支援学校と近隣の小・中学校との間で行われる学校間交流では，学校行事，クラブ活動や部活動，自然体験活動，ボランティア活動などを合同で行ったり，自然や社会環境が異なる学校同士が相互に訪問したり，ICT 端末を活用して，オンラインで交流したり，特別支援学校などとの交流を図ったりすることなどが考えられます。この他，特別支援学校の児童生徒が，自分が居住する地域の小・中学校に副次的な籍を置き，教科学習を共に受けたり，学校行事等に参加したりするなどの取組が一部の地域で行われています。また，特別支援学級の児童生徒と通常の学級の児童生徒との交流及び共同学習は，日常の様々な場面で活動を共にすることが可能であり，双方の児童生徒の教育的ニーズを十分把握し，校内の協力体制を構築し，効果的な活動を設定することなどが大切となります。

なお，交流及び共同学習は，相互の触れ合いを通じて豊かな人間性を育むことを目的とする交流の側面と，教科等のねらいの達成を目的とする共同学習の側面があり，この二つの側面を分かちがたいものとして捉え，推進していく必要があります。

④ 交流及び共同学習実施上の留意事項

交流及び共同学習の実施に当たっては，双方の学校が十分に連絡を取り合い，指導計画に基づく内容や方法を事前に検討し，各学校や障害のある児童生徒一人一人の実態に応じた様々な配慮を行うなどして，組織的に計画的，継続的な交流及び共同学習を実施することが大切となります。

また，副次的な籍を活用した交流については，特別支援学校と市区町村教育委員会や小中学校等との恒常的かつ円滑な連携が重要となり，特別支援教育コーディネーターを中心とした学校間や家庭等との連携強化が重要となります。

（菅野和彦）

参考文献

文部科学省（2017）．特別支援学校小学部・中学部学習指導要領　2017（平成29）年4月

文部科学省（2019）．特別支援学校高等部学習指導要領　2019（平成31）年2月

文部科学省（2021）．「新しい時代の特別支援教育の在り方に関する有識者会議」（報告）　2021（令和3）年1月

8　地域生活と余暇活動

1　はじめに

　共生社会の実現のためには，障害のある無しにかかわらず，また，障害のある場合でもその障害の種類や程度にかかわらず，地域社会において安心して，充実した生活を送ることが重要となります。ここでは，こうした点についての国際的な動向や日本の施策についてみていくことにします。

2　国際的動向と日本における施策

　「障害者の権利条約」の第19条では「自立した生活及び地域社会への包容」と題し，障害者が誰とどこで暮らすのかについて選択できること，地域社会から孤立したり，隔離されないこと等を保障することを明示しています。▷1

　わが国における障害者施策の基本的枠組みを定めている「障害者基本法」▷2では第3条で，「地域社会における共生等」について規定し，その第2項で「全て障害者は，可能な限り，どこで誰と生活するかについての選択の機会が確保され，地域社会において他の人々と共生することを妨げられないこと」とされています。

　また，「障害者基本法」第11条第1項に基づき策定されている「第4次障害者基本計画」においても，2018〜2022（平成30〜令和4）年度までの5年間を対象としていますが，障害者基本法の理念の実現に向けた障害者の自立および社会参加の支援等のための施策を総合的かつ計画的に実施することを基本原則として掲げ，「地域社会における共生」を重視しています。

　しかし，一口に障害者といっても一般就労する者から医療的ケアを必要とする者まで様々であり，生活の場も家庭から施設等まで多様です。しかし，すべての障害者が地域で「自立」した生活を送ることが重要になり，その際にポイントとなるのが，「自立」という意味のとらえ方です。「自立」とは，「身辺自立」，「経済的自立」といった場合に使用される「他の人の援助を受けずに自分で行うこと」という狭い意味だけではなく，自分の意思に基づいて，主体的に豊かな生活を送ることを指しています。この考え方は，1960〜70年代にアメリカで進められた「自立生活運動」がその起源といえます。「自立生活」▷3では，「自己決定」や「自己選択」に基づいて，本人が主体的に生活を送ることが重要となります。このように，「自立」という考え方はどんなに障害が重い人に

▷1　具体的には以下の通り規定している。(a) 障害者が，他の者との平等を基礎として，居住地を選択し，及びどこで誰と生活するかを選択する機会を有すること並びに特定の生活施設で生活する義務を負わないこと，(b) 地域社会における生活及び地域社会への包容を支援し，並びに地域社会からの孤立及び隔離を防止するために必要な在宅サービス，居住サービスその他の地域社会支援サービス（個別の支援を含む。）を障害者が利用する機会を有すること，(c) 一般住民向けの地域社会サービス及び施設が，障害者にとって他の者との平等を基礎として利用可能であり，かつ，障害者のニーズに対応していること，を保障することを求めている。

▷2　1970（昭和45）年に成立した「心身障害者対策基本法」が1993（平成5）年に「障害者基本法」に改められた。

▷3　英訳は independent living である。1972年にカリフォルニア州バークレーに，障害者が運営する自立生活センターが設立されている。

対しても当てはまることになるのです。

　その一方で，障害者にとっても働くということは重要であり，「第4次障害者基本計画」においても，「障害者が地域で質の高い自立した生活を営むためには就労が重要であるとの考え方の下，働く意欲のある障害者がその適性に応じて能力を十分に発揮することができるよう，多様な就業の機会を確保するとともに，就労支援の担い手の育成等を図る。また，一般就労が困難な者に対しては福祉的就労の底上げにより工賃の水準の向上を図るなど，総合的な支援を推進する」としています（傍点筆者）。

　また，地域社会での共生の実現に向けた施策を講じるために2012（平成24）年6月に成立した「障害者の日常生活及び社会生活を総合的に支援するための法律（障害者総合支援法）」に規定されている地域生活支援事業は，今後の，障害者の地域生活をよりよいものにしていく上で重要です。

3　余暇活動の重要性

　先に述べた自立生活の基礎となる「自己決定」「自己選択」に基づいて，地域において生きがいのある生活を送り，「生活の質（QOL：Quality of Life）を高めるためには余暇活動の充実が欠かせません。「障害者の権利条約」でも，第30条で「文化的な生活，レクリエーション，余暇及びスポーツへの参加」と題して，余暇活動の重要性を規定しています。

　わが国の「障害者基本法」の中では「余暇」という用語は用いられていませんが，第25条で「国及び地方公共団体は，障害者が円滑に文化芸術活動，スポーツ又はレクリエーションを行うことができるようにするため，施設，設備その他の諸条件の整備，文化芸術，スポーツ等に関する活動の助成その他必要な施策を講じなければならない」とし，障害者の余暇活動を充実させるための条件整備の必要性を規定しています。「障害者基本計画（第4次）」でも，分野別施策の一つとして「文化芸術活動・スポーツ等の振興」を掲げ，余暇活動の重要性を指摘しています。

　余暇の具体的な効用としては，「人生が楽しくなる」「自分自身が明るく，生き生きすることにより，人間関係がよくなる」「心の満足が得られる」「心や体の健康作りになる」「仲間作りになる」「地域との関係作りになる」などの様々な点が考えられますので，積極的に推進していきたものです。余暇の種類としては，スポーツ，音楽，旅行，読書，園芸，野外活動，写真，料理，等様々なものが考えられます。障害者が地域生活において，こうした活動に，容易に安心して参加できるようなしくみを整える必要があります。特に，地域住民のボランティア活動を強化していくことが求められます。

（河合　康）

▶4　本法は「障害者自立支援法」が廃止されて，新たに設けられた法律である。

▶5　具体的には以下の通り記されている。全ての障害者の芸術及び文化活動への参加を通じて，障害者の生活を豊かにするとともに，国民の障害への理解と認識を深め，障害者の自立と社会参加の促進に寄与する。また，レクリエーション活動を通じて，障害者等の体力の増強や交流，余暇の充実等を図る。さらに，地域における障害者スポーツの一層の普及に努めるとともに，競技性の高い障害者スポーツにおけるアスリートの育成強化を図る。

▶6　趣味の効用については，2004年刊行の『肢体不自由教育』第163号（pp.54-55），講座Q＆A「卒業生の生きがいのために」などを参照。

▶7　たとえば，全国心身障害児福祉財団（2009）の『地域余暇活動推進ハンドブック』には，北海道から沖縄まで様々な地域の事例が示されている。

9　肢体不自由者と家族

❶　肢体不自由者の存在が家庭におよぼす影響

　肢体不自由児を取り巻く，両親や家族・同朋，友達の態度，社会人の態度等の環境が，子どもの行動やパーソナリティに影響を与えるといえます。

　肢体不自由児の存在が親におよぼす影響について，ボウルビィ（Bowlby, J）は，障害児をもったことに対する親の反応プロセスを次の５段階に分けて述べています。[1]

　ア．自分が期待していた赤ん坊とは違うという意味で，失った対象（健常児ではない）に向けられている考え方や行動。障害児であるという診断を回避・否定する。

　イ．誰に対しても向けられる敵意。社会が自分を拒否しているという感情や，診断を下した人への恨みである。また，不安，怒り，敵意は，超自我の働きで，罪障感を引き起こすことにもなる。

　ウ．援助の懇願。誰かがあるいは社会が自分を援助すべきであるとか，耐えられない重荷を忍ぶように助けてくれるべきだと考えること。

　エ．絶望，引っこみ，退行，混乱。

　オ．新しい対象（障害児）に向けた行動の立て直し。

　これらの過程のいくつかの段階を行ったり来たりするかもしれないし，またある段階を飛び越したり，一度にいくつかの段階が出現したりするかもしれないが，いずれも親の自我防衛によるものであるとしています。

❷　親の養育態度

　宮田敬一と成瀬悟策（1976）は，**Q技法**[2]を用いて，脳性まひ児の親の養育態度を現実自己と理想自己の観点から研究し，現実自己として「さけられない現実に対する苦悩因子」と「子どもとの強い結び付きを基礎とした親としての義務感，責任感の因子」を，理想自己として「より現実に即した理想因子」と「母親の期待，願望因子」を見出しました。[3]

　すなわち，脳性まひ児をもったことによる不安，希望のなさ，子どもを受け入れたくないという拒否感情すらあるけれども，どうしても避けられない現実があり，その現実に対する苦悩をあらわしている。脳性まひ児の親は共通して，現実の子どもの姿に強い不安を示し，苦悩しているが，それでも親としての責

▶1　Baum, M. H. (1962). Some Dynamic Factors Affecting Family Adjustment to the Handicapped Child, In J. D, Gowan, & G. D, Demos. (Ed.) Exceptional Children. **28**(8), 387.

▶2　Q技法
カード70枚（Q項目）を脳性まひ児に対する自分の感情にもっともぴったりする極から，もっともぴったりしない極まで正規分布をなすように，11段階に強制分類させる。

▶3　宮田敬一・成瀬悟策（1976）. 脳性マヒ児の母親研究　九州大学教育学部紀要　**21**(1)，57-64.

任感，義務感を果たそうという姿勢がみられる。一方，同じＱ技法を用いた，自閉症児と知的障害児をもつ親の態度を比較すると，自閉症児では「親としての悲壮な気負いの気持ち」を，知的障害児ではその因子に加えて「子どもに支えられた充実感」の因子を見出し，自閉症児や知的障害児の親とは異なった脳性まひ児の親の養育態度の特徴を述べています。

さらに，最近では障害児をもつことによるストレスの研究が行われ，新美ら（1984, 1985）[4]は，親のストレスとして「問題行動と日常生活」「将来不安」「人間関係」「学校教育」「夫婦関係」「社会資源」「療育方針」「健康状態」等の因子を明らかにしています。こうした研究から，障害児の親は様々な場面や状況において多くのストレスを受けていることが察知されます。

❸ 親の態度と支援

コーリン（Coughlin, E. W., 1965）は，肢体不自由児の親の態度を調査して，自分の子どもやその障害に対する知的理解と感情的受容の２つの指標から４つの態度に分類しています[5]。

　ア．建設的な親の態度は，子どもの障害の意味を知的には理解していて，しかも感情的にも正しく受け入れている態度である。

　イ．子どもの問題についての知的見通しは，ほとんどあるいはまったくもたないが，感情的には子どもを受け入れている態度で，普通の積極的な態度の親である。

　ウ．子どもの問題についての知的理解はあるが，感情的には正しく受け入れることができない態度である。

　エ．知的理解もなければ，感情的にも受け入れることができない，もっとも好ましくない態度である。

感情的な受け入れができないということは，親が障害のある子どもをもったことに影響を受けて，診断時の外傷経験があまりに強く，その打撃がいつまでも持続したり，また，過度の罪障感に陥ってその結果，過保護な態度になったり，子どもの障害を事実として認めまいとする気持ち，あるいは世間に対して恥辱感をもったりするということです。また，知的理解があるというのは，子どもの障害についての知識をもっていて，訓練や指導をどうしたら良いとか，普通の健康な子どもの発達や行動はどのようなものであるかを理解することで，客観的に子どもの状態を把握できることです。

こうした障害についての，知的理解や感情的受け入れは自然に身につくものではありませんので，子どもの正常な心身の発達についての指導や，子どもの示す行動の意味を解説して親に伝えることが必要となります。それには教師だけでなく，親の会などを通した様々な苦労話や体験談などが役立つことが多いようです。

（舛地勝人）

▶4　新美明夫・植村勝彦（1984）．学齢期心身障害児をもつ父母のストレス──ストレスの構造　特殊教育学研究　**22**(2), 1-12.
新美明夫・植村勝彦（1985）．学齢期心身障害児をもつ父母のストレス──ストレスの背景要因　特殊教育学研究　**23**(3), 23-34.

▶5　William, M. Cruickshank (Ed). (1971). *Psychology of Exceptional Children and Youth.* 3rd ed Prentice-Hall Inc. p.326.

肢体不自由者関連団体

▶1　https://www.nishik yo.or.jp/（2022年12月7日閲覧）を参照。

▶2　高木憲次（1888-1963）は日本の肢体不自由教育の先導者である。東京大学医学部の教授であり，「肢体不自由」や「療育」といった用語を案出した。日本で最初の肢体不自由児のための学校である光明学校に指導・助言を行ったり，1942（昭和17）年に整肢療護園を開設するなど，戦前・戦後において肢体不自由教育・福祉の発展に貢献した。

▶3　以下にあげるような書籍がある。『肢体不自由児の養護・訓練の指導』1994年／『肢体不自由児の発達と指導』1987年／『肢体不自由教育における養護・訓練の手引』1987年／『肢体不自由児のコミュニケーションの指導』1992年／『証言で綴る戦後肢体不自由教育の発展』1992年／『医療的配慮を要する児童・生徒の健康・安全の指導ハンドブック』1997年／『障害児の医療・福祉・教育の手引き（医療編・教育編）』2006年

▶4　https://zentokucho. jp/shitai（2022年12月7日閲覧）を参照。以下にあげるような書籍を著している。

障害児・者に対する教育や福祉の施策は公的に開始されることは少なく，多くの場合，私的なまたは組織・団体による取り組みが，その後の施策の発展に大きな影響を及ぼしてきました。肢体不自由関係も同様に，多くの関連団体の活動が今日の発展につながっています。

1　日本肢体不自由児協会[1]

　日本肢体不自由児協会は，家族と社会の間に立って，家族を支援し，社会を啓発し，肢体不自由児が最も恵まれた環境で生きていけるように様々な事業を行ってきました。この協会は高木憲次[2]が1925（大正14）年に「肢節不完児福利会」を設立したのが始まりで，1932（昭和7）年に「肢体不自由児療護協会」と名称が変更されています。戦後の1948（昭和23）年に「日本肢体不自由児協会」となり，高木が会長に就任しました。当初は任意団体でしたが，1950（昭和25）年には財団法人に，1952（昭和27）年には社会福祉法人となっています。

　1953（昭和28）年には「手足の不自由な子どもを育てる運動」を開始し，その後，毎年実施され，2022（令和4）年には第70回を迎えています。その資金は，絵はがき・クリアファイル等の募金を中心とした寄付金により支えられています。

　1955（昭和30）年に創刊された雑誌「はげみ」は現在も継続しており，2021（令和3）年には第400号を数えるに至っています。毎回特集を組みながら，様々な角度から肢体不自由児者に関する事柄を取り上げてきています。その他，手引書や指導書などの書籍を刊行し，肢体不自由教育の発展に寄与してきました。[3]

2　全国特別支援学校肢体不自由教育校長会[4]

　この会は，1957（昭和32）年に「全国養護学校長会肢体不自由教育部会」として発足しました。1959（昭和34）年に従来の各部会は各種別校長会となり，肢体不自由関係についても「全国肢体不自由養護学校校長会」と改めて発会しました。1964（昭和39）年3月より「全国肢体不自由教育研究協議会」（全肢研）と名称変更し，現在に至っています。

　2007（平成19）年の特殊教育から特別支援教育への転換に伴い，名称は「全国特別支援学校肢体不自由教育校長会」と変更されました。略称で「全肢長」とも呼ばれています。2021（令和3）年度現在，会員校は239校，18分校，18分教室となっており，全国を6地区に分けて，地区単位の校長会を組織して活動

しています。

　具体的な活動としては，(1)肢体不自由児の教育に関する研究，(2)学校の管理経営に関する調査研究，(3)児童生徒病因別調査，医療的ケア実態調査，(4)必要と認める事項についての建議または意見の公表，などがあります。

3　全国肢体不自由特別支援学校 PTA 連合会 [5]

　この団体は PTA 相互の協調を図るとともに，全国における特別支援教育・肢体不自由教育の向上発展を促進することを目的とし，1958（昭和33）年に結成されました。2021（令和3）年度で215校，2分校が会員となっており，全国を6ブロックに分けて活動しています。

　先に述べた「校長会」と連携しながら，合同の研究会等を開催しています。主な活動内容としては，各単位 PTA の連絡，協調につとめ，会員相互の親睦を図ること，特別支援教育の充実のため提言等に努めること，肢体不自由児者の福祉対策の充実を図ること，肢体不自由教育費を拡充すること，関連する諸法規の整備に協力すること，などがあげられます。

4　日本肢体不自由教育研究会 [6]

　この研究会は，1969（昭和44）年に肢体不自由教育に関係する教員・研究者70名が発起人となって，任意団体として発足し，上述の日本肢体不自由児協会の協力と援助の下に活動を展開してきました。同会は肢体不自由教育における実践経験の豊富な専門家を結集し，教育実践の研究や普及を図ることを目的としています。1977（昭和52）年には，当時の全国肢体不自由養護学校長会と共催で，現場の実践研究の発表の場として，第1回日本肢体不自由教育研究大会を開催し，以後，毎年開催しています。

　2002（平成14）年には，任意団体から特定非営利活動法人（NPO 法人）に改組し，本会の活動基盤を強固にしています。また，年5回「肢体不自由教育」[7]を発行し，最新の論説と全国の選りすぐりの実践を紹介しています。2022（令和4）年には第253号を発刊するに至っています。

5　全国肢体不自由児者父母の会連合会 [8]

　昭和30年代に，ポリオの流行が社会問題化し，施策の遅れから行政当局への不信が広がりはじめました。当時，全国各地区で父母の会が結成されていきますが，個人や小規模団体での力の限界を感じ，連携への気運が高まっていき，1961（昭和36）年11月10日に結成大会が開催され，全国組織であるこの連合会が誕生しました。全国大会を開催しており，2022（令和4）年度には第55回を迎えています。また，各種の雑誌等を発行し，関係者に様々な情報提供を行っています。[9]

　　　　　　　　　　　　　　　　　　　　　　　　　　　　（河合　康）

『障害の重い子どもの指導 Q＆A　自立活動を主とする教育課程』2011年／『肢体不自由教育実践　授業力向上シリーズ№1　学習指導の充実を目指して』2013年／『解説目標設定と学習評価』2014年／『解説授業とカリキュラム・マネジメント』2015年／『思考力・判断力・表現力を育む授業』2017年／『新学習指導要領に基づく授業づくり』2018年

▶5　https://www.zspi.jp を参照。

▶6　https://www.normanet.ne.jp を参照。

▶7　本書刊行時の最新号の表紙

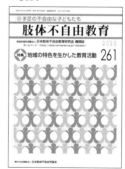

▶8　https://www.zen-shiren.or.jp を参照。

▶9　たとえば，以下にあげるようなものがある。記念誌「全肢連結成50周年誌」／機関誌「いずみ」年2回／情報誌「全肢連だより（わ）」年2回／指導誌「療育ハンドブック」年1回／情報誌「全肢連情報」月1回／年次報告書「調査研究報告書」年1回

TEA BREAK 10

障害児と里親制度
──もうひとつのすまいの選択肢

一般に，子どもはその生まれた家庭で育つと考えられているでしょう。特に，家庭で障害がある子どもを育てるとき，どうしても「熱心に子どもの療育に取り組む家族の姿」を前提としがちです。しかし，障害のある子どもが何かの事情で，生まれた家庭で育つことが適切でないとされる場合もあります。その際，日本では「入所施設」が想定されやすいこともあるようです。でも，選択肢は本当にそれだけなのでしょうか。

1　公的に子育てを担う「社会的養護」の仕組み

そこで，まずは少し広く，子どもの育つ場に目を転じてみましょう。家庭環境上，養護を必要とする子ども等に対しては，公的・社会的に子どもを育てる仕組みが適用されます。それは「社会的養護」と呼ばれ，対象児童（要保護児童という）は，約47,000人に上ります。たとえばその事情は，親が病気を抱えていて育児が困難な場合や，虐待がある場合，経済的な理由による場合などもあります。虐待への社会的なまなざしが強化されてきた今日，要保護児童は増加しています。

「社会的養護」には，大別して家庭養護と施設養護とがありますが，今回取り上げる里親制度は，前者の代表的な担い手です。現状は，日本では施設養護がおおよそ8割を占め，家庭養護の割合は諸外国と比べて依然として低い状況です。そこで国としても，里親委託ガイドライン（2011）での「里親委託優先の原則」，2016年児童福祉法改正による（里親や特別養子縁組といった）「家庭養育優先の理念」の明示など，里親委託推進の潮流へと変えようとしています。

2　里親制度って何だろう？

里親制度は，児童福祉法に基づく制度です。要保護児童は，里親として認定された家庭に預けられ，一定期間共に暮らします。基本的に，子どもは18歳（措置延長の場合20歳）まで里親家庭にいることができますが，途中で実の親元に戻ることもあれば，そのまま里親家庭から自立する場合も，また里親家庭とうまくいかず施設に行く場合もあり，期間等は実に様々です。2022年6月に改正された児童福祉法では，里子などの自立支援に年齢制限を設けないこととしました。

2020年度末時点で，登録里親数は全国で14,401世帯ほどで，このうち4,759世帯に，6,019人の子どもたちが委託され，暮らしています（令和2年度福祉行政報告例）。里親のもとにいる子どもの心身に障害がある割合は上昇していて，2018年2月1日時点で，里親委託児5,382人のうち，障害等があるのは24.9％。その内訳は，知的障害8.6％，広汎性発達障害6.7％，ADHD5.5％，視聴覚障害0.5％，肢体不自由0.6％（重複回答あり）等となっています（厚生労働省，2020）。

現在，里親には，養育里親，専門里親，養子縁組希望里親，親族里親の4つの類型があります（表2）。専門里親は2002年に制度化されましたが，その預かる対象となる子どもは，当初は被虐待児でした。2008年の制度改正により，障害をもつ子どもも対象に含まれるようになりました。実際は，専門里親でなくとも障害をもつ子どもが委託されたり，委託後に障害がわかることもよくあります。

表2　里親の種類

種類	養育里親	専門里親		養子縁組を希望する里親	親族里親
対象児童	要保護児童（保護者のいない児童又は保護者に監護させることが不適切であると認められる児童）	次に掲げる要保護児童のうち，都道府県知事がその養育に関し特に支援が必要と認めたもの①児童虐待等の行為により心身に有害な影響を受けた児童②非行等の問題を有する児童③身体障害，知的障害又は精神障害がある児童		要保護児童（保護者のいない児童又は保護者に監護させることが不適切であると認められる児童）	次の要件に該当する要保護児童①当該親族里親に扶養義務のある児童②児童の両親その他当該児童を現に監護する者が死亡，行方不明，拘禁，入院等の状態となったことにより，これらの者により，養育が期待できないこと

出所：厚生労働省（2021）

3　障害のある子どもの育ちと里親家庭の奮闘

　里親家庭の実子として育った横堀（2011）は，障害のある里子の事例を紹介しています。知的障害，聴覚障害，半身まひのあるＣさんの事例では，障害児入所施設から里親家庭に預けられたＣさんが，家庭生活を経験し，受容的にかかわってもらったことなどを通じて，里親委託が終了した後障害者入所施設に移っても，里親家庭に「里帰り」しては喜ぶ姿が描かれています。

　全国の子どもを委託されている里親にアンケート調査をした日本グループホーム学会は，郵送した件数のおおよそ半数にあたる1,016通の回答を得た中，110通に，「なんらかの障害のある子を預かっている」という回答があったと報告しています。「困ったことの有無」という問いには，上記110通のうち105通に，「困っていることがある」と回答があり，「とても困っていること」としては，食事排泄等の介助，言葉の遅れ，意思表示が下手，といった内容が多いそうです。とはいえ，「現在の状況」について，「かわいいのでがんばっている」「子育てを楽しんでいる」という回答も多いといいます（日本グループホーム学会，2009）。

　この調査では「障害」の定義が曖昧なため，どのような障害のある子どもを育てているのかについては具体的ではありません。社会的養護の世界では「障害」というと，肢体不自由や知的障害といった障害よりも，「反応性愛着障害」など，不適切な養育による心身の影響への関心が相対的に高いので，この調査ではそうした広い意味での障害が含まれているといえそうです。

　里親養育は，依然として認知度も高いとは言い難く，支援も追いついていません。しかし，横堀（2011）の事例にもあるように，親元での暮らしが適切とされない障害のある子どもにとって，里親家庭が「もうひとつのすまい」の選択肢になることは，いま期待されているといえるでしょう。

（安藤　藍）

参考文献

　厚生労働省子ども家庭局（2020）．「児童養護施設入所児童等調査の概要」（平成30年２月１日現在）https://www.mhlw.go.jp/content/000833294.pdf（2022.2.14閲覧）

　厚生労働省子ども家庭局（2021）．「里親制度（資料集）」https://www.mhlw.go.jp/content/satooyashiryouR3.pdf（2022.2.14閲覧）

　日本グループホーム学会（2009）．障害のある子どもが里親家庭で育つために　http://www.jgh-gakkai.com/library/20100513satooya.pdf（2022.2.14閲覧）

　横堀昌子（2011）．自立が難しい子ども，障害をもつ子どもの自立支援──横堀ホームの実践をふまえて　里親と子ども，6，69-74．

　「令和２年度福祉行政報告例」

さくいん

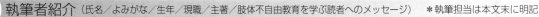

安藤隆男（あんどう　たかお／1954年生まれ）

筑波大学名誉教授／独立行政法人国立特別支援教育総合研究所参与
『新たな時代における自立活動の創成と展開』（単著・教育出版）『特別支援教育基礎論』（編著・放送大学教育振興会）
実に多様で，個性的な子ども達と出会い，そして教師としてともに成長できるのが肢体不自由教育の魅力です。

石倉健二（いしくら　けんじ／1967年生まれ）

兵庫教育大学大学院特別支援教育専攻教授
『発達と老化の理解　第2版』（共著・中央法規出版）『障害特性の理解と発達援助　第2版——教育・心理・福祉のためのエッセンス』（共著・ナカニシヤ出版）
肢体不自由教育は面白い！　そんなふうに思って，取り組んでくれる人が増えることを期待します。

藤田継道（ふじた　つぐみち／1943年生まれ）

臨床行動分析学研究所所長／兵庫教育大学名誉教授
『特別支援教育』（共訳，明石書店）『よくわかる発達障害』（共編著，ミネルヴァ書房）
肢体不自由児者の教育・保育・医療・福祉分野の方々に行動分析学・発達心理学・動作法を学んでほしいと思います。

一木　薫（いちき　かおる／1973年生まれ）

福岡教育大学特別支援教育研究ユニット教授
『専門性向上につなげる授業の評価・改善』（共著・慶應義塾大学出版会）『肢体不自由教育の理念と実践』（共著・ジアース教育新社）
肢体不自由のある子どもの個々の実態に応じた教育を創造する緊張感と醍醐味を実感してみませんか？

安藤　藍（あんどう　あい／1985年生まれ）

千葉大学教育学部准教授
『里親であることの葛藤の対処——家族的文脈と福祉的文脈の交錯』（単著・ミネルヴァ書房）
肢体不自由のある子どもの理解にあたり，コラムが家族や福祉の視点をもつきっかけとなったら嬉しいです。

任　龍在（いむ　よんじぇ／1976年生まれ）

千葉大学教育学部准教授
障害の有無にかかわらず，すべての子どもたちが楽しく学ぶ・豊かに暮らすことのできる社会を目指します。

池田彩乃（いけだ　あやの／1985年生まれ）

山形大学地域教育文化学部准教授
障害があってもなくても，子どもたちと真剣に向き合う毎日はとても充実していて楽しいものです。

内海友加利（うつみ　ゆかり／1991年生まれ）

兵庫教育大学大学院特別支援教育専攻助教
『特別支援教育——共生社会の実現に向けて』（共著・ミネルヴァ書房）
肢体不自由教育を学ぶことを通して，これからの特別支援教育に求められることについて一緒に考えを深めていけたらと思います。

押木利英子（おしき　りえこ／1949年生まれ）

新潟リハビリテーション大学医療学部教授
『小児理学療法学テキスト』（共著・南江堂）
『メディカルスタッフ専門基礎科目シリーズ
リハビリテーション医学』（共著・理工図書）
多職種連携をすることで，子どもたちの
生活は広がります。

川間健之介（かわま　けんのすけ／1959年生まれ）

筑波大学人間系教授
『肢体不自由児の教育』（共編著・放送大学教
育振興会）『肢体不自由教育実践授業力向上
シリーズNO.2　解説　目標設定と学習評
価』（監修，共著・ジアース教育新社）
肢体不自由の原因は様々で，子どもの発
達に及ぼす影響も複雑です。本書で，基
本的なことを学んでください。

小田浩伸（おだ　ひろのぶ／1960年生まれ）

大阪大谷大学教育学部教授
『高等学校で学ぶ発達障がいのある生徒のた
めの　共感からはじまる「わかる」授業づく
り』（監修，共著・ジアース教育新社）『基礎
から学ぶ動作法──心理リハビリテイショ
ンハンドブックー』（共著・ナカニシヤ出版）
本書で学ぶ専門性と子どもを好きであり
続ける人間性の融合をめざしてください。

菅野和彦（かんの　かずひこ／1971年生まれ）

文部科学省初等中等教育局視学官（併）特別
支援教育課特別支援教育調査官
『肢体不自由教育実践　授業改善シリーズ
No.6からNo.10』（監修・ジアース教育新社）
『呼吸障害のある子どもへの支援「呼吸障害
のある子供への教員の関りの在り方につい
て」』（執筆分担・日本肢体不自由児協会編）
肢体不自由のある子供たちへの教育実践
に必要な幅広い知識を身に付けてくださ
い。学校の子供たちが皆さんを待ってい
ます。

梶　正義（かじ　まさよし／1958年生まれ）

関西国際大学教育学部教授
『アメリカの個別教育計画と情報活用の展
開』（共著・文教資料協会）『障害の重い子ど
もへのかかわりハンドブック』（共著・全国
心身障害児福祉財団）
当事者の立場からつくられた「肢体不自
由」ということば，この教育から学ぶ内
容は特別支援教育全体に通じると思いま
す。

北川貴章（きたがわ　たかあき／1976年生まれ）

文教大学教育学部発達教育課程特別支援教
育専修准教授
『「自立活動の指導」のデザインと展開──悩
みを成長につなげる実践32』（編著・ジアー
ス教育新社）『新重複障害教育実践ハンド
ブック』（共著・全国心身障害児福祉財団）
一人一人の子どもの実態に応じた授業実
践を通じて，教師としての成長に導く肢
体不自由教育の魅力を本書で感じ，明日
からの実践に生かしていただけたら幸い
です。

河合　康（かわい　やすし／1961年生まれ）

上越教育大学大学院学校教育研究科教授
『わかりやすく学べる特別支援教育と障害児
の心理・行動特性』（編著・北樹出版）『特別
支援教育──一人ひとりの教育的ニーズに
応じて』（編著・福村出版）
本書を通じて，読者の皆さんが肢体不自
由教育への関心を深め，更に学習を進め
てもらえることを期待します。

木舩憲幸（きふね　のりゆき／1949年生まれ）

『脳性まひ児の発達支援──調和的発達を目
指して』（単著・北大路書房）
肢体不自由教育の一層の進展を目指して，
努力していきたいと考えています。本書
がその一助となれば幸いです。

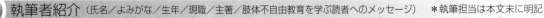

執筆者紹介（氏名／よみがな／生年／現職／主著／肢体不自由教育を学ぶ読者へのメッセージ）　＊執筆担当は本文末に明記

香野　毅（こうの　たけし／1970年生まれ）

静岡大学教育学部教授
『KIDSこころの救急箱——気づけば大人も育ってる』（単著・静岡新聞社）『基礎から学ぶ動作法——心理リハビリテイション・ガイドブック』（共著・ナカニシヤ出版）
子どもの理解には，グッと近づいて，じっくり関わり，全身で感じ取る姿勢が大事です。

下山直人（しもやま　なおと／1957年生まれ）

元筑波大学人間系教授
『よく分かる！自立活動ハンドブック』シリーズ（監修・ジアース教育新社）
書物から学んだ知識を実践に生かし，実践知を育んでください。

郷間英世（ごうま　ひでよ／1952年生まれ）

姫路大学看護学研究科特任教授
『最新子ども保健』（共著・日本小児医事出版社）『新版K式発達検査法2001年版——発達のアセスメントと支援』（共編著・ナカニシヤ出版）
障害の病態や特性をしっかり理解することも，重度の子どもたちと関わるときの助けになります。

舛地勝人（しょうち　かつと／1943年生まれ）

社会福祉法人児童発達支援センターしいのみ学園理事長／福岡教育大学名誉教授
『障害特性の理解と発達援助——教育・心理・福祉のためのエッセンス』（共編・ナカニシヤ出版）『障害幼児の理解と支援』（共編・ナカニシヤ出版）
肢体不自由児の中で大半を占める脳性まひ児は，種々の障害を併せもつ子どもです。支援者は専門性を身につけることが大切です。

小谷裕実（こたに　ひろみ／1962年生まれ）

京都教育大学教育学部教授
『小・中学校の教師のための特別支援教育入門』（共編著・ミネルヴァ書房）『高校・大学における発達障害者のキャリア教育と就活サポート』（共編著・黎明書房）
障害のある子どもたちに，多くのことを教えられました。先入観なく見つめ，書きとめ，考える，を大切に。

髙野美由紀（たかの　みゆき）

兵庫教育大学大学院学校教育研究科教授
『新生児フォローアップガイド——健診からハイリスク児の継続的支援まで　改訂第2版』（共著・診断と治療社）
障害のある子どもとうまく対話している教師達を分析して，ユーモアとリスペクトの大切さを実感しています。

里見達也（さとみ　たつや／1968年生まれ）

山梨県立大学人間福祉学部人間形成学科准教授
『わかりやすく学べる特別支援教育と障害児の心理・行動特性』（共著・北樹出版）『特別支援教育の授業を組み立てよう——授業づくりを「豊かに」構想できる教師になる』（共著・黎明書房）
子どもと先生がともに「ワクワク・ドキドキ」する授業づくりや教育支援の方法について研究を一緒に考えていきましょう。

丹野傑史（たんの　たかひと／1983年生まれ）

長野大学社会福祉学部教授
知識だけでは役に立ちませんが，技術を生かすためには土台となる知識が必要です。本書を利用して基本的な知識を身につけてください。

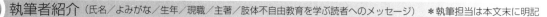

執筆者紹介 （氏名／よみがな／生年／現職／主著／肢体不自由教育を学ぶ読者へのメッセージ） ＊執筆担当は本文末に明記

東條　惠 （とうじょう　めぐむ／1951年生まれ）

発達クリニックぱすてる院長
『脳性まひの療育と理学療法──上田法およびボツリヌス療法による筋緊張のコントロールと評価』（単著・診断と治療社）『脳システム論で発達凸凹・はったつ障がい・人の理解そして個別支援計画つくりへ』（単著・考古堂）
人を知ることは自分を知ることだと思います。皆さんも人への興味を持続してください。

徳永　豊 （とくなが　ゆたか／1960年生まれ）

福岡大学人文学部教授
『重度・重複障害児の対人相互交渉における共同注意』（単著・慶應義塾大学出版会）『障害の重い子どもの目標設定ガイド　第2版』（編著・慶應義塾大学出版会）
よりよい子どもの学びのために，実態把握，目標設定，授業改善，そして学校教育をめざしましょう。

和　史朗 （にぎ　しろう／1968年生まれ）

東北福祉大学教育学部准教授
『ICF及びICF-CYの活用　試みから実践へ──特別支援教育を中心に』（共著・ジアース教育新社）『共生社会の実現──北海道の特別支援教育から』（共著・北海道通信社）
肢体不自由のある子どもたちが，それぞれの良さや持ち味を十分に発揮しながら生活できる社会を実現したい！

橋本正巳 （はしもと　まさみ）

兵庫大学教育学部教授
『障害の重い子どもへのかかわりハンドブック──マルチアレンジングサポートの観点から』（編著・全国心身障害児福祉財団）『気になる子どもの支援ハンドブック』（単著・全国心身障害児福祉財団）
「質の高いともに生きる」をめざし，「地域の心ある仲間とともに学びながら，子どもと保護者を支えあいたい」。

中尾繁樹 （なかお　しげき／1957年生まれ）

関西国際大学教育学部教授
『子どもの特性を知るアセスメントと指導・支援』（単著・明治図書）
『神戸市発！　特別な配慮の必要な子どもへの具体的指導内容と支援策』（編著・明治図書）
乳幼児からの心と運動の発達及び重度重複障害，発達障害等への具体的教育支援の研究をしています。

早坂方志 （はやさか　まさし／1960年生まれ）

青山学院大学教育人間科学部教授
『肢体不自由教育の基本と展開』（共編・慶應義塾大学出版会）『専門性の向上につなげる授業の評価・改善』（共編・慶應義塾大学出版会）
みなさん自身の日々の暮らしや学びでの気づきを手がかりにして，身体の不自由な子どもたちの生活や学習について理解を深めるとよいでしょう。

長沼俊夫 （ながぬま　としお／1960年生まれ）

日本体育大学体育学部教授
『新しい自立活動の実践ハンドブック』（共著・全国心身障害児福祉財団）『肢体不自由児の教育』（共著・放送大学教育振興会）
肢体不自由教育を支えるのは，先生方の「省察的な考え方」と，すべての原動力となる，子どもに寄り添い続ける「愛情」と「根気」だと思います。

分藤賢之 （ぶんどう　のりゆき／1968年生まれ）

長崎県立鶴南特別支援学校校長
『肢体不自由教育実践 授業力向上シリーズNo.1　学習指導の充実を目指して』（監修・ジアース教育新社）『肢体不自由教育実践 授業力向上シリーズNo.2　解説目標設定と学習評価』（監修・ジアース教育新社）
全ての子どもたちの可能性を引き出すこと。そのためにも学び続ける存在であること。

執筆者紹介 （氏名／よみがな／生年／現職／主著／肢体不自由教育を学ぶ読者へのメッセージ）　＊執筆担当は本文末に明記

宮﨑　昭（みやざき　あきら／1953年生まれ）

環境とこころとからだの研究所代表
『自立活動指導ハンドブック』（共著・社会福
祉法人全国心身障害児福祉財団）『障害者の
ための絵でわかる動作法2──自立活動へ
のはじめの一歩』（共著・福村出版）
臨床心理士，公認心理師。動作法を含む
ソマティックエクササイズとSEL（社会
性と情動の学習）をテーマに研究してい
ます。

森﨑博志（もりさき　ひろし／1966年生まれ）

愛知教育大学特別支援教育講座教授
『障害者の心理・『こころ』──育ち，成長，
かかわり』（共著・学術図書出版社）『こころ
のケア──臨床心理学的アプローチ』（共著・
学術図書出版社）
肢体不自由の子どもと向き合いながら，
ぜひふれあってほしいと思います。

やわらかアカデミズム・〈わかる〉シリーズ

よくわかる肢体不自由教育　第2版

2015年4月20日　初　版第1刷発行　　　　　　〈検印省略〉
2023年9月10日　初　版第12刷発行
2023年12月10日　第2版第1刷発行

定価はカバーに
表示しています

編著者　　安　藤　隆　男
　　　　　藤　田　継　道
発行者　　杉　田　啓　三
印刷者　　藤　森　英　夫

発行所　株式会社　ミネルヴァ書房
607-8494　京都市山科区日ノ岡堤谷町1
電話代表　（075）581-5191
振替口座　01020-0-8076

ISBN978-4-623-09483-7
Printed in Japan

やわらかアカデミズム・〈わかる〉シリーズ

ミネルヴァ書房
https://www.minervashobo.co.jp/